Réflexions Sur La Violence

Georges Sorel

Nabu Public Domain Reprints:

You are holding a reproduction of an original work published before 1923 that is in the public domain in the United States of America, and possibly other countries. You may freely copy and distribute this work as no entity (individual or corporate) has a copyright on the body of the work. This book may contain prior copyright references, and library stamps (as most of these works were scanned from library copies). These have been scanned and retained as part of the historical artifact.

This book may have occasional imperfections such as missing or blurred pages, poor pictures, errant marks, etc. that were either part of the original artifact, or were introduced by the scanning process. We believe this work is culturally important, and despite the imperfections, have elected to bring it back into print as part of our continuing commitment to the preservation of printed works worldwide. We appreciate your understanding of the imperfections in the preservation process, and hope you enjoy this valuable book.

OUVRAGES DU MÊME AUTEUR

Chez JACQUES, éditeur, à Paris :

La ruine du monde antique; 1902; in-18..............	3 50
Introduction à l'économie moderne; 1903; in-18.......	3 50
Le système historique de Renan; 1906; in-8°..........	11 »
La valeur sociale de l'art; 1902; brochure in-8°.......	1 »
Essai sur l'Église et l'État; 1902; brochure in-8°.....	2 »
La crise de la pensée catholique; 1903; brochure in-18.	0 50

Chez SANDRON, éditeur, à Palerme :

Saggi di critica del marxismo; traduction et préface de V. Racca; 1903; in-8°.........................	3 50
Insegnamenti sociali della economica contemporanea; traduction et préface de V. Racca; 1906; in-8°.......	3 50

Aux CAHIERS DE LA QUINZAINE, à Paris :

Les préoccupations métaphysiques des physiciens modernes; avant-propos de Julien Benda; 1907; in-18........	2 »

Chez MAURICE RIVIÈRE, éditeur, à Paris :

La décomposition du marxisme; 1908; in-16..........	» 60
(Sous presse) *Les illusions du progrès.*	

GEORGES SOREL

Réflexions sur la violence

Librairie de " Pages libres "
17, RUE SÉGUIER, PARIS (VIᵉ)

1908

THE NEW YORK
PUBLIC LIBRARY

ASTOR, LENOX AND
TILDEN FOUNDATIONS.
R   1905   L

A la mémoire

de la

compagne de ma jeunesse

je dédie ce livre

tout inspiré par son esprit.

INTRODUCTION

LETTRE A DANIEL HALÉVY

Mon cher Halévy,

J'aurais sans doute laissé ces études enfouies dans la collection d'une revue si quelques amis, dont j'apprécie fort le jugement, n'avaient pensé que je ferais bien de placer sous les yeux du grand public des réflexions qui sont de nature à mieux faire connaître un des phénomènes sociaux les plus singuliers que l'histoire mentionne. Mais il m'a semblé que je devais à ce public quelques explications, car je ne puis m'attendre à trouver souvent des juges qui soient aussi indulgents que vous l'avez été.

Lorsque j'ai publié dans le *Mouvement Socialiste* les articles qui vont être maintenant réunis en un volume, je n'avais pas l'intention de composer un livre. J'avais écrit mes réflexions au fur et à mesure qu'elles s'étaient présentées à mon esprit; je savais que les abonnés de cette revue ne seraient pas embarrassés pour me suivre, parce qu'ils sont familiarisés avec les théories qu'y développent mes amis depuis plusieurs années. Je crois bien que les lecteurs de ce livre seraient au contraire fort désorientés si je ne leur adressais une sorte de plaidoyer, pour les mettre à même de considérer les choses du point de vue qui m'est habituel. Au cours de nos conversations vous m'avez fait des remarques qui s'inséraient si bien dans le système de mes pensées qu'elles m'ont amené à approfondir quelques questions intéressantes. Je suis persuadé que les considérations que je vous soumets ici, et que vous avez provoquées, seront fort utiles à ceux qui voudront lire avec profit ce volume.

Il y a peut-être peu d'études dans lesquelles apparaissent d'une manière plus évidente les défauts de ma manière d'écrire ; maintes fois on m'a reproché de ne pas respecter les règles de l'art, auxquelles se soumettent tous nos contemporains, et de gêner ainsi mes lecteurs par le désordre de mes expositions. J'ai bien cherché à rendre le texte plus clair par de nombreuses corrections de détail, mais je n'ai pu faire disparaître le désordre. Je ne veux pas me défendre en invoquant l'exemple de grands écrivains qui ont été blâmés pour ne pas avoir su composer; Arthur Chuquet, parlant de J.-J. Rousseau, dit : « Il manque à ses écrits l'ensemble, l'ordonnance, cette liaison des parties qui constitue le tout (1). » Les défauts des hommes illustres ne sauraient justifier les fautes des hommes obscurs, et j'estime qu'il vaut mieux expliquer franchement d'où provient le vice incorrigible de mes écrits.

Les règles de l'art ne se sont imposées d'une manière vraiment impérative qu'assez récemment ; les auteurs contemporains paraissent les avoir acceptées sans trop de peine parce qu'ils désirent plaire à un public pressé, souvent fort distrait et parfois désireux avant tout de s'éviter toute recherche personnelle. Ces règles ont d'abord été appliquées par les fabricants de livres scolaires. Depuis qu'on a voulu faire absorber aux élèves une somme énorme de connaissances, il a fallu mettre entre leurs mains des manuels appropriés à cette instruction extra-rapide ; tout a dû être exposé sous une forme si claire, si bien enchaînée et si propre à écarter le doute, que le débutant en arrive à croire que la science est chose beaucoup plus simple que ne pensaient nos pères. L'esprit se trouve meublé très richement en peu de temps, mais il n'est point pourvu d'un outillage propre à faciliter le travail personnel. Ces procédés ont été imités par les vulgarisateurs et les publicistes politiques (2). Les voyant si largement appliquées, les gens qui réfléchissent peu ont fini par supposer que

---

(1) A. Chuquet, *Jean-Jacques Rousseau*, p. 179.
(2) Je rappellerai ici cette sentence de Renan : « La lecture, pour être salutaire, doit être un exercice impliquant quelque travail. » (*Feuilles détachées*, p. 231.)

ces règles de l'art étaient fondées sur la nature même des choses.

Je ne suis ni professeur, ni vulgarisateur, ni aspirant chef de parti ; je suis un autodidacte qui présente à quelques personnes les cahiers qui ont servi pour sa propre instruction. C'est pourquoi les règles de l'art ne m'ont jamais beaucoup intéressé.

Pendant vingt ans j'ai travaillé à me délivrer de ce que j'avais retenu de mon éducation ; j'ai promené ma curiosité à travers les livres, moins pour apprendre que pour nettoyer ma mémoire des idées qu'on lui avait imposées. Depuis une quinzaine d'années je travaille vraiment à apprendre ; mais je n'ai point trouvé de gens pour m'enseigner ce que je voulais savoir ; il m'a fallu être mon propre maître et, en quelque sorte, faire la classe pour moi-même. Je me dicte des cahiers dans lesquels je formule mes pensées comme elle surgissent ; je reviens trois ou quatre fois sur la même question, avec des rédactions qui s'allongent et parfois même se transforment de fond en comble ; je m'arrête quand j'ai épuisé la réserve des remarques suscitées par de récentes lectures. Ce travail me donne énormément de peine ; c'est pourquoi j'aime assez à prendre pour sujet la discussion d'un livre écrit par un bon auteur ; je m'oriente alors plus facilement que dans le cas où je suis abandonné à mes seules forces.

Vous vous rappelez ce que Bergson a écrit sur l'impersonnel, le socialisé, le *tout fait*, qui contient un enseignement adressé à des élèves ayant besoin d'acquérir des connaissances pour la vie pratique. L'élève a d'autant plus de confiance dans les formules qu'on lui transmet, et il les retient par suite d'autant plus facilement qu'il les suppose acceptées par la grande majorité ; on écarte ainsi de son esprit toute préoccupation métaphysique et on l'habitue à ne point désirer une conception personnelle des choses ; souvent il en vient à regarder comme une supériorité l'absence de tout esprit inventif.

Ma manière de travailler est tout opposée à celle-là ; car je soumets à mes lecteurs l'effort d'une pensée qui cherche à échapper à la contrainte de ce qui a été antérieurement construit pour tout le monde, et qui veut trouver du personnel.

Il ne me semble vraiment intéressant de noter sur mes cahiers que ce que je n'ai pas rencontré ailleurs ; je saute volontiers par-dessus les transitions parce qu'elles rentrent presque toujours dans la catégorie des lieux communs.

La communication de la pensée est toujours fort difficile pour celui qui a de fortes préoccupations métaphysiques : il croit que le discours gâterait les parties les plus profondes de sa pensée, celles qui sont très près du moteur, celles qui lui paraissent d'autant plus naturelles qu'il ne cherche jamais à les exprimer. Le lecteur a beaucoup de peine à saisir la pensée de l'inventeur, parce qu'il ne peut y parvenir qu'en retrouvant la voie parcourue par celui-ci. La communication verbale est beaucoup plus facile que la communication écrite, parce que la parole agit sur les sentiments d'une manière mystérieuse et établit facilement une union sympathique entre les personnes ; c'est ainsi qu'un orateur peut convaincre par des arguments qui semblent d'une intelligence difficile à celui qui lit plus tard son discours. Vous savez combien il est utile d'avoir entendu Bergson pour bien connaître les tendances de sa doctrine et bien comprendre ses livres ; quand on a l'habitude de suivre ses cours, on se familiarise avec l'ordre de ses pensées et on se retrouve plus facilement au milieu des nouveautés de sa philosophie.

Les défauts de ma manière me condamnent à ne jamais avoir accès auprès du grand public ; mais j'estime qu'il faut savoir nous contenter de la place que la nature et les circonstances ont attribuée à chacun de nous, sans vouloir forcer notre talent. Il y a une division nécessaire de fonctions dans le monde : il est bon que quelques-uns se plaisent à travailler pour soumettre leurs réflexions à quelques méditatifs, tandis que d'autres aiment à s'adresser à la grosse masse des gens pressés. Somme toute, je ne trouve pas que mon lot soit le plus mauvais : car je ne suis pas exposé à devenir mon propre disciple, comme cela est arrivé aux plus grands philosophes lorsqu'ils se sont condamnés à donner une forme parfaitement régulière aux intuitions qu'ils avaient apportées au monde. Vous n'avez pas oublié certainement avec quel souriant dédain Bergson a parlé de cette déchéance du génie. Je suis si peu capable de devenir mon propre disciple que je suis hors d'état de reprendre un ancien travail pour lui donner une meilleure exposition, tout en le complétant ; il m'est assez facile d'y apporter des corrections et de l'annoter ; mais j'ai vainement essayé, plusieurs fois, de penser à nouveau le passé.

Je suis, à plus forte raison, condamné à ne jamais être un homme d'école (1); mais est-ce vraiment un grand malheur? Les disciples ont, presque toujours, exercé une influence néfaste sur la pensée de celui qu'ils appelaient leur maître, et qui se croyait souvent obligé de les suivre. Il ne paraît pas douteux que ce fut pour Marx un vrai désastre d'avoir été transformé en chef de secte par de jeunes enthousiastes ; il eût produit beaucoup plus de choses utiles s'il n'eût été l'esclave des marxistes.

On s'est moqué souvent de la méthode de Hegel s'imaginant que l'humanité, depuis ses origines, avait travaillé à enfanter la philosophie hégélienne et que l'esprit avait enfin achevé son mouvement. Pareilles illusions se retrouvent, plus ou moins, chez tous les hommes d'école : les disciples somment leurs maîtres d'avoir à clore l'ère des doutes, en apportant des solutions définitives. Je n'ai aucune aptitude pour un pareil office de définisseur : chaque fois que j'ai abordé une question, j'ai trouvé que mes recherches aboutissaient à poser de nouveaux problèmes, d'autant plus inquiétants que j'avais poussé plus loin mes investigations.

---

(1) Il me semble intéressant de signaler ici quelques réflexions empruntées à un admirable livre de Newman, récemment traduit par Mme Gaston Paris : « Bien qu'il soit impossible de se passer du langage, il ne faut l'employer que dans la mesure où il est indispensable, et la seule chose importante est de stimuler chez ceux auxquels on s'adresse un mode de pensée, d'idées, semblables aux nôtres, qui les entraînera par leur propre mouvement, plutôt que par une contrainte syllogistique; d'où il résulte que toute école intellectuelle aura quelque chose du caractère ésotérique, car c'est une réunion de cerveaux pensants ; le lien qui les rassemble, c'est l'unité de pensée; les mots dont ils se servent deviennent une sorte de *tessera* qui n'exprime pas la pensée, mais la symbolise. » (*Grammaire de l'assentiment*, trad. franç., p. 250.) En fait, les écoles n'ont guère ressemblé à l'idéal que se formait Newman.

Mais peut-être, après tout, la philosophie n'est-elle qu'une reconnaissance des abîmes entre lesquels circule le sentier que suit le vulgaire avec la sérénité des somnambules ?

Mon ambition est de pouvoir éveiller parfois des vocations. Il y a probablement dans l'âme de tout homme un foyer métaphysique qui demeure caché sous la cendre et qui est d'autant plus menacé de s'éteindre que l'esprit a reçu aveuglément une plus grande mesure de doctrines toutes faites ; l'évocateur est celui qui secoue ces cendres et qui fait jaillir la flamme. Je ne crois pas me vanter sans raison en disant que j'ai quelquefois réussi à provoquer l'esprit d'invention chez des lecteurs ; or, c'est l'esprit d'invention qu'il faudrait surtout susciter dans le monde. Obtenir ce résultat vaut mieux que recueillir l'approbation banale de gens qui répètent des formules ou qui asservissent leur pensée dans des disputes d'école.

I

Mes *Réflexions sur la violence* ont agacé beaucoup de personnes à cause de la conception pessimiste sur laquelle repose toute cette étude ; mais je sais aussi que vous n'avez point partagé cette impression ; vous avez brillamment prouvé, dans votre *Histoire de quatre ans*, que vous méprisez les espoirs décevants dans lesquels se complaisent les âmes faibles. Nous pouvons donc nous entretenir librement du pessimisme et je suis heureux de trouver en vous un correspondant qui ne soit pas rebelle à cette doctrine sans laquelle rien de très haut ne s'est fait dans le monde. J'ai eu, il y a longtemps déjà, le sentiment que si la philosophie grecque n'a pas produit de grands résultats moraux, c'est qu'elle était généralement fort optimiste. Socrate l'était même parfois à un degré insupportable.

L'aversion de nos contemporains pour toute idée pessimiste provient, sans doute, en bonne partie, de notre éducation. Les jésuites qui ont créé presque tout ce que l'Université enseigne encore aujourd'hui, étaient optimistes parce qu'ils avaient à combattre le pessimisme qui dominait les théories protestantes, et parce qu'ils vulgarisaient les idées de la Renaissance ; celle-ci interprétait l'antiquité au moyen des philosophes ; et elle s'est trouvée ainsi amenée à si mal comprendre les chefs-d'œuvre de l'art tragique que nos contemporains ont eu beaucoup de peine pour en retrouver la signification profondément pessimiste (1).

Au commencement du xixᵉ siècle il y eut un concert de gémissements qui a fort contribué à rendre le pessimisme odieux. Des poètes, qui vraiment n'étaient pas toujours fort à plaindre, se prétendirent victimes de la méchanceté humaine, de la fatalité ou encore de la stupidité d'un monde qui ne parvenait pas à les distraire ; ils se donnaient volontiers les allures de Prométhées appelés à détrôner des dieux jaloux ; aussi orgueilleux que le farouche Nemrod de Victor Hugo, dont les flèches lancées contre le ciel retombaient ensanglantées, ils s'imaginaient que leurs vers blessaient à mort les puissances établies qui osaient ne pas s'humilier devant eux ; jamais les prophètes juifs n'avaient rêvé tant de destructions pour venger leur Iahvé que ces gens de lettres n'en rêvèrent pour satisfaire leur amour-propre. Quand cette mode des imprécations fut passée, les hommes sensés en vinrent à se demander si tout cet étalage de prétendu pessimisme n'avait pas été le résultat d'un certain déséquilibre mental.

Les immenses succès obtenus par la civilisation matérielle ont fait croire que le bonheur se produirait tout seul, pour tout le monde, dans un avenir tout prochain. « Le siècle

---

(1) « La tristesse, qui est répandue comme un *pressentiment* sur tous les chefs-d'œuvre de l'art grec, en dépit de la vie dont ils semblent déborder [témoigne] que les individus de génie, même dans cette période, étaient en état de pénétrer les illusions de la vie, auxquelles le génie de leur temps s'abandonnait sans éprouver le besoin de les contrôler. » (Hartmann, *Philosophie de l'Inconscient*, trad. franç., tome II, p. 436). J'appelle l'attention sur cette conception qui voit dans le génie des grands Hellènes une anticipation historique ; il y a peu de doctrines plus importantes pour l'intelligence de l'histoire que celle des anticipations, dont Newman a fait usage dans ses recherches sur l'histoire des dogmes.

présent, écrivait Hartmann il y a près de quarante ans, ne fait qu'entrer dans la troisième période de l'illusion. Dans l'enthousiasme et l'enchantement de ses espérances, il se précipite à la réalisation des promesses d'un nouvel âge d'or. La Providence ne permet pas que les prévisions du penseur isolé troublent la marche de l'histoire par une action prématurée sur un trop grand nombre d'esprits. » Aussi estimait-il que ses lecteurs auraient quelque peine à accepter sa critique de l'illusion du bonheur futur. Les maîtres du monde contemporain sont poussés, par les forces économiques, dans la voie de l'optimisme (1).

Nous sommes ainsi tellement mal préparés à comprendre le pessimisme, que nous employons, le plus souvent, le mot tout de travers : nous nommons, bien à tort, pessimistes des optimistes désabusés. Lorsque nous rencontrons un homme qui, ayant été malheureux dans ses entreprises, déçu dans ses ambitions les plus justifiées, humilié dans ses amours, exprime ses douleurs sous la forme d'une révolte violente contre la mauvaise foi de ses associés, la sottise sociale ou l'aveuglement de la destinée, nous sommes disposés à le regarder comme un pessimiste, — tandis qu'il faut, presque toujours, voir en lui un optimiste écœuré, qui n'a pas eu le courage de changer l'orientation de sa pensée et qui ne peut s'expliquer pourquoi tant de malheurs lui arrivent, contrairement à l'ordre général qui règle la genèse du bonheur.

L'optimiste est, en politique, un homme inconstant ou même dangereux, parce qu'il ne se rend pas compte des grandes difficultés que présentent ses projets ; ceux-ci lui semblent posséder une force propre conduisant à leur réalisation d'autant plus facilement qu'ils sont destinés, dans son esprit, à produire plus d'heureux.

Il lui paraît assez souvent que de petites réformes, apportées dans la constitution politique et surtout dans le personnel gouvernemental, suffiraient pour orienter le mouvement social de manière à atténuer ce que le monde contemporain offre d'affreux au gré des âmes sensibles. Dès que ses

---

(1) Hartmann, *loc. cit.*, p. 462.

amis sont au pouvoir, il déclare qu'il faut laisser aller les choses, ne pas trop se hâter et savoir se contenter de ce que leur suggère leur bonne volonté ; ce n'est pas toujours uniquement l'intérêt qui lui dicte ses paroles de satisfaction, comme on l'a cru bien des fois : l'intérêt est fortement aidé par l'amour-propre et par les illusions d'une plate philosophie. L'optimiste passe, avec une remarquable facilité, de la colère révolutionnaire au pacifisme social le plus ridicule.

S'il est d'un tempérament exalté et si, par malheur, il se trouve armé d'un grand pouvoir, lui permettant de réaliser un idéal qu'il s'est forgé, l'optimiste peut conduire son pays aux pires catastrophes. Il ne tarde pas à reconnaître, en effet, que les transformations sociales ne se réalisent point avec la facilité qu'il avait escomptée ; il s'en prend de ses déboires à ses contemporains, au lieu d'expliquer la marche des choses par les nécessités historiques ; il est tenté de faire disparaître les gens dont la mauvaise volonté lui semble dangereuse pour le bonheur de tous. Pendant la Terreur, les hommes qui versèrent le plus de sang, furent ceux qui avaient le plus vif désir de faire jouir leurs semblables de l'âge d'or qu'ils avaient rêvé, et qui avaient le plus de sympathies pour les misères humaines : optimistes, idéalistes et sensibles, ils se montraient d'autant plus inexorables qu'ils avaient une plus grande soif du bonheur universel.

Le pessimisme est tout autre chose que les caricatures qu'on en présente le plus souvent : c'est une métaphysique des mœurs bien plutôt qu'une théorie du monde ; c'est une conception d'une *marche vers la délivrance* étroitement liée : d'une part, à la connaissance expérimentale que nous avons acquise des obstacles qui s'opposent à la satisfaction de nos imaginations (ou, si l'on veut, liée au sentiment d'un déterminisme social), — d'autre part, à la conviction profonde de notre faiblesse naturelle. Il ne faut jamais séparer ces trois aspects du pessimisme, bien que dans l'usage on ne tienne guère compte de leur étroite liaison.

1° Le nom de pessimisme provient de ce que les historiens de la littérature ont été très frappés des plaintes que les

Order Number	Supplied by		
103-5003544-8039437	PaperbackshopUS		
Catalogue Number	Title and Artist		Qty
9781146834827	Réflexions Sur La Violence (French Edition) [Paperback] by Sorel,		1

Some items may be shipped separately

Order Processed: 6/7/2012 5:27:00

Payment has been received from: Youssef Pirasteh

Email Address: dph4lr460r987fx@markeplace.amazon.com

RETURNS: Return the item with this despatch note to the following address: Paperbackshop Ltd, Unit 22, Horcott Industrial Estate, Horcott Road, Fairford, GLOS, GL7 4BX, UK. Please tick one reason for return:

1. [ ] Damaged   2. [ ] Faulty   3. [ ] Wrong Item   4. [ ] Other

grands poètes antiques ont fait entendre au sujet des misères qui menacent constamment l'homme. Il y a peu de personnes devant lesquelles une bonne chance ne se soit pas présentée au moins une fois ; mais nous sommes entourés de forces malfaisantes qui sont toujours prêtes à sortir d'une embuscade, pour se précipiter sur nous et nous terrasser ; de là naissent des souffrances très réelles qui provoquent la sympathie de presque tous les hommes, même de ceux qui ont été favorablement traités par la fortune ; aussi la littérature triste a-t-elle eu des succès à travers presque toute l'histoire (1). Mais on n'aurait qu'une idée très imparfaite du pessimisme en le considérant dans ce genre de productions littéraires ; en général, pour apprécier une doctrine, il ne suffit pas de l'étudier d'une manière abstraite, ni même chez des personnages isolés, il faut chercher comment elle s'est manifestée dans des groupes historiques ; c'est ainsi qu'on est amené à ajouter les deux éléments dont il a été question plus haut.

2° Le pessimiste regarde les conditions sociales comme formant un système enchaîné par une loi d'airain, dont il faut subir la nécessité, telle qu'elle est donnée en bloc, et qui ne saurait disparaître que par une catastrophe l'entraînant tout entier. Il serait donc absurde, quand on admet cette théorie, de faire supporter à quelques hommes néfastes la responsabilité des maux dont souffre la société ; le pessimiste n'a point les folies sanguinaires de l'optimiste affolé par les résistances imprévues que rencontrent ses projets ; il ne songe point à faire le bonheur des générations futures en égorgeant les égoïstes actuels.

3° Ce qu'il y a de plus profond dans le pessimisme, c'est la manière de concevoir la marche vers la délivrance. L'homme n'irait pas loin dans l'examen, soit des lois de sa misère, soit de la fatalité, qui choquent tellement la naïveté de notre orgueil, s'il n'avait l'espérance de venir à bout de ces tyrannies par un effort qu'il tentera avec tout un groupe

---

(1) Les plaintes que firent entendre les prétendus désespérés au début du XIXᵉ siècle, durent en partie leur succès aux analogies de forme qu'elles présentent avec la véritable littérature pessimiste.

de compagnons. Les chrétiens n'eussent pas tant raisonné sur le péché originel s'ils n'avaient senti la nécessité de justifier la délivrance (qui devait résulter de la mort de Jésus), en supposant que ce sacrifice avait été rendu nécessaire par un crime effroyable imputable à l'humanité. Si les Occidentaux furent beaucoup plus occupés du péché originel que les Orientaux, cela ne tient pas seulement, comme le pensait Taine, à l'influence du droit romain (1), mais aussi à ce que les Latins, ayant de la majesté impériale un sentiment plus élevé que les Grecs, regardaient le sacrifice du Fils de Dieu comme ayant réalisé une délivrance extraordinairement merveilleuse ; de là découlait la nécessité d'approfondir les mystères de la misère humaine et de la destinée.

Il me semble que l'optimisme des philosophes grecs dépend en grande partie de raisons économiques ; il a dû naître dans des populations urbaines, commerçantes et riches, qui pouvaient regarder le monde comme un immense magasin rempli de choses excellentes, sur lesquelles leur convoitise avait la faculté de se satisfaire (2). J'imagine que le pessimisme grec provient de tribus pauvres, guerrières et montagnardes, qui avaient un énorme orgueil aristocratique, mais dont la situation était par contre fort médiocre ; leurs poètes les enchantaient en leur vantant les ancêtres et leur faisaient espérer des expéditions triomphales conduites par des héros surhumains ; ils leur expliquaient la misère actuelle, en racontant les catastrophes dans lesquelles avaient succombé d'anciens chefs presque divins, par suite de la fatalité ou de la jalousie des dieux ; le courage des guerriers pouvait demeurer momentanément impuissant, mais il ne devait pas toujours l'être ; il fallait demeurer fidèle aux vieilles mœurs pour se tenir prêt à de grandes expéditions victorieuses, qui pouvaient être très prochaines.

Très souvent on a fait de l'ascétisme oriental la manifestation la plus remarquable du pessimisme ; certes Hartmann a

---

(1) Taine, *Le Régime moderne*, tome II, pp. 121-122.
(2) Les poètes comiques athéniens ont dépeint, plusieurs fois, un pays de cocagne où l'on n'a plus besoin de travailler. (A. et M. Croiset, *Histoire de la littérature grecque*, tome III, pp. 472-474.)

raison quand il le regarde comme ayant seulement la valeur d'une anticipation, dont l'utilité aurait été de rappeler aux hommes ce qu'ont d'illusoire les biens vulgaires ; il a tort cependant lorsqu'il dit que l'ascétisme enseigna aux hommes « le terme auquel devaient aboutir leurs efforts, qui est l'annulation du vouloir » (1) ; car la délivrance a été tout autre chose que cela au cours de l'histoire.

Avec le christianisme primitif nous trouvons un pessimisme pleinement développé et complètement armé : l'homme a été condamné dès sa naissance à l'esclavage ; — Satan est le prince du monde ; — le chrétien, déjà régénéré par le baptême, peut se rendre capable d'obtenir la résurrection de la chair par l'Eucharistie (2) ; il attend le retour glorieux du Christ qui brisera la fatalité satanique et appellera ses compagnons de lutte dans la Jérusalem céleste. Toute cette vie chrétienne fut dominée par la nécessité de faire partie de l'armée sainte, constamment exposée aux embûches tendues par les suppôts de Satan ; cette conception suscita beaucoup d'actes héroïques, engendra une courageuse propagande et produisit un sérieux progrès moral. La délivrance n'eut pas lieu ; mais nous savons par d'innombrables témoignages de ce temps ce que peut produire de grand la marche à la délivrance.

Le calvinisme du XVIe siècle nous offre un spectacle qui est peut-être encore plus instructif ; mais il faut bien faire attention à ne pas le confondre, comme font beaucoup d'auteurs, avec le protestantisme contemporain ; ces deux doctrines sont placées aux antipodes l'une de l'autre ; je ne puis comprendre que Hartmann dise que le protestantisme « est la station de relâche dans la traversée du christianisme authentique » et qu'il ait fait « alliance avec la renaissance

---

(1) Hartmann, *loc. cit.*, p. 492. — « Le mépris du monde, associé à une vie transcendante de l'esprit, était professé dans l'Inde par l'enseignement ésotérique du bouddhisme. Mais cet enseignement n'était accessible qu'à un cercle restreint d'initiés, engagés dans le célibat. Le monde extérieur n'en avait pris que la lettre qui tue, et son influence ne se manifestait que sous les formes extravagantes de la vie des solitaires et des pénitents » (p. 439).

(2) Batiffol, *Etudes d'histoire et de théologie positive*, 2e série, p. 162.

du paganisme antique » (1) ; ces appréciations s'appliquent seulement au protestantisme récent, qui a abandonné ses principes propres pour adopter ceux de la Renaissance. Jamais le pessimisme, qui n'entrait nullement dans le courant des idées de la Renaissance (2), n'avait été affirmé avec autant de force qu'il le fut par les Réformés. Les dogmes du péché et de la prédestination furent poussés jusqu'à leurs conséquences les plus extrêmes ; ils correspondent aux deux premiers aspects du pessimisme : à la misère de l'espèce humaine et au déterminisme social. Quant à la délivrance, elle fut conçue sous une forme bien différente de celle que lui avait donnée le christianisme primitif : les protestants s'organisèrent militairement partout où cela leur était possible; ils faisaient des expéditions en pays catholiques, expulsant les prêtres, introduisant le culte réformé et promulguant des lois de proscription contre les papistes. On n'empruntait plus aux apocalypses l'idée d'une grande catastrophe finale dans laquelle les compagnons du Christ ne seraient que des spectateurs, après s'être longtemps défendus contre les attaques sataniques ; les protestants, nourris de la lecture de l'Ancien Testament, voulaient imiter les exploits des anciens conquérants de la Terre Sainte; ils prenaient donc l'offensive et voulaient établir le royaume de Dieu par la force. Dans chaque localité conquise, les calvinistes réalisaient une véritable révolution catastrophique, changeant tout de fond en comble.

Le calvinisme a été finalement vaincu par la Renaissance ; il était plein de préoccupations théologiques empruntées aux traditions médiévales et il arriva un jour où il eut peur de passer pour être demeuré trop arriéré; il voulut être au niveau de la culture moderne, et il a fini par devenir simplement un

---

(1) Hartmann, *La religion de l'avenir*, trad. franç., p. 27 et p. 21.
(2) « A cette époque commença le conflit entre l'amour païen de la vie et le mépris, la fuite du monde, qui caractérisaient le christianisme. » (Hartmann, *op. cit.*, p. 126.) Cette conception païenne se trouve dans le protestantisme libéral, et c'est pourquoi Hartmann le considère, avec raison, comme irréligieux ; mais les hommes du XVIe siècle voyaient les choses sous un autre aspect.

christianisme relâché (1). Aujourd'hui fort peu de personnes se doutent de ce que les réformateurs du XVIᵉ siècle entendaient par libre examen ; les protestants appliquent à la Bible les procédés que les philologues appliquent à n'importe quel texte profane ; l'exégèse de Calvin a fait place à la critique des humanistes.

L'annaliste qui se contente d'enregistrer des faits, est tenté de regarder la délivrance comme un rêve ou comme une erreur ; mais le véritable historien considère les choses à un autre point de vue ; lorsqu'il veut savoir quelle a été l'influence de l'esprit calviniste sur la morale, le droit ou la littérature, il est toujours ramené à examiner comment la pensée des anciens protestants était sous l'influence de la marche vers la délivrance. L'expérience de cette grande époque montre fort bien que l'homme de cœur trouve, dans le sentiment de lutte qui accompagne cette *volonté de délivrance*, une satisfaction suffisante pour entretenir son ardeur. Je crois donc qu'on pourrait tirer de cette histoire de belles illustrations en faveur de cette idée que vous exprimiez un jour : que la légende du Juif-Errant est le symbole des plus hautes aspirations de l'humanité, condamnée à toujours marcher sans connaître le repos.

II

Mes thèses ont choqué encore les personnes qui sont, de quelque manière, sous l'influence des idées que notre éducation nous a transmises au sujet du droit naturel ; et il y a peu de lettrés qui aient pu s'affranchir de ces idées. Si la philosophie du droit naturel s'accorde parfaitement avec la force (en entendant ce mot au sens spécial que je lui ai donné au chapitre V, § IV), elle ne peut se concilier avec mes conceptions sur le rôle historique de la violence. Les doctrines

---

(1) Si le socialisme périt, ce sera évidemment de la même manière, pour avoir eu peur de sa barbarie.

scolaires sur le droit naturel s'épuiseraient sur une simple tantologie : le juste est bon et l'injuste est mauvais, si l'on n'avait pas toujours admis implicitement que le juste s'adapte à des actions qui se produisent automatiquement dans le monde : c'est ainsi que les économistes ont longtemps soutenu que les relations créées sous le régime de la concurrence dans le régime capitaliste sont parfaitement justes, comme résultant du *cours naturel* des choses ; les utopistes ont toujours prétendu que le monde présent n'était *pas assez naturel ;* ils ont voulu en conséquence donner un tableau d'une société mieux réglée automatiquement et partant plus juste.

Je ne saurais résister au plaisir de me reporter à quelques *Pensées* de Pascal, qui embarrassèrent terriblement ses contemporains et qui n'ont été bien comprises que de nos jours. Pascal eut beaucoup de peine à s'affranchir des idées qu'il avait trouvées chez les philosophes sur le droit naturel ; il les abandonna parce qu'il ne les trouva pas suffisamment pénétrées de christianisme : « J'ai passé longtemps de ma vie dit-il, en croyant qu'il y avait une justice ; et en cela je ne me trompais pas ; car il *y en a selon que Dieu nous l'a voulu révéler.* Mais je ne le prenais pas ainsi, et c'est en quoi je me trompais ; car je croyais que notre justice était essentiellement juste et que j'avais de quoi la connaître et en juger » (fragment 375 de l'édition Brunschvicg) ; — « Il y a sans doute des lois naturelles ; mais cette belle raison corrompue (1) a tout corrompu » (fragment 294) ; — « *Veri juris.* Nous n'en avons plus » (fragment 297).

L'observation va d'ailleurs montrer à Pascal l'absurdité de la théorie du droit naturel ; si cette théorie était exacte, on trouverait quelques lois universellement admises ; mais des actions que nous regardons comme des crimes ont été regardées autrefois comme vertueuses : « Trois degrés

---

(1) Il me semble que les éditeurs de 1670 durent être effrayés du calvinisme de Pascal ; je suis étonné que Sainte-Beuve se soit borné à dire qu'il « y avait dans le christianisme de Pascal quelque chose qui les dépassait... que Pascal avait encore plus besoin qu'eux d'être chrétien ». (*Port-Royal,* tome III, p. 383).

d'élévation du pôle renversent toute la jurisprudence, un méridien décide de la vérité ; en peu d'années de possession, les lois fondamentales changent ; le droit a ses époques, l'entrée de Saturne au Lion nous marque l'origine d'un tel crime. Plaisante justice qu'une rivière borne ! Vérité au deçà des Pyrénées, erreur au-delà... Il faut, dit-on, recourir aux lois fondamentales et primitives de l'État qu'une coutume injuste a abolies. C'est un jeu sûr pour tout perdre ; rien ne sera juste à cette balance » (fragment 294; cf. fragment 375).

Dans cette impossibilité où nous sommes de pouvoir raisonner sur le juste, nous devons nous en rapporter à la coutume et Pascal revient souvent sur cette règle (fragments 294, 297, 299, 309, 312). Il va plus loin encore et il montre comment le juste est pratiquement dépendant de la force : « La justice est sujette à dispute, la force est très reconnaissable et sans dispute. Ainsi on n'a pu donner la force à la justice, parce que la force a contredit la justice et a dit que c'était elle qui était juste. Et ainsi ne pouvant faire que ce qui est juste fût fort, on a fait que ce qui est fort fût juste » (fragment 298; cf. fragments 302, 303, 306, 307, 311).

Cette critique du droit naturel n'a point la parfaite clarté que nous pourrions lui donner aujourd'hui, parce que nous savons que c'est dans l'économie qu'il faut aller chercher le type de la force arrivée à un régime pleinement automatique et pouvant ainsi s'identifier naturellement avec le droit, — tandis que Pascal confond dans un même genre toutes les manifestations de la force (1).

Les changements que le droit subit au cours des temps, avaient vivement frappé Pascal et ils continuent d'embarrasser fort les philosophes : un système social bien coordonné est détruit par une révolution et fait place à un autre système que l'on trouve également parfaitement raisonnable ; et ce qui était juste autrefois est devenu injuste. On n'a pas ménagé les sophismes pour prouver que la force avait été mise au service de la justice durant les révolutions ;

---

(1) Cf. ce que je dis sur la force au chapitre V.

maintes fois on a démontré que ces arguments sont absurdes ; mais le public ne peut se résoudre à les abandonner, tant il est habitué à croire au droit naturel !

Il n'y a pas jusqu'à la guerre qu'on n'ait voulu faire descendre sur le plan du droit naturel : on l'a assimilée à un procès dans lequel un peuple revendiquerait un droit méconnu par un voisin malfaisant. Nos pères admettaient volontiers que Dieu tranchait le différend, au cours des batailles, en faveur de celui qui avait raison ; le vaincu devait être traité comme le serait un mauvais plaideur : il devait payer les frais de la guerre et donner des garanties au vainqueur pour que celui-ci pût jouir en paix de ses droits restaurés. Aujourd'hui il ne manque pas de gens pour proposer de soumettre les conflits internationaux à des tribunaux d'arbitrage ; ce serait une laïcisation de l'ancienne mythologie (1).

Les partisans du droit naturel ne sont pas des adversaires irréductibles des luttes civiles, ni surtout des manifestations tumultueuses ; on l'a vu suffisamment au cours de l'affaire Dreyfus. Quand la force publique est entre les mains de leurs adversaires, ils admettent assez volontiers qu'elle est employée à violer la justice, et alors ils prouvent qu'on peut sortir de la légalité pour rentrer dans le droit (selon une formule des bonapartistes) ; ils cherchent à intimider, tout au moins, le gouvernement lorsqu'ils ne peuvent songer à le renverser. Mais quand ils combattent ainsi les détenteurs de la force publique, ils ne désirent nullement supprimer celle-ci ; car ils ont le désir de l'utiliser à leur profit quelque jour ; toutes les perturbations révolutionnaires du XIXe siècle se sont terminées par un renforcement de l'Etat.

La violence prolétarienne change l'aspect de tous les conflits au cours desquels on l'observe ; car elle nie la force organisée par la bourgeoisie, et prétend supprimer l'Etat

---

(1) Je ne puis arriver à trouver l'idée de l'arbitrage international dans le fragment 296 de Pascal, où quelques personnes le découvrent ; Pascal y signale simplement ce qu'a de ridicule la prétention qu'émettait de son temps chaque belligérant, dans son manifeste, de condamner, au nom du droit, la conduite de son adversaire.

qui en forme le noyau central. Dans de telles conditions il n'y a plus aucun moyen de raisonner sur les droits primordiaux des hommes ; c'est pourquoi nos socialistes parlementaires, qui sont des enfants de la bourgeoisie et qui ne savent rien en dehors de l'idéologie de l'Etat, sont tout désorientés quand ils sont en présence de la violence prolétarienne ; ils ne peuvent lui appliquer les lieux communs qui leur servent d'ordinaire à parler de la force, et ils voient avec effroi des mouvements qui pourraient aboutir à ruiner les institutions dont ils vivent : avec le syndicalisme révolutionnaire, plus de discours à placer sur la Justice immanente, plus de régime parlementaire à l'usage des intellectuels ; — c'est l'abomination de la désolation ! Aussi ne faut-il pas s'étonner s'ils parlent de la violence avec tant de colère.

Déposant le 5 juin 1907 devant la Cour d'assises de la Seine dans le procès Bousquet-Lévy, Jaurès aurait dit : « Je n'ai pas la superstition de la légalité. Elle a eu tant d'échecs ! mais je conseille toujours aux ouvriers de recourir aux moyens légaux ; car *la violence est un signe de faiblesse passagère.* » On trouve ici un souvenir très évident de l'affaire Dreyfus : Jaurès se rappelle que ses amis durent recourir à des manifestations révolutionnaires, et on comprend qu'il n'ait pas gardé de cette affaire un très grand respect pour la légalité, qui peut se trouver en conflit avec ce qu'il regardait comme étant le droit. Il assimile la situation des syndicalistes à celle où furent les dreyfusards : ils sont momentanément faibles, mais ils sont destinés à disposer quelque jour de la force publique ; ils seraient donc bien imprudents s'ils détruisaient par la violence une force qui est appelée à devenir la leur. Peut-être lui est-il arrivé parfois de regretter que l'agitation dreyfusarde ait ébranlé trop l'Etat, comme Gambetta regrettait que l'administration eût perdu son ancien prestige et sa discipline.

L'un des plus élégants ministres de la République (1)

---

(1) Le *Petit Parisien*, que l'on a toujours plaisir à citer comme le moniteur de la niaiserie démocratique, nous apprend qu'aujourd'hui « cette définition dédaigneuse de l'élégant et *immoral* M. de Morny : « Les répu

s'est fait une spécialité des sentences solennelles prononcées contre les partisans de la violence : Viviani enchante les députés, les sénateurs et les employés convoqués pour admirer son Excellence au cours de ses tournées, en leur racontant que la violence est la caricature ou encore « la fille déchue et dégénérée de la force ». Après s'être vanté d'avoir travaillé à éteindre les lampions célestes par un geste magnifique, il se donne les allures d'un matador aux pieds duquel va tomber le taureau furieux (1). Si j'avais plus de vanité littéraire que je n'en ai, j'aimerais à me figurer que ce *beau socialiste* a pensé à moi quand il a dit, au Sénat, le 16 novembre 1906, qu'il « ne faut pas confondre un *énergumène* avec un parti et une *affirmation téméraire* avec un corps de doctrine ». Après le plaisir d'être apprécié par les gens intelligents, il n'y en a pas de plus grand que celui de n'être pas compris par les brouillons qui ne savent exprimer qu'en charabia ce qui leur tient lieu de pensée ; mais j'ai tout lieu de supposer que dans le brillant entourage de ce *bonisseur* (2), il n'y a personne ayant entendu parler du *Mouvement socialiste*. Que l'on fasse une insurrection lorsqu'on se sent assez solidement organisé pour conquérir l'Etat, voilà ce que comprennent Viviani et les attachés de son cabinet ; mais la violence prolétarienne, qui n'a point

---

blicains sont des gens qui s'habillent mal », semble tout à fait dénuée de fondement. » J'emprunte cette philosophique observation à l'enthousiaste compte rendu du mariage du charmant ministre Clémentel (22 octobre 1905). — Ce journal bien informé m'a accusé de donner aux ouvriers des conseils d'*apache* (7 avril 1907).

(1) « La violence, disait-il au Sénat, le 16 novembre 1906, je l'ai vue, moi, face à face. J'ai été pendant des jours et des jours, au milieu de milliers d'hommes qui portaient sur leurs visages les traces d'une exaltation effrayante. Je suis resté au milieu d'eux, poitrine contre poitrine et les yeux dans les yeux. » Il se vantait d'avoir fini par triompher des grévistes du Creusot.

(2) Dans le même discours, Viviani a fort insisté sur son socialisme et déclaré qu'il entendait « demeurer fidèle à l'idéal de ses premières années civiques ». D'après une brochure publiée en 1897 par les allemanistes sous le titre : *La vérité sur l'union socialiste*, cet idéal aurait été l'opportunisme ; en passant d'Alger à Paris, Viviani se serait transformé en socialiste, et la brochure qualifie de mensonge son attitude nouvelle. Évidemment, cet écrit a été rédigé par des énergumènes qui ne comprennent rien aux élégances.

un tel but, ne saurait être qu'une folie et une caricature odieuse de la révolte. Faites tout ce que vous voudrez, mais ne cassez pas l'assiette au beurre !

III

Au cours de ces études j'avais constaté une chose qui me semblait si simple que je n'avais pas cru devoir beaucoup insister : les hommes qui participent aux grands mouvements sociaux, se représentent leur action prochaine sous forme d'images de batailles assurant le triomphe de leur cause. Je proposais de nommer *mythes* ces constructions dont la connaissance offre tant d'importance pour l'historien (1) : la grève générale des syndicalistes et la révolution catastrophique de Marx sont des mythes. J'ai donné comme exemples remarquables de mythes ceux qui furent construits par le christianisme primitif, par la Réforme, par la Révolution, par les mazziniens ; je voulais montrer qu'il ne faut pas chercher à analyser de tels systèmes d'images, comme on décompose une chose en ses éléments, qu'il faut les prendre en bloc comme des forces historiques, et qu'il faut surtout se garder de comparer les faits accomplis avec les représentations qui avaient été acceptées avant l'action.

J'aurais pu donner un autre exemple qui est peut-être encore plus frappant : les catholiques ne se sont jamais découragés au milieu des épreuves les plus dures, parce qu'ils se représentaient l'histoire de l'Église comme étant une suite de batailles engagées entre Satan et la hiérarchie soutenue par le Christ ; toute difficulté nouvelle qui surgit est un épisode de cette guerre et doit finalement aboutir à la victoire du catholicisme.

Au début du XIXe siècle, les persécutions révolutionnaires ravivèrent ce mythe de la lutte satanique, qui a fourni à

---

(1) Dans l'*Introduction à l'économie moderne* j'ai donné au mot *mythe* un sens plus général, qui dépend étroitement du sens strict employé ici.

Joseph de Maistre des pages si connues ; ce rajeunissement explique, en grande partie, la renaissance religieuse qui se produisait à cette époque. Si le catholicisme est aujourd'hui si menacé, cela tient beaucoup à ce que le mythe de l'Eglise militante tend à disparaître. La littérature ecclésiastique a fort contribué à le rendre ridicule ; c'est ainsi qu'en 1872 un écrivain belge recommandait de remettre en honneur les exorcismes, qui lui semblaient être un moyen efficace pour combattre les révolutionnaires (1). Beaucoup de catholiques instruits sont effrayés en constatant que les idées de Joseph de Maistre ont contribué à favoriser l'ignorance du clergé, qui évitait de se tenir au courant d'une science maudite ; le mythe satanique leur semble donc dangereux et ils en signalent les aspects ridicules ; mais il n'en comprennent pas toujours bien la portée historique. Les habitudes douces, sceptiques et surtout pacifiques de la génération actuelle ne sont pas favorables d'ailleurs à son maintien ; et les adversaires de l'Église proclament bien haut qu'ils ne veulent pas revenir à un régime de persécutions qui pourrait rendre leur puissance ancienne aux images de guerre.

En employant le terme de mythe, je croyais avoir fait une heureuse trouvaille, parce que je refusais ainsi toute discussion avec les gens qui veulent soumettre la grève générale à une critique de détail et qui accumulent les objections contre sa possibilité pratique. Il paraît que j'ai eu, au contraire, une bien mauvaise idée, puisque les uns me disent que les mythes conviennent seulement aux sociétés primitives, tandis que d'autres s'imaginent que je veux donner comme moteurs au monde moderne des rêves analogues à ceux que Renan croyait utiles pour remplacer la religion (2) ;

---

(1) P. Bureau, *La crise morale des temps nouveaux*, p. 213. L'auteur, professeur à l'Institut catholique de Paris, ajoute : « La recommandation ne peut exciter aujourd'hui que l'hilarité. On est bien obligé de croire que l'étrange formule de l'auteur était acceptée alors par un grand nombre de ses coréligionnaires, quand on se rappelle l'étourdissant succès des écrits de Léo Taxil, après sa prétendue conversion. »

(2) Ces rêves me semblent avoir eu principalement pour objet de calmer les inquiétudes que Renan avait conservées au sujet de l'enfer. Cf. *Mouvement socialiste*, mai 1907, pp. 470-471.

mais on a été plus loin et on a prétendu que ma théorie des mythes serait un argument d'avocat, une fausse traduction des véritables opinions des révolutionnaires, un *sophisme intellectualiste*.

S'il en était ainsi, je n'aurais guère eu de chance, puisque je voulais écarter tout contrôle de la philosophie intellectualiste, qui me semble être un grand embarras pour l'historien qui la suit. La contradiction qui existe entre cette philosophie et la véritable intelligence des événements a souvent frappé les lecteurs de Renan : celui-ci est, à tout instant, ballotté entre sa propre intuition qui fut presque toujours admirable, et une philosophie qui ne peut aborder l'histoire sans tomber dans la platitude ; mais il se croyait, hélas ! trop souvent, tenu de raisonner d'après l'*opinion scientifique* de ses contemporains.

Le sacrifice que le soldat de Napoléon faisait de sa vie, pour avoir l'honneur de travailler à une épopée « éternelle » et de vivre dans la gloire de la France tout en se disant « qu'il serait toujours un pauvre homme » (1) ; les vertus extraordinaires dont firent preuve les Romains, qui se résignaient à une effroyable inégalité et se donnaient tant de peine pour conquérir le monde (2) ; « la foi à la gloire [qui fut] une valeur sans pareille », créée par la Grèce et grâce à laquelle « une sélection fut faite dans la foule touffue de l'humanité, la vie eut un mobile, il y eut une récompense pour celui qui avait poursuivi le bien et le beau » (3) ; — voilà des choses que ne saurait expliquer la philosophie intellectualiste. Celle-ci conduit, au contraire, à admirer, au chapitre II de Jérémie, « le sentiment supérieur, profondément triste, avec lequel l'homme pacifique contemple les écroulements [des empires], la commisération qu'excite dans le cœur du sage le spectacle de peuples *travaillant pour le vide*, victimes de l'orgueil de quelques-uns ». La Grèce n'a pas vu cela, d'après Renan (4), et il me semble qu'il ne faut pas nous en

---

(1) Renan, *Histoire du peuple d'Israël*, tome IV, p. 191.
(2) Renan, *loc. cit.*, p. 267.
(3) Renan, *loc. cit.*, pp. 199-200.
(4) Renan, *op. cit.*, tome III, pp. 458-459.

plaindre ! D'ailleurs il louera lui-même les Romains de ne pas avoir agi en suivant les conceptions du penseur juif : « Ils travaillent pour le vide, pour le feu ; oui, sans doute ; mais voilà la vertu que l'histoire récompense » (1).

Les religions constituent un scandale particulièrement grave pour les intellectualistes, car on ne saurait ni les regarder comme étant sans portée historique, ni les expliquer ; aussi Renan a-t-il écrit parfois à leur sujet des phrases bien étranges : « La religion est une imposture nécessaire. Les plus gros moyens de jeter de la poudre aux yeux ne peuvent être négligés avec une aussi sotte race que l'espèce humaine, créée pour l'erreur, et qui, quand elle admet la vérité, ne l'admet jamais par les bonnes raisons. Il faut bien alors lui en donner de mauvaises » (2).

Comparant Giordano Bruno qui « se laissa brûler au Champ-de-Flore » et Galilée qui se soumit au Saint-Office, Renan approuve le second parce que, d'après lui, le savant n'a nul besoin d'apporter, à l'appui de ses découvertes, autre chose que des raisons ; il pensait que le philosophe italien voulut compléter ses preuves insuffisantes par son sacrifice et il émet cette maxime dédaigneuse : « On n'est martyr que pour les choses dont on n'est pas bien sûr » (3). Renan confond ici la *conviction* qui devait être puissante chez Bruno, avec cette *certitude* très particulière que l'enseignement provoquera, à la longue, au sujet des thèses que la science a reçues ; il est difficile de donner une idée moins exacte des forces réelles qui font agir les hommes !

Toute cette philosophie pourrait se résumer dans cette proposition : « Les choses humaines sont un à-peu-près sans

---

(1) Renan, *op. cit.*, tome IV, p. 267.
(2) Renan, *op. cit.*, tome V, pp. 105-106.
(3) Renan, *Nouvelles études d'histoire religieuse*, p. VII. Antérieurement il avait dit, à propos des persécutions : « On meurt pour des *opinions* et non pour des *certitudes*, pour ce qu'on croit et non pour ce qu'on sait... Dès qu'il s'agit de croyances, le grand signe et la plus efficace démonstration est de mourir pour elles. » (*L'Eglise chrétienne*, p. 317). Cette thèse suppose que le martyre soit une sorte d'ordalie, ce qui a été vrai, en partie, pour l'époque romaine, en raison de circonstances spéciales (G. Sorel, *Le système historique de Renan*, p. 335).

sérieux et sans précision ; » et, en effet, pour l'intellectualiste, ce qui manque de précision doit manquer aussi de sérieux. Mais la conscience de l'historien ne saurait jamais sommeiller complètement chez Renan, et il ajoute tout de suite ce correctif : « Avoir vu [cela] est un grand résultat pour la philosophie ; mais, c'est une abdication de tout rôle actif. L'avenir est à ceux qui ne sont pas désabusés. » (1) Nous pouvons conclure de là que la philosophie intellectualiste est vraiment d'une incompétence radicale pour l'explication des grands mouvements historiques.

Aux catholiques ardents qui luttèrent, si longtemps avec succès, contre les traditions révolutionnaires, la philosophie intellectualiste aurait vainement cherché à démontrer que le mythe de l'Église militante n'est pas conforme aux constructions scientifiques établies par les plus savants auteurs, suivant les meilleures règles de la critique ; elle n'aurait pu les persuader. Par aucune argumentation il n'eût été possible d'ébranler la foi qu'avaient ces hommes dans les promesses faites à l'Église, et tant que cette certitude demeurait, le mythe ne pouvait être contestable à leurs yeux. De même, les objections que le philosophe adresse aux mythes révolutionnaires ne sauraient faire impression que sur les hommes qui sont heureux de trouver un prétexte pour abandonner « tout rôle actif » et être seulement révolutionnaires en paroles.

Je comprends que ce mythe de la grève générale froisse beaucoup de *gens sages* à cause de son caractère d'infinité ; le monde actuel est très porté à revenir aux opinions des anciens et à subordonner la morale à la bonne marche des affaires publiques, ce qui conduit à placer la vertu dans un juste milieu. Tant que le socialisme demeure une *doctrine entièrement exposée en paroles*, il est très facile de le faire dévier vers un juste milieu ; mais cette transformation est manifestement impossible quand on introduit le mythe de la grève générale, qui comporte une révolution absolue. Mais vous savez, aussi bien que moi, que ce qu'il y a de meilleur

---

(1) Renan, *op. cit.*, tome III, p. 497.

dans la conscience moderne est le tourment de l'infini ; vous n'êtes point du nombre de ceux qui regardent comme d'heureuses trouvailles les procédés au moyen desquels on peut tromper ses lecteurs par des mots. C'est pourquoi vous ne me condamnerez point pour avoir attaché un si grand prix à un mythe qui donne au socialisme une valeur morale si haute et une si grande loyauté. Bien des gens ne chercheraient pas dispute à la théorie des mythes si ceux-ci n'avaient des conséquences si belles.

IV

L'esprit de l'homme est ainsi fait qu'il ne sait point se contenter de constatations et qu'il veut comprendre la raison des choses ; je me demande donc s'il ne conviendrait pas de chercher à approfondir cette théorie des mythes, en utilisant les lumières que nous devons à la philosophie bergsonienne ; l'essai que je vais vous soumettre est, sans doute, bien imparfait, mais il me semble qu'il est conçu suivant la méthode qu'il faut suivre pour éclairer ce problème.

Remarquons d'abord que les moralistes ne raisonnent presque jamais sur ce qu'il y a de vraiment fondamental dans notre individu ; ils cherchent d'ordinaire à projeter nos actes accomplis sur le champ des jugements que la société a rédigés d'avance pour les divers types d'action qui sont les plus communs dans la vie contemporaine. Ils disent qu'ils déterminent ainsi des motifs ; mais ces motifs sont de la même nature que ceux dont les juristes tiennent compte dans le droit criminel : ce sont des appréciations sociales relatives à des faits connus de tous. Beaucoup de philosophes, principalement dans l'antiquité, ont cru pouvoir tout rapporter à l'utilité ; et s'il y a une appréciation sociale, c'est sûrement celle-là ; — les théologiens placent les fautes sur le chemin qui conduit normalement, suivant l'expérience moyenne, au péché mortel ; ils connaissent ainsi quel est le degré de malice que présente la concupiscence, et la pénitence qu'il convient d'infliger ; — les modernes enseignent volontiers que nous jugeons notre volonté avant d'agir, en comparant nos maximes à des principes généraux qui ne sont pas sans avoir une certaine analogie avec des déclarations des droits de l'homme ; et cette théorie a été très probablement inspirée par l'admiration que provoquèrent les *Bills of Rights* placés en tête des constitutions américaines (1).

Nous sommes tous si fortement intéressés à savoir ce que le monde pensera de nous, que nous évoquons dans notre esprit, un peu plus tôt, un peu plus tard, des considérations analogues à celles dont parlent les moralistes ; de là résulte que ceux-ci ont pu s'imaginer qu'ils avaient vraiment fait appel à l'expérience, pour découvrir ce qui existe au fond de la conscience créatrice, alors qu'ils avaient seulement regardé d'un point de vue social des actes accomplis.

Bergson nous invite, au contraire, à nous occuper du dedans et de ce qui s'y passe pendant le mouvement créateur : « Il y aurait deux moi différents, dit-il, dont l'un serait comme la projection extérieure de l'autre, sa représentation spatiale et pour ainsi dire sociale. Nous atteignons le premier par une réflexion approfondie, qui nous fait saisir nos états internes, comme des êtres vivants, sans cesse en voie de formation, comme des états réfractaires à la mesure... Mais *les moments où nous nous ressaisissons nous-mêmes sont rares*, et c'est pourquoi nous sommes rarement libres. La plupart du temps, nous vivons extérieurement à nous-mêmes ; nous n'apercevons de notre moi que son fantôme décoloré... Nous vivons pour le monde extérieur plutôt que pour nous ; nous parlons plus que nous ne pensons ; nous *sommes agis* plus que nous n'agissons nous-mêmes. Agir librement c'est

---

(1) La constitution de Virginie est de juin 1776. Les constitutions américaines furent connues en Europe par deux traductions françaises, en 1778 et en 1789. Kant a publié les *Fondements de la métaphysique des mœurs* en 1785 et la *Critique de la raison pratique* en 1788. — On pourrait dire que le système utilitaire des anciens offre des analogies avec l'économie, celui des théologiens avec le droit et celui de Kant avec la théorie politique de la démocratie naissante. (Cf. Jellinek, *La déclaration des droits de l'homme et du citoyen*, trad. franç., pp. 18-25 ; pp. 49-50, p. 89.)

reprendre possession de soi, c'est se replacer dans la pure durée » (1).

Pour comprendre vraiment cette psychologie, il faut se « reporter par la pensée à ces moments de notre existence où nous avons opté pour quelque décision grave, moments uniques dans leur genre, et qui ne se reproduisent pas plus que ne reviennent pour un peuple les phases disparues de son histoire » (2). Il est bien évident que nous jouissons de cette liberté surtout quand nous faisons effort pour créer en nous un homme nouveau, en vue de briser les cadres historiques qui nous enserrent. On pourrait penser, tout d'abord, qu'il suffirait de dire que nous sommes alors dominés par des sentiments souverains ; mais tout le monde convient aujourd'hui que le mouvement est l'essentiel de la vie affective, c'est donc en termes de mouvement qu'il convient de parler de la conscience créatrice.

Voici comment il me semble qu'il faut se représenter la psychologie profonde. On devrait abandonner l'idée que l'âme est comparable à un mobile qui se meut, d'après une loi plus ou moins mécanique, vers divers motifs donnés par la nature. Quand nous agissons, c'est que nous avons créé un monde tout artificiel, placé en avant du présent, formé de mouvements qui dépendent de nous. Ainsi notre liberté devient parfaitement intelligible. Ces constructions, embrassant tout ce qui nous intéresse, quelques philosophes, qui s'inspirent des doctrines bergsoniennes, ont été amenés à une théorie qui n'est pas sans surprendre quelque peu. « Notre vrai corps, dit par exemple Ed. Le Roy, c'est l'univers entier en tant que vécu par nous. Et ce que le sens commun appelle plus strictement notre corps, en est seulement la région de moindre inconscience et d'activité plus libre, la partie sur laquelle nous avons directement prise et par laquelle nous pouvons agir sur le reste » (3). Il ne faut pas confondre,

---

(1) Bergson, *Données immédiates de la conscience*, pp. 175-176. — Dans cette philosophie on distingue la *durée* qui s'écoule, dans laquelle se manifeste notre personne, et le *temps* mathématique suivant la mesure duquel la science aligne les faits accomplis.
(2) Bergson, *op. cit.*, p. 181.
(3) Ed. Le Roy, *Dogme et Critique*, p. 239.

comme fait constamment ce subtil philosophe, ce qui est un état fugace de notre activité volontaire, avec les affirmations stables de la science (1).

Ces mondes artificiels disparaissent généralement de notre esprit sans laisser de souvenirs ; mais quand des masses se passionnent, alors on peut décrire un tableau, qui constitue un mythe social.

La foi à la gloire, dont Renan fait un si grand éloge, s'évanouit rapidement dans des rapsodies quand elle n'est pas entretenue par des mythes, qui ont beaucoup varié suivant les époques : le citoyen des républiques grecques, le légionnaire romain, le soldat des guerres de la Liberté, l'artiste de la Renaissance n'ont pas conçu la gloire en faisant appel à un même système d'images. Renan se plaint de ce que « la foi à la gloire est compromise par les *courtes vues sur l'histoire* qui tendent à prévaloir de nos jours. Peu de personnes, dit-il, agissent en vue de l'éternité... On veut jouir de sa gloire ; on la mange en herbe ; on ne la recueillera pas en gerbe après la mort » (2). Il me semble qu'il faudrait dire que les courtes vues sur l'histoire ne sont pas une cause, mais une conséquence ; elles résultent de l'affaiblissement des mythes héroïques qui avaient eu une si grande popularité au début du XIXe siècle ; la foi à la gloire périssait et les courtes vues sur l'histoire devenaient prépondérantes, en même temps que ces mythes s'évanouissaient (3).

---

(1) On aperçoit facilement le pont par lequel s'introduit le sophisme : l'*univers vécu par nous* peut être le monde réel ou le monde inventé pour l'action.

(2) Renan, *op. cit.*, tome IV, p. 329.

(3) « L'assentiment, dit Newman, si puissant qu'il soit, associé aux images les plus vives, n'est pas, par cela même, efficace. Strictement parlant, ce n'est pas l'imagination qui crée l'action ; c'est l'espérance ou la crainte, l'amour ou la haine, les désirs, les passions, les impulsions de l'égoïsme, du moi. L'imagination n'a d'autre rôle que de mettre en mouvement ces forces motrices, et elle y réussit en nous présentant des objets assez puissants pour les stimuler. » (*Op. cit.*, p. 69.) On voit que l'illustre penseur se tient très près de la théorie des mythes. On ne saurait lire Newman sans être d'ailleurs frappé des analogies que présente sa pensée avec celle de Bergson ; les personnes qui aiment à rattacher l'histoire des idées aux traditions ethniques, ne manqueront pas d'observer que Newman descendait d'Israélites.

On peut indéfiniment parler de révoltes sans provoquer jamais aucun mouvement révolutionnaire, tant qu'il n'y a pas de mythes acceptés par les masses ; c'est ce qui donne une si grande importance à la grève générale, et c'est ce qui la rend si odieuse aux socialistes qui ont peur d'une révolution ; ils font tous leurs efforts pour ébranler la confiance que les travailleurs ont dans leur préparation à la révolution; et pour y parvenir, ils cherchent à ridiculiser l'idée de grève générale, qui seule peut avoir une valeur motrice. Un des grands moyens qu'ils emploient consiste à la présenter comme une utopie : cela leur est assez facile, parce qu'il y a eu rarement des mythes parfaitement purs de tout mélange utopique.

Les mythes révolutionnaires actuels sont presque purs ; ils permettent de comprendre l'activité, les sentiments et les idées des masses populaires se préparant à entrer dans une lutte décisive ; ce ne sont pas des descriptions de choses, mais des expressions de volonté. L'utopie est, au contraire, le produit d'un travail intellectuel ; elle est l'œuvre de théoriciens qui, après avoir observé et discuté les faits, cherchent à établir un modèle auquel on puisse comparer les sociétés existantes pour mesurer le bien et le mal qu'elles renferment (1); c'est une composition d'institutions imaginaires, mais offrant avec des institutions réelles des analogies assez grandes pour que le juriste en puisse raisonner ; c'est une construction démontable dont certains morceaux ont été taillés de manière à pouvoir passer (moyennant quelques corrections d'ajustage) dans une législation prochaine. — Tandis que nos mythes actuels conduisent les hommes à se préparer à un combat pour détruire ce qui existe, l'utopie a toujours eu pour effet de diriger les esprits vers des réformes qui pourront être effectuées en morcelant le système ; il ne faut donc pas s'étonner si tant d'utopistes purent devenir

---

(1) C'est évidemment dans cet ordre d'idées que se placèrent les philosophes grecs qui voulaient pouvoir raisonner sur la morale sans être obligés d'accepter les usages que la force historique avait introduits à Athènes.

des hommes d'État habiles lorsqu'ils eurent acquis une plus grande expérience de la vie politique. — Un mythe ne saurait être réfuté puisqu'il est, au fond, identique aux convictions d'un groupe, qu'il est l'expression de ces convictions en langage de mouvement, et que, par suite, il est indécomposable en parties qui puissent être appliquées sur un plan de descriptions historiques. L'utopie, au contraire, peut se discuter comme toute constitution sociale ; on peut comparer les mouvements automatiques qu'elle suppose, à ceux qui ont été constatés au cours de l'histoire, et ainsi apprécier leur vraisemblance ; on peut la réfuter en montrant que l'économie sur laquelle on la fait reposer, est incompatible avec les nécessités de la production actuelle.

L'économie politique libérale a été un des meilleurs exemples d'utopies que l'on puisse citer. On avait imaginé une société où tout serait ramené à des types commerciaux, sous la loi de la plus complète concurrence ; on reconnaît aujourd'hui que cette société idéale serait aussi difficile à réaliser que celle de Platon ; mais de grands ministres modernes ont dû leur gloire aux efforts qu'ils ont faits pour introduire quelque chose de cette liberté commerciale dans la législation industrielle.

Nous avons là une utopie libre de tout mythe ; l'histoire de la démocratie française nous offre une combinaison bien remarquable d'utopies et de mythes. Les théories qui inspirèrent les auteurs de nos premières constitutions, sont aujourd'hui regardées comme fort chimériques ; souvent même on ne veut plus leur concéder la valeur qui leur a été longtemps reconnue : celle d'un idéal sur lequel législateurs, magistrats et administrateurs devraient avoir les yeux toujours fixés pour assurer aux hommes un peu de justice. A ces utopies, se mêlèrent des mythes qui représentaient la lutte contre l'Ancien Régime ; tant qu'ils se sont maintenus, les réfutations des utopies libérales ont pu se multiplier sans produire aucun résultat ; le mythe sauvegardait l'utopie à laquelle il était mêlé.

Pendant longtemps, le socialisme n'a guère été qu'une utopie : c'est avec raison que les marxistes revendiquent pour leur maître l'honneur d'avoir changé cette situation : le socialisme est devenu une préparation des masses employées dans la grande industrie, qui veulent supprimer l'État et la propriété ; désormais, on ne cherchera plus comment les hommes s'arrangeront pour jouir du bonheur futur ; tout se réduit à *l'apprentissage révolutionnaire* du prolétariat. Malheureusement Marx n'avait pas sous les yeux les faits qui nous sont devenus familiers ; nous savons mieux que lui ce que sont les grèves, parce que nous avons pu observer des conflits économiques considérables par leur étendue et par leur durée ; le mythe de la grève générale est devenu populaire et s'est solidement établi dans les cerveaux ; nous avons sur la violence des idées qu'il n'aurait pu facilement se former ; nous pouvons donc compléter sa doctrine, au lieu de commenter ses textes comme le firent si longtemps de malencontreux disciples.

L'utopie tend ainsi à disparaître complètement du socialisme ; celui-ci n'a pas besoin de chercher à organiser le travail, puisque le capitalisme l'organise. Je crois avoir démontré, d'ailleurs, que la grève générale correspond à des sentiments si fort apparentés à ceux qui sont nécessaires pour assurer la production dans un régime d'industrie très progressive, que l'apprentissage révolutionnaire peut être aussi un apprentissage du producteur.

Quand on se place sur ce terrain des mythes, on est à l'abri de toute réfutation ; ce qui a conduit beaucoup de personnes à dire que le socialisme est une sorte de religion. On a été frappé, en effet, depuis longtemps, de ce que les convictions religieuses sont indépendantes de la critique ; de là on a conclu que tout ce qui prétend être au-dessus de la science est une religion. On observe aussi que, de notre temps, le christianisme prétend être moins une dogmatique qu'une vie chrétienne, c'est-à-dire une réforme morale qui veut aller jusqu'au fond du cœur ; par suite, on a trouvé une nouvelle analogie entre la religion et le socialisme révolutionnaire qui se donne pour but l'apprentissage, la préparation et même la reconstruction de l'individu en vue d'une œuvre gigantesque. Mais l'enseignement de Bergson nous a appris que la religion n'est pas seule à occuper la région de la conscience profonde ; les mythes révolutionnaires y ont leur place au même titre qu'elle. Les arguments qu'Yves Guyot présente contre le socialisme en le traitant de religion, me semblent donc fondés sur une connaissance imparfaite de la nouvelle psychologie.

Renan était fort surpris de constater que les socialistes sont au-dessus du découragement : « Après chaque expérience manquée ils recommencent ; on n'a pas trouvé la solution, on la trouvera. L'idée ne leur vient jamais que la solution n'existe pas et de là vient leur force » (1). L'explication donnée par Renan est superficielle ; il regarde le socialisme comme une utopie, c'est-à-dire comme une chose comparable aux réalités observées ; et on ne comprend guère comment la confiance pourrait ainsi survivre à beaucoup d'expériences manquées. Mais, à côté des utopies, ont toujours existé des mythes capables d'entraîner les travailleurs à la révolte. Pendant longtemps, ces mythes étaient fondés sur les légendes de la Révolution et ils conservèrent toute leur valeur tant que ces légendes ne furent pas ébranlées. Aujourd'hui, la confiance des socialistes est bien plus grande qu'autrefois, depuis que le mythe de la grève générale domine tout le mouvement vraiment ouvrier. Un insuccès ne peut rien prouver contre le socialisme, depuis qu'il est devenu un travail de préparation ; si l'on échoue, c'est la preuve que l'apprentissage a été insuffisant ; il faut se remettre à l'œuvre avec plus de courage, d'insistance et de confiance qu'autrefois ; la pratique du travail a appris aux ouvriers que c'est par cette voie qu'on peut devenir un vrai compagnon ; et c'est aussi la seule manière de devenir un vrai révolutionnaire (2).

---

(1) Renan, *op. cit.*, tome III, p. 497.
(2) Il est extrêmement important d'observer les analogies qui existent entre l'état d'esprit révolutionnaire et celui qui correspond à la *morale des producteurs* ; j'ai indiqué des ressemblances remarquables à la fin de mes études, mais il y aurait encore beaucoup d'analogies à relever.

V

Les travaux de mes amis ont été accueillis avec beaucoup de mépris par les socialistes qui font de la politique, mais aussi avec beaucoup de sympathie par des personnes étrangères aux préoccupations parlementaires. Il est impossible de supposer que nous cherchions à exercer une industrie intellectuelle et nous protestons chaque fois qu'on prétend nous confondre avec les intellectuels qui sont justement des gens qui ont pour profession l'exploitation de la pensée. Les vieux routiers de la démocratie ne parviennent pas à comprendre que l'on se donne tant de mal lorsqu'on n'a pas le dessein caché de diriger la classe ouvrière. Cependant nous ne pourrions pas avoir une autre conduite.

Celui qui a fabriqué une utopie destinée à faire le bonheur de l'humanité, se regarde volontiers comme ayant un droit de propriété sur son invention ; il croit que personne n'est mieux placé que lui pour appliquer son système ; il trouverait fort irrationnel que sa littérature ne lui valût pas une charge dans l'État. Mais nous autres, nous n'avons rien inventé du tout, et même nous soutenons qu'il n'y a rien à inventer : nous nous sommes bornés à reconnaître la portée historique de la notion de grève générale ; nous avons cherché à montrer qu'une culture nouvelle pourrait sortir des luttes engagées par les syndicats révolutionnaires contre le patronat et contre l'État ; notre originalité la plus forte consiste à avoir soutenu que le prolétariat peut s'affranchir sans avoir besoin de recourir aux enseignements des professionnels bourgeois de l'intelligence. Nous sommes ainsi amenés à regarder comme essentiel dans les phénomènes contemporains ce qui était considéré autrefois comme accessoire : ce qui est vraiment éducatif pour un prolétariat révolutionnaire qui fait son apprentissage dans la lutte. Nous ne saurions exercer une influence directe sur un pareil travail de formation.

Notre rôle peut être utile, à la condition que nous nous bornions à nier la pensée bourgeoise, de manière à mettre le prolétariat en garde contre une invasion des idées ou des mœurs de la classe ennemie.

Les hommes qui ont reçu une éducation primaire ont, en général, la superstition du livre, et ils attribuent facilement du génie aux gens qui occupent beaucoup l'attention du monde lettré ; ils s'imaginent qu'ils auraient énormément à apprendre des auteurs dont le nom est souvent cité avec éloge dans les journaux ; ils écoutent avec un singulier respect les commentaires que les lauréats des concours viennent leur apporter. Combattre ces préjugés n'est pas chose facile ; mais c'est faire œuvre très utile ; nous regardons cette besogne comme tout à fait capitale et nous pouvons la mener à bonne fin sans prendre jamais la direction du monde ouvrier. Il ne faut pas qu'il arrive au prolétariat ce qui est arrivé aux Germains qui conquirent l'empire romain : ils eurent honte de leur barbarie et se mirent à l'école des rhéteurs de la décadence latine : ils n'eurent pas à se louer d'avoir voulu se civiliser !

Dans le cours de ma carrière, j'ai abordé beaucoup de sujets qui ne semblaient guère devoir entrer dans la spécialité d'un écrivain socialiste. Je me suis proposé de montrer à mes lecteurs que la science dont la bourgeoisie vante, avec tant de constance, les merveilleux résultats, n'est pas aussi certaine que l'assurent ceux qui vivent de son exploitation, et que, souvent, l'observation des phénomènes du monde socialiste pourrait fournir des lumières qui ne se trouvent pas dans les travaux des érudits. Je ne crois donc pas faire une œuvre vaine ; car je contribue à ruiner le prestige de la culture bourgeoise, prestige qui s'oppose jusqu'ici à ce que le principe de la lutte de classe prenne tout son développement.

Dans le dernier chapitre de mon livre, j'ai dit que l'art est une anticipation du travail tel qu'il doit être pratiqué dans un régime de très haute production. Cette observation a été, semble-t-il, fort mal comprise par quelques-uns de mes critiques, qui ont cru que je voulais proposer comme solution du socialisme une éducation esthétique du prolétariat, qui se mettrait à l'école des artistes modernes. Cela eût été un singulier paradoxe de ma part, car l'art que nous possédons aujourd'hui est un *résidu* que nous a laissé une société aristocratique, résidu qui a été encore fortement corrompu par la bourgeoisie. Suivant les meilleurs esprits, il serait grandement à désirer que l'art contemporain pût se renouveler par un contact plus intime avec les artisans ; l'art académique a dévoré les plus beaux génies, sans arriver à produire ce que nous ont donné les générations artisanes. J'avais en vue tout autre chose qu'une telle imitation quand je parlais d'anticipation ; je voulais montrer comment on trouve dans l'art (pratiqué par ses meilleurs représentants et surtout aux meilleures époques) des analogies permettant de comprendre quelles seraient les qualités du travailleur de l'avenir. Je songeais, d'ailleurs, si peu à demander aux écoles des Beaux-Arts un enseignement approprié au prolétariat, que je fonde la morale des producteurs non pas sur une éducation esthétique transmise par la bourgeoisie, mais sur les sentiments que développent les luttes engagées par les travailleurs contre leurs maîtres.

Ces observations nous conduisent à reconnaître l'énorme différence qui existe entre la *nouvelle école* et l'anarchisme qui a fleuri il y a une vingtaine d'années à Paris. La bourgeoisie avait bien moins d'admiration pour ses littérateurs et ses artistes que n'en avaient les anarchistes de ce temps-là ; leur enthousiasme pour les célébrités d'un jour dépassait souvent celui qu'ont pu avoir des disciples pour les plus grands maîtres du passé ; aussi ne faut-il pas s'étonner si, par une juste compensation, les romanciers et les peintres, ainsi adulés, montraient pour les anarchistes une sympathie qui a étonné souvent les personnes qui ignoraient à quel point l'amour-propre est considérable dans le monde esthétique.

Cet anarchisme était donc *intellectuellement tout bourgeois*, et les guesdistes ne manquaient jamais de lui reprocher ce caractère ; ils disaient que leurs adversaires, tout en se proclamant ennemis irréconciliables du passé, étaient de serviles élèves de ce passé maudit ; ils observaient d'ailleurs que les plus éloquentes dissertations sur la révolte ne pouvaient rien produire, et qu'on ne change pas le cours de l'histoire avec de la littérature. Les anarchistes répondaient en montrant que leurs adversaires étaient dans une voie qui ne pouvait conduire à la révolution annoncée ; en prenant part aux débats politiques, les socialistes devaient, disaient-ils, devenir des réformateurs plus ou moins radicaux et perdre le sens de leurs formules révolutionnaires. L'expérience n'a pas tardé à montrer que les anarchistes avaient raison à ce point de vue, et qu'en entrant dans des institutions bourgeoises, les révolutionnaires se transformaient, en prenant l'esprit de ces institutions ; tous les députés disent que rien ne ressemble tant à un représentant de la bourgeoisie qu'un représentant du prolétariat.

Beaucoup d'anarchistes finirent par se lasser de lire toujours les mêmes malédictions grandiloquentes lancées contre le régime capitaliste, et ils se mirent à chercher une voie qui les conduisît à des actes vraiment révolutionnaires ; ils entrèrent dans les syndicats qui, grâce aux grèves violentes, réalisaient, tant bien que mal, cette guerre sociale dont ils avaient si souvent entendu parler. Les historiens verront un jour, dans cette entrée des anarchistes dans les syndicats, l'un des plus grands événements qui se soient produits de notre temps ; et alors le nom de mon pauvre ami Fernand Pelloutier sera connu comme il mérite de l'être (1).

Les écrivains anarchistes qui demeurèrent fidèles à leur ancienne littérature révolutionnaire, ne semblent pas avoir vu de très bon œil le passage de leurs amis dans les syndicats ; leur attitude nous montre que les anarchistes devenus syndicalistes eurent une véritable originalité et n'appliquèrent pas des théories qui avaient été fabriquées dans des cénacles philosophiques. Ils apprirent surtout aux

---

(1) Je crois bien que Léon de Seilhac a été le premier à rendre justice aux hautes qualités de Fernand Pelloutier (*Les congrès ouvriers en France*, p. 272).

ouvriers qu'il ne fallait pas rougir des actes violents. Jusquelà on avait essayé, dans le monde socialiste, d'atténuer ou d'excuser les violences des grévistes ; les nouveaux syndiqués regardèrent ces violences comme des manifestations normales de la lutte, et il en résulta que les tendances vers le trade-unionisme furent abandonnées. Ce fut leur tempérament révolutionnaire qui les conduisit à cette conception ; car on commettrait une grosse erreur en supposant que ces anciens anarchistes apportèrent dans les associations ouvrières les idées relatives à la propagande par le fait.

Le syndicalisme révolutionnaire n'est donc pas, comme beaucoup de personnes le croient, la première forme confuse du mouvement ouvrier, qui devra se débarrasser, à la longue, de cette erreur de jeunesse ; il a été, au contraire, le produit d'une amélioration opérée par des hommes qui sont venus enrayer une déviation vers des conceptions bourgeoises. On pourrait donc le comparer à la Réforme qui voulut empêcher le christianisme de subir l'influence des humanistes ; comme la Réforme, le syndicalisme révolutionnaire pourrait avorter, s'il venait à perdre, comme celle-ci a perdu, le sens de son originalité ; c'est ce qui donne un si grand intérêt aux recherches sur la violence prolétarienne.

15 juillet 1907.

AVANT-PROPOS

DE LA PREMIÈRE PUBLICATION (1)

Les réflexions que je soumets aux lecteurs du *Mouvement socialiste*, au sujet de la violence, ont été inspirées par quelques observations très simples, relatives à des faits très évidents, qui jouent un rôle de plus en plus marqué dans l'histoire des classes contemporaines.

Depuis longtemps, j'ai été frappé de voir que le *déroulement normal* des grèves comporte un important cortège de violences (2); quelques savants sociologues cherchent à se dissimuler un phénomène que remarque toute personne qui consent à regarder ce qui se passe autour d'elle. Le syndicalisme révolutionnaire entretient l'esprit gréviste dans les masses et ne prospère que là où se sont produites des grèves notables, menées avec violence. Le socialisme tend à apparaître, de plus en plus, comme une théorie du syndicalisme révolutionnaire, — ou, encore, comme une philosophie de l'histoire moderne en tant que celle-ci est sous l'influence de ce syndicalisme. Il résulte de ces données incontestables que, pour raisonner sérieusement sur le socialisme, il faut, avant tout, se préoccuper de chercher quel est le rôle qui appartient à la violence dans les rapports sociaux actuels (3).

---

(1) La première publication a eu lieu dans le *Mouvement socialiste* (premier semestre 1906).

(2) Cf. *Les grèves*, dans la *Science sociale*, octobre-novembre 1900.

(3) Dans les *Insegnamenti sociali della economia contemporanea* (écrits en 1903 et publiés seulement en 1906, Remo Sandron, éd., Palerme), j'ai

Je ne crois pas que cette question ait été encore abordée avec le soin qu'elle comporte ; j'espère que ces réflexions conduiront quelques penseurs à examiner de près les problèmes relatifs à la violence prolétarienne ; je ne saurais trop recommander ces études à la *nouvelle école* qui, s'inspirant des principes de Marx plus que des formules enseignées par les propriétaires officiels du marxisme, est en train de rendre aux doctrines socialistes un sentiment de la réalité et un sérieux qui leur faisaient vraiment par trop défaut depuis quelques années. Puisque la *nouvelle école* s'intitule marxiste, syndicaliste et révolutionnaire, elle ne doit avoir rien tant à cœur que de connaître l'exacte portée historique des mouvements spontanés qui se produisent dans les masses ouvrières et qui peuvent assurer au devenir social une direction conforme aux conceptions de son maître.

Le socialisme est une philosophie de l'histoire des institutions contemporaines, et Marx a toujours raisonné en philosophe de l'histoire quand des polémiques personnelles ne l'ont pas entraîné à écrire en dehors des lois de son système.

Le socialiste imagine donc qu'il a été transporté dans un avenir très lointain, en sorte qu'il puisse considérer les événements actuels comme des éléments d'un long développement écoulé et qu'il puisse leur attribuer la couleur qu'ils seront susceptibles d'avoir pour un philosophe futur. Un tel procédé suppose certainement qu'une part très large soit faite aux hypothèses ; mais il n'y a point de philosophie sociale, point de considération sur l'évolution et même point d'action importante dans le présent, sans certaines hypothèses sur l'avenir. Cette étude a pour objet d'approfondir la connaissance des mœurs et non de discuter sur les

---

signalé déjà, mais d'une manière très insuffisante, le rôle que la violence me semblait avoir pour assurer la scission entre le *prolétariat* et la *bourgeoisie* (pp. 53-55).

mérites ou les fautes des personnages marquants ; il faut chercher comment se groupent les sentiments qui dominent dans les masses ; les raisonnements que peuvent faire les moralistes sur les motifs des actions accomplies par les hommes de premier plan et les analyses psychologiques des caractères sont donc fort secondaires ou même tout à fait négligeables.

Il semble cependant qu'il soit plus difficile de raisonner de cette manière quand il s'agit d'actes de violence que dans les autres circonstances. Cela tient à ce que nous avons été habitués à regarder le complot comme étant le type de la violence ou comme une *anticipation d'une révolution ;* nous sommes ainsi amenés à nous demander si certains actes criminels ne pourraient pas devenir héroïques, ou du moins méritoires, en raison des conséquences que leurs auteurs espéraient en voir sortir pour le bonheur de leurs concitoyens. L'attentat individuel a rendu des services assez grands à la démocratie pour que celle-ci ait sacré grands hommes des gens qui, au péril de leur vie, ont essayé de la débarrasser de ses ennemis ; elle l'a fait d'autant plus volontiers que ces grands hommes n'étaient plus là quand arriva l'heure de partager les dépouilles de la victoire ; et l'on sait que les morts obtiennent plus facilement l'admiration que les vivants.

Chaque fois donc qu'il se produit un attentat, les docteurs ès-sciences éthico-sociales qui pullulent dans le journalisme, se livrent à de hautes considérations pour savoir si l'acte criminel peut être excusé, parfois même justifié, au point de vue d'une très haute justice. Toute la casuistique, tant de fois reprochée aux jésuites, fait alors irruption dans la presse démocratique.

Il ne me paraît pas inutile de signaler ici une note qui a paru dans l'*Humanité* du 18 février 1905, sur l'assassinat du grand-duc Serge ; l'auteur n'est pas, en effet, un de ces vulgaires blocards dont l'intelligence est à peine supérieure à celle des négritos ; c'est une lumière de l'Université française : Lucien Herr est du nombre des hommes qui doivent savoir ce qu'ils entendent dire. Le titre : *Les justes représailles*, nous avertit que la question va être traitée du point de vue d'une grande morale ; c'est le *jugement du monde* (1) qui va être prononcé. L'auteur recherche scrupuleusement les responsabilités, calcule l'équivalence qui doit exister entre le crime et l'expiation, remonte aux fautes primitives qui ont engendré en Russie une suite de violences ; tout cela, c'est de la philosophie de l'histoire suivant les plus purs principes du maquis corse : c'est une psychologie de la vendetta. Enlevé par le lyrisme de son sujet, Lucien Herr conclut en style de prophète : « Et la bataille se poursuivra ainsi, dans les souffrances et dans le sang, abominable et odieuse, jusqu'au *jour inéluctable*, au jour prochain où le trône lui-même, le trône meurtrier, le trône amonceleur de crimes, s'écroulera dans la fosse aujourd'hui creusée. » Cette prophétie ne s'est pas réalisée ; mais c'est le vrai caractère des grandes prophéties de ne jamais se réaliser : le *trône meurtrier* est beaucoup plus solide que la caisse de l'*Humanité*. Et d'ailleurs, après tout, qu'est-ce que tout cela nous apprend ?

L'historien n'a pas à délivrer des prix de vertu, à proposer des projets de statues, à établir un catéchisme quelconque ; son rôle est de comprendre ce qu'il y a de moins individuel dans les événements ; les questions qui intéressent les chroniqueurs et passionnent les romanciers, sont celles qu'il laisse le plus volontiers de côté. Il ne s'agit pas ici de justifier *les violents*, mais de savoir quel rôle appartient à *la violence des masses ouvrières* dans le socialisme contemporain.

Il me semble que beaucoup de socialistes se posent très mal la question de la violence ; j'en ai pour preuve un article publié dans le *Socialiste* du 21 octobre 1905,

---

(1) Cette expression n'est pas trop forte, attendu que l'auteur s'est surtout occupé d'études sur Hegel.

par Rappoport : l'auteur, qui a écrit un livre sur la philosophie de l'histoire (1), aurait dû, semble-t-il, raisonner en examinant la portée lointaine des événements ; tout au contraire, il les considère sous leur aspect le plus immédiat, le plus mesquin et, par suite, le moins historique. D'après lui, le syndicalisme tend nécessairement à l'opportunisme ; comme cette loi ne semble pas se vérifier en France, il ajoute : « Si dans quelques pays latins, il a des allures révolutionnaires, c'est de la pure apparence. Il y crie plus haut, mais c'est toujours pour demander des réformes dans les cadres de la société actuelle. C'est un réformisme à coups de poing, mais c'est toujours du réformisme. »

Ainsi, il y aurait deux réformismes : l'un, patronné par le *Musée social*, la Direction du Travail et Jaurès, qui opère à l'aide d'objurgations à la justice éternelle, de maximes et de demi-mensonges ; l'autre qui opère à coups de poing ; celui-ci serait seul à la portée des gens grossiers qui n'ont pas été encore touchés par la grâce de la haute économie sociale. Les *braves gens*, les démocrates dévoués à la cause des Droits de l'homme et des Devoirs du délateur, les blocards sociologues estiment que la violence disparaîtra lorsque l'éducation populaire sera plus avancée ; ils recommandent donc de multiplier les cours et conférences ; ils espèrent noyer le syndicalisme révolutionnaire dans la salive de messieurs les professeurs. Il est assez singulier qu'un révolutionnaire, tel que Rappoport, tombe d'accord avec les *braves gens* et leurs acolytes sur l'appréciation du sens du syndicalisme ; cela ne peut s'expliquer que si l'on admet que les problèmes relatifs à la violence sont demeurés jusqu'ici très obscurs pour les plus instruits des socialistes.

Il ne faut pas examiner les effets de la violence en partant des résultats immédiats qu'elle peut produire,

---

(1) Ch. Rappoport, *La philosophie de l'histoire comme science de l'évolution*.

mais de ses conséquences lointaines. Il ne faut pas se demander si elle peut avoir pour les ouvriers actuels plus ou moins d'avantages directs qu'une diplomatie adroite, mais se demander ce qui résulte de l'introduction de la violence dans les relations du prolétariat avec la société. Nous ne comparons pas deux méthodes de réformisme, mais nous voulons savoir ce qu'est la violence actuelle par rapport à la révolution sociale future.

Plusieurs ne manqueront pas de me reprocher de n'avoir donné aucune indication utile propre à éclairer la tactique : pas de formules, pas de recettes ! mais alors à quoi bon écrire? Des gens perspicaces diront que ces études s'adressent à des hommes qui vivent en dehors des réalités journalières, du vrai mouvement, c'est-à-dire en dehors des bureaux de rédaction, des parlottes de politiciens ou des antichambres des financiers socialistes. Ceux qui sont devenus savants en se frottant de sociologie belge, m'accuseront d'avoir l'esprit plutôt tourné vers la métaphysique (1) que vers la science. Ce sont des opinions qui ne me touchent guère, attendu que j'ai toujours eu pour habitude de ne tenir aucun compte des manières de voir des personnes qui mettent le comble de la sagesse dans la commune niaiserie et qui admirent surtout les hommes qui parlent ou écrivent sans penser.

Marx aussi fut accusé, par les hauts seigneurs du positivisme, d'avoir fait, dans le *Capital*, de l'économie politique métaphysique ; on s'étonnait « qu'il se fût borné à une simple analyse critique des éléments donnés, au lieu de formuler des recettes » (2). Ce reproche ne semble pas l'avoir beaucoup ému ; dans la préface de

---

(1) Cette prévision s'est réalisée ; car dans un discours du 11 mai 1907, à la Chambre des députés, Jaurès m'a appelé « le métaphysicien du syndicalisme », sans aucun doute avec une intention ironique.
(2) *Capital*, tome I, p. 349, col. 2.

son livre, il avait d'ailleurs averti le lecteur qu'il ne déterminerait la position sociale d'aucun pays et qu'il se bornerait à rechercher les lois de la production capitaliste, « les tendances qui se manifestent avec une nécessité de fer » (1).

Il n'est pas nécessaire d'avoir une très grande connaissance de l'histoire pour s'apercevoir que le mystère du mouvement historique n'est intelligible que pour les hommes qui sont placés loin des agitations superficielles : les chroniqueurs et les acteurs du drame ne voient point ce qui sera regardé plus tard comme fondamental ; en sorte que l'on pourrait formuler cette règle d'aspect paradoxal : « Il faut être en dehors pour voir le dedans. » Quand on applique ces principes aux événements contemporains, on risque de passer pour métaphysicien, mais cela n'a point d'importance, car nous ne sommes pas à Bruxelles, savez-vous, sais-tu, pour une fois (2). Quand on ne veut pas se contenter des aperçus informes formés par le sens commun, il faut bien suivre des procédés tout opposés à ceux des sociologues, qui fondent leur réputation, auprès des sots, grâce à un bavardage insipide et confus ; il faut se placer résolument en dehors des applications immédiates et n'avoir en vue que d'élaborer les notions ; il faut laisser de côté toutes les préoccupations chères aux politiciens. J'espère que l'on reconnaîtra que je n'ai pas manqué à cette règle.

A défaut d'autres qualités, ces réflexions possèdent un mérite qu'on ne leur discutera pas : il est évident qu'elles sont inspirées par un amour passionné pour la vérité. L'amour de la vérité devient une qualité assez rare ; les blocards la méprisent profondément ; les socialistes officiels la regardent comme ayant des tendances anar-

---

(1) *Capital*, tome I, p. 10.
(2) Quelques camarades de Belgique se sont froissés de ces innocentes plaisanteries, que je maintiens cependant : le socialisme belge est surtout connu en France par Vandervelde, personnage encombrant s'il en fut jamais, qui ne peut se consoler d'être né dans un pays trop petit pour son

chiques ; les politiciens et les larbins des politiciens n'ont pas assez d'injures pour les misérables qui préfèrent la vérité aux faveurs du pouvoir. Mais il y a encore des honnêtes gens en France, et c'est uniquement pour eux que j'ai toujours écrit.

Plus j'ai acquis d'expérience et plus j'ai reconnu que la passion pour la vérité vaut mieux que les plus savantes méthodologies pour étudier les questions historiques ; elle permet de briser les enveloppes conventionnelles, de pénétrer jusqu'au fond des choses et de saisir la réalité. Il n'y a point de grand historien qui n'ait été tout emporté par cette passion ; et, quand on y regarde de près, on voit que c'est elle qui a permis tant d'heureuses intuitions.

.

Je n'ai pas eu la prétention de présenter ici tout ce qu'il y aurait à dire sur la violence, et encore moins de faire une théorie systématique sur la violence. J'ai seulement réuni et révisé une série d'articles qui avaient paru dans une revue italienne, *Il Divenire sociale* (1), qui soutient le bon combat au delà des Alpes contre les exploiteurs de la crédulité populaire. Ces articles avaient été écrits sans plan d'ensemble ; je n'ai pas essayé de les refaire, parce que je ne savais comment m'y prendre pour donner une allure didactique à un tel exposé ; il m'a semblé même qu'il valait mieux leur conserver leur rédaction débraillée, parce qu'elle serait peut-être plus

---

génie, qui vient faire à Paris des conférences sur les sujets les plus divers et auquel on peut reprocher, entre autres choses, de tirer un nombre incalculable de moutures d'un tout petit sac. J'ai déjà eu l'occasion de dire ce que je pensais de lui dans l'*Introduction à l'économie moderne*, pp. 42-49.
(1) Les quatre derniers chapitres ont été beaucoup plus développés qu'ils ne l'étaient dans le texte italien. J'ai pu ainsi donner beaucoup plus de place aux considérations philosophiques. Les articles italiens ont été réunis en brochure sous le titre : *Lo sciopero generale e la violenza*, avec une préface de Enrico Leone.

apte à évoquer des idées. Il faut toujours craindre, quand on aborde des sujets mal connus, de délimiter trop rigoureusement des cadres; on serait ainsi exposé à fermer la porte à beaucoup de faits nouveaux que des circonstances imprévues ne cessent de faire jaillir. Que de fois les théoriciens du socialisme n'ont-ils pas été déroutés par l'histoire contemporaine? Ils avaient construit de magnifiques formules, bien frappées, bien symétriques ; mais elles ne pouvaient s'accorder avec les faits ; plutôt que d'abandonner leurs thèses, ils préféraient déclarer que les faits les plus graves étaient de simples anomalies, que la science doit écarter pour comprendre vraiment l'ensemble !

CHAPITRE PREMIER

Lutte de classe et violence

I. — Luttes des groupes pauvres contre les groupes riches. — Opposition de la démocratie à la division en classes. — Moyens d'acheter la paix sociale. — Esprit corporatif.
II. — Illusions relatives à la disparition de la violence. — Mécanisme des conciliations et encouragements que celles-ci donnent aux grévistes. — Influence de la peur sur la législation sociale et ses conséquences.

I

Tout le monde se plaint de ce que les discussions relatives au socialisme soient généralement fort obscures ; cette obscurité tient, pour une grande partie, à ce que les écrivains socialistes actuels emploient une terminologie qui ne correspond plus généralement à leurs idées. Les plus notables d'entre les gens qui s'intitulent *réformistes*, ne veulent point paraître abandonner certaines phrases qui ont si longtemps servi d'étiquette pour caractériser la littérature socialiste. Lorsque Bernstein, s'apercevant de l'énorme contradiction qui existait entre le langage de la social-démocratie et la vraie nature de son activité, engagea ses camarades allemands à avoir le courage de paraître ce qu'ils étaient en réalité (1), et à reviser une doctrine devenue mensongère, il y eut un cri universel d'indignation contre l'audacieux ; et les réformistes ne furent pas les moins acharnés à défendre les formules anciennes ; je me rap-

---

(1) Bernstein se plaint de l'avocasserie et du *cant* qui règnent dans la socialdémocratie (*Socialisme théorique et socialdémocratie pratique*, trad. franç., p. 277). Il adresse à la socialdémocratie ces paroles de Schiller : « Qu'elle ose donc paraître ce qu'elle est » (p. 238).

pelle avoir entendu de notables socialistes français dire qu'ils trouvaient plus facile d'accepter la tactique de Millerand que les thèses de Bernstein.

Cette idolâtrie des mots joue un grand rôle dans l'histoire de toutes les idéologies ; la conservation d'un langage marxiste par des gens devenus complètement étrangers à la pensée de Marx, constitue un grand malheur pour le socialisme. Le terme « lutte de classe » est, par exemple, employé de la manière la plus abusive ; tant qu'on ne sera point parvenu à lui rendre un sens parfaitement précis, il faudra renoncer à donner du socialisme une exposition raisonnable.

A. — Aux yeux du plus grand nombre, la lutte des classes est *le principe de la tactique socialiste*. Cela veut dire que le parti socialiste fonde ses succès électoraux sur les hostilités d'intérêts qui existent à l'état aigu entre certains groupes, et qu'au besoin il se chargerait de les rendre plus aiguës ; les candidats demanderont à la classe la plus nombreuse et la plus pauvre de se regarder comme formant une corporation et ils s'offriront à devenir les avocats de cette corporation; grâce à l'influence que peuvent leur donner leurs titres de représentants, ils travailleront à améliorer le sort des déshérités. Nous ne sommes pas fort éloignés ainsi de ce qui se passait dans les cités grecques : les socialistes parlementaires ressemblent beaucoup aux démagogues qui réclamaient constamment l'abolition des dettes, le partage des terres, qui imposaient aux riches toutes les charges publiques et inventaient des complots pour pouvoir faire confisquer les grandes fortunes. « Dans les démocraties où la foule peut souverainement faire la loi, dit Aristote, les démagogues, par leurs attaques continuelles contre les riches, divisent toujours la cité en deux camps... Les oligarques devraient renoncer à prêter des serments comme ceux qu'ils prêtent aujourd'hui; car voici le serment que de nos jours ils ont fait dans quelques Etats : Je serai l'ennemi du peuple et je lui ferai tout le mal que je pourrai lui faire » (1). Voilà certes une lutte entre deux classes aussi nettement caractérisée que possible ; mais il me semble absurde d'admettre que ce fût de cette manière que Marx entendît la lutte de classe dont il faisait l'essence du socialisme.

Je crois que les auteurs de la loi française du 11 août 1848 avaient la tête pleine de ces souvenirs classiques, lorsqu'ils édictèrent une peine contre ceux qui, par des discours ou des articles de journaux, cherchent « à troubler la paix publique, en excitant le mépris ou la haine des citoyens les uns contre les autres ». On sortait de la terrible insurrection du mois de juin et on était persuadé que la victoire des ouvriers parisiens aurait amené, sinon une mise en pratique du communisme, du moins de formidables réquisitions imposées aux riches en faveur des pauvres ; on espérait mettre un terme aux guerres civiles en rendant plus difficile la propagation de *doctrines de haine*, capables de soulever les prolétaires contre les bourgeois.

Aujourd'hui les socialistes parlementaires ne songent plus à l'insurrection ; s'ils en parlent encore parfois, c'est pour se donner un air d'importance ; ils enseignent que le bulletin de vote a remplacé le fusil ; mais le moyen de conquérir le pouvoir peut avoir changé sans que les sentiments soient modifiés. La littérature électorale semble inspirée des plus pures doctrines démagogiques : le socialisme s'adresse à tous les mécontents sans se préoccuper de savoir quelle place ils occupent dans le monde de la production ; dans une société aussi complexe que la nôtre et aussi sujette aux bouleversements d'ordre économique, il y a un nombre énorme de mécontents dans toutes les classes ; — aussi trouve-t-on souvent des socialistes là où l'on s'attendrait le moins à en rencontrer. Le socialisme parlementaire parle autant de langages qu'il a d'espèces de clientèles. Il

---

(1) Aristote, *Politique*, livre VIII, chap. VII, 19.

s'adresse aux ouvriers, aux petits patrons, aux paysans ; en dépit d'Engels, il s'occupe des fermiers (1); tantôt il est patriote, tantôt il déclame contre l'armée. Aucune contradiction ne l'arrête, — l'expérience ayant démontré que l'on peut, au cours d'une campagne électorale, grouper des forces qui devraient être normalement antagonistes d'après les conceptions marxistes. D'ailleurs un député ne peut-il pas rendre des services à des électeurs de toute situation économique?

Le terme « prolétaire » finit par devenir synonyme d'opprimé ; et il y a des opprimés dans toutes les classes (2) : les socialistes allemands ont pris un extrême intérêt aux aventures de la princesse de Cobourg (3). Un de nos réformistes les plus distingués, Henri Turot, longtemps rédacteur de la *Petite République* (4) et conseiller municipal de Paris, a écrit un livre sur les « prolétaires de l'amour » ; il désigne ainsi les prostituées de bas étage. Si quelque jour l'on donne le droit de suffrage aux femmes, il sera, sans doute, chargé de dresser le cahier des revendications de ce prolétariat spécial.

B. — La démocratie contemporaine se trouve, en France, un peu désorientée par la tactique de la lutte des classes ; c'est ce qui explique pourquoi le socialisme parlementaire ne se fond point dans l'ensemble des partis d'extrême gauche.

Pour comprendre la raison de cette situation, il faut

---

(1) Engels, *La question agraire et le socialisme. Critique du programme du parti ouvrier français*, traduit dans le *Mouvement socialiste*, 15 octobre 1900, p. 453. On a signalé, maintes fois, des candidats socialistes ayant des affiches particulières pour la ville et d'autres pour la campagne.

(2) Gênés par le monopole des agents de change, les *coulissiers* de la Bourse sont ainsi des *prolétaires financiers*, et parmi eux se rencontre plus d'un socialiste admirateur de Jaurès.

(3) Le député socialiste Sudekum, *l'homme le plus élégant de Berlin*, a joué un grand rôle dans l'enlèvement de la princesse de Cobourg ; espérons qu'il n'a pas d'intérêts financiers dans cette *affaire*. Il représentait alors à Berlin le journal de Jaurès.

(4) H. Turot a été aussi longtemps rédacteur au journal nationaliste l'*Eclair*, en même temps qu'à la *Petite République*. Lorsque Judet a pris la direction de l'*Eclair*, il a remercié son collaborateur socialiste.

se rappeler le rôle capital que les guerres révolutionnaires ont joué dans notre histoire; un nombre énorme de nos idées politiques proviennent de la guerre; la guerre suppose l'union des forces nationales devant l'ennemi et nos historiens français ont toujours traité très durement les insurrections qui gênaient la défense de la patrie. Il semble que notre démocratie soit plus dure pour des révoltés que ne le sont les monarchies; les Vendéens sont encore dénoncés journellement comme d'infâmes traîtres. Tous les articles publiés par Clemenceau pour combattre les idées de Hervé sont inspirés par la plus pure tradition révolutionnaire, et lui-même le dit clairement. « Je m'en tiens et je m'en tiendrai au patriotisme vieux jeu de nos pères de la Révolution, » et il se moque des gens qui veulent « supprimer les guerres internationales pour nous livrer *en paix aux douceurs de la guerre civile.* » (*Aurore*, 12 mai 1905.)

Pendant assez longtemps, les républicains niaient, en France, les luttes de classes; ils avaient tant horreur des révoltes, qu'ils ne voulaient pas voir les faits. Jugeant toutes choses au point de vue abstrait de la Déclaration des droits de l'homme, ils disaient que la législation de 1789 avait été faite pour faire disparaître toute distinction de classes dans le droit; c'est pour cette raison qu'ils s'opposaient aux projets de législation sociale qui, presque toujours, réintroduisent la notion de classe et distinguent parmi les citoyens des groupes qui sont incapables de se servir de la liberté. « La Révolution avait cru supprimer les classes, — écrivait avec mélancolie Joseph Reinach, dans le *Matin* du 19 avril 1895; — elles renaissent sous chacun de nos pas... Il est nécessaire de constater ces retours offensifs du passé, mais il ne faut pas s'y résigner; il faut les combattre » (1).

La pratique électorale a amené beaucoup de républicains à reconnaître que les socialistes obtenaient de

---

(1) J. Reinach, *Démagogues et socialistes*, p. 198.

grands succès en utilisant les passions de jalousie, de déception ou de haine qui existent dans le monde ; ils ont, dès lors, aperçu la lutte de classe, et beaucoup ont emprunté aux socialistes parlementaires leur jargon : ainsi est né le parti qu'on appelle radical-socialiste. Clemenceau assure même qu'il connaît des *modérés* qui se sont faits socialistes du jour au lendemain : « En France, dit-il, les socialistes que je connais (1) sont d'excellents radicaux qui jugent que les réformes sociales n'avancent pas à leur gré et se disent qu'il est de bonne tactique de réclamer le plus pour avoir le moins. Que de noms et que d'aveux secrets je pourrais citer à l'appui de mon dire ! Ce serait bien inutile, car il n'y a rien de moins mystérieux ». (*Aurore*, du 14 août 1905.)

Léon Bourgeois — qui n'a pas voulu complètement sacrifier à la nouvelle mode, et qui, peut-être à cause de cela, quitta la Chambre des députés pour entrer au Sénat — disait, au congrès de son parti, en juillet 1905 : « La lutte des classes est un fait, mais un fait cruel. Je ne crois pas que c'est en la prolongeant qu'on arrivera à la solution du problème; je crois que c'est en la supprimant... en faisant que tous les hommes se considèrent comme des associés à la même œuvre. » Il s'agirait donc de créer législativement la paix sociale, en montrant aux pauvres que le gouvernement n'a pas de plus grand souci que celui d'améliorer leur sort, et en imposant des sacrifices nécessaires aux gens qui possèdent une fortune jugée trop forte pour l'harmonie des classes.

La société capitaliste est tellement riche, et l'avenir lui apparaît sous des couleurs si optimistes qu'elle supporte des charges effroyables sans trop se plaindre : en Amérique, les politiciens gaspillent sans pudeur de gros impôts ; en Europe, les préparatifs militaires engouffrent des sommes tous les jours plus considé-

---

(1) Clemenceau connaît, fort bien et d'ancien temps, tous les socialistes du Parlement.

rables (1) ; la paix sociale peut bien être achetée par quelques sacrifices complémentaires (2). L'expérience montre que la bourgeoisie se laisse facilement dépouiller, pourvu qu'on la presse quelque peu et qu'on lui fasse peur de la révolution : le parti qui saura manœuvrer avec le plus d'audace le spectre révolutionnaire, aura l'avenir pour lui ; c'est ce que le parti radical commence à comprendre; mais si habiles que soient ses clowns, il aura de la peine à en trouver qui sachent éblouir les gros banquiers juifs aussi bien que le font Jaurès et ses amis.

C. — L'organisation syndicale donne une troisième valeur à la lutte des classes. Dans chaque branche de l'industrie, patrons et ouvriers forment des groupes antagonistes, qui ont continuellement des discussions, qui parlementent et qui font des traités. Le socialisme vient apporter sa terminologie de lutte sociale et compliquer ainsi des contestations qui pouvaient rester purement d'ordre privé ; l'exclusivisme corporatif, qui ressemble tant à l'esprit de localité ou à l'esprit de race, s'en trouve consolidé, et ceux qui le représentent aiment à se figurer qu'ils accomplissent un devoir supérieur et font de l'excellent socialisme.

On sait que les plaideurs étrangers à une ville sont généralement fort maltraités par les juges des tribunaux de commerce qui y siègent et qui cherchent à donner raison à leurs confrères. — Les compagnies de chemins de fer payent à des prix fantastiques les terrains dont

---

(1) A la conférence de La Haye, le délégué allemand déclara que son pays supportait facilement les frais de la paix armée ; Léon Bourgeois soutint que la France supportait « aussi allègrement les obligations personnelles et financières que la défense nationale impose à ses citoyens ». Ch. Guieysse, qui cite ces discours, pense que le tsar avait demandé la limitation des dépenses militaires parce que la Russie n'est pas encore assez riche pour se tenir sur le pied des grands pays capitalistes. (*La France et la paix armée*, p. 45.)

(2) C'est pourquoi Briand disait le 9 juin 1907 à ses électeurs de Saint-Étienne que la République a pris envers les travailleurs un *engagement sacré* relativement aux retraites ouvrières.

la valeur est fixée par des jurés recrutés parmi les propriétaires du pays. — J'ai vu les prud'hommes-pêcheurs accabler d'amendes, pour de prétendues contraventions, les marins italiens qui venaient leur faire concurrence, en vertu d'anciens traités. — Beaucoup d'ouvriers sont, de même, disposés à admettre que, dans toutes contestations avec le patron, le travailleur représente la morale et le droit : j'ai entendu un secrétaire de syndicat — si fanatiquement réformiste qu'il déniait le talent oratoire de Guesde — déclarer que nul n'avait autant que lui le sentiment de classe, — parce qu'il raisonnait de la manière que je viens d'indiquer, — et il en concluait que les révolutionnaires n'avaient pas le monopole de la juste conception de la lutte des classes.

On comprend que beaucoup de personnes aient pensé que cet esprit corporatif n'est pas une meilleure chose que l'esprit de clocher et qu'elles aient cherché à le faire disparaître, en employant des procédés fort analogues à ceux qui ont tant atténué, en France, les jalousies qui existaient entre les provinces. Une culture plus générale et la fréquentation des gens d'une autre région annulent rapidement le provincialisme : en amenant les hommes importants des syndicats à se rencontrer souvent avec des patrons et en leur fournissant l'occasion de participer à des discussions d'ordre général dans des commissions mixtes, ne pourrait-on pas faire s'évanouir le sentiment corporatif ? — L'expérience a montré que cela était faisable.

II

Les efforts qui ont été tentés pour amener la disparition des causes d'hostilité qui existent dans la société moderne, ont incontestablement abouti à des résultats, — encore que les pacificateurs se soient bien trompés sur la portée de leur œuvre. En montrant à quelques fonctionnaires de syndicats que les bourgeois ne sont pas des hommes aussi terribles qu'ils l'avaient cru, en les comblant de politesses dans des commissions constituées dans les ministères ou au *Musée social*, en leur donnant l'impression qu'il y a une *équité naturelle et républicaine*, supérieure aux haines ou aux préjugés de classe, on a pu changer l'attitude de quelques anciens révolutionnaires (1). Un grand désordre a été jeté dans l'esprit des classes ouvrières, par suite de ces conversions de quelques-uns de leurs anciens chefs ; beaucoup de découragement a remplacé l'ancien enthousiasme chez plus d'un socialiste ; bien des travailleurs se sont demandé si l'organisation syndicale allait devenir une variété de la politique, un moyen d'arriver.

Mais, en même temps que se produisait cette évolution, qui remplit de joie le cœur des pacificateurs, il y a eu une recrudescence d'esprit révolutionnaire dans une partie notable du prolétariat. Depuis que le gouvernement républicain et les philanthropes se sont mis en tête d'exterminer le socialisme, en développant la législation sociale et en modérant les résistances patronales dans les grèves, on a observé que, plus d'une fois, les conflits

---

(1) Il y a peu de choses nouvelles sous le soleil en matière de clowneries sociales. Aristote a déjà donné des règles de paix sociale ; il dit que les démagogues « devraient dans leurs harangues ne paraître préoccupés que de l'intérêt des riches, de même que dans les oligarchies, le gouvernement ne devrait sembler avoir en vue que l'intérêt du peuple » (*Loc. cit.*). Voilà un texte que l'on devrait inscrire à la porte des bureaux de la Direction du Travail.

avaient pris une acuité plus grande qu'autrefois (1). On explique souvent cela en disant qu'il y a là seulement un accident imputable aux anciens errements ; on aime à se bercer de l'espoir que tout marchera parfaitement bien le jour où les industriels auront mieux compris les mœurs de la paix sociale (2). Je crois, au contraire, que nous sommes en présence d'un phénomène qui découle, tout naturellement, des conditions mêmes dans lesquelles s'opère cette prétendue pacification.

J'observe, tout d'abord, que les théories et les agissements des pacificateurs sont fondés sur la notion du devoir et que le devoir est quelque chose de complètement indéterminé, — alors que le droit recherche les déterminations rigoureuses. Cette différence tient à ce que le second trouve une base réelle dans l'économie de la production, tandis que le premier est fondé sur des sentiments de résignation, de bonté, de sacrifice : et qui jugera si celui qui se soumet au devoir a été assez résigné, assez bon, assez sacrifié ? Le chrétien est persuadé que jamais il ne peut parvenir à faire tout ce que lui commande l'Evangile ; quand il est affranchi de tout lien économique (dans le couvent), il invente toute sorte d'obligations pieuses, de manière à rapprocher sa vie de celle du Christ, qui aima les hommes au point d'avoir accepté, pour les racheter, un sort ignominieux.

Dans le monde économique, chacun limite son devoir d'après la répugnance qu'il éprouve à abandonner certains profits ; si le patron estime toujours qu'il a fait tout son devoir, le travailleur sera d'un avis opposé, et aucune raison ne pourra les départager : le premier pourra croire qu'il a été héroïque, et le second pourra traiter ce prétendu héroïsme d'exploitation honteuse.

---

(1) Cf. G. Sorel, *Insegnamenti sociali*, p. 343.
(2) Dans son discours du 11 mai 1907, Jaurès disait qu'il n'y avait eu nulle part autant de violences qu'en Angleterre tant que les patrons et le gouvernement avaient refusé d'accepter les syndicats. « Ils ont cédé; c'est l'action vigoureuse et robuste, mais légale, ferme et sage. »

Pour nos grands pontifes du devoir, le contrat de travail n'est pas une vente : rien n'est simple comme la vente : personne ne se mêle de savoir qui a raison de l'épicier ou du client, quand ils ne sont pas d'accord sur le prix du fromage ; le client va où il trouve à acheter à meilleur compte et l'épicier est obligé de changer ses prix quand sa clientèle l'abandonne. Mais quand il se produit une grève, c'est bien autre chose : les bonnes âmes du pays, les gens de progrès et les amis de la République se mettent à discuter la question de savoir qui des deux parties a raison : *avoir raison, c'est avoir accompli tout son devoir social*. Le Play a donné beaucoup de conseils sur la manière d'organiser le travail en vue de bien remplir le devoir ; mais il ne pouvait fixer l'étendue des obligations des uns et des autres ; il s'en rapportait au tact de chacun, au sentiment exact du rang, à l'appréciation intelligente des vrais besoins de l'ouvrier par le maître (1).

Les patrons acceptent généralement la discussion sur ce terrain ; aux réclamations des travailleurs, ils répondent qu'ils ont été déjà jusqu'à la limite des faveurs qu'ils peuvent accorder — tandis que les philanthropes se demandent si les prix de vente ne permettraient pas de relever encore un peu les salaires. Une telle discussion suppose que l'on sache jusqu'où devrait aller le devoir social et quels prélèvements le patron doit continuer à faire pour pouvoir *maintenir son rang* : comme il n'y a aucun raisonnement capable de résoudre un tel problème, les *gens sages* proposent que l'on ait recours à un arbitrage ; Rabelais aurait proposé que l'on eût recours au sort des dés. Quand la grève est importante, les députés réclament, à grands cris, une enquête, dans le but de savoir si les chefs d'industrie remplissent bien leurs *fonctions de bons maîtres*.

---

(1) Le Play, *Organisation du travail*, chap. II, § 21. D'après lui les forces morales sont plus importantes à considérer que les systèmes que l'on imagine pour régler le salaire d'une manière plus ou moins automatique.

On arrive à des résultats par cette voie, qui semble cependant si absurde, parce que, d'une part, les grands patrons ont été élevés dans des idées civiques, philanthropiques et religieuses (1), et que, d'autre part, ils ne peuvent pas se montrer trop récalcitrants lorsque certaines choses leur sont demandées par des personnes occupant une haute situation dans le pays. Les conciliateurs mettent tout leur amour-propre à réussir et ils seraient extrêmement froissés si les chefs d'industrie les empêchaient de faire de la paix sociale. Les ouvriers sont dans une posture plus favorable, parce que le prestige des pacificateurs est bien moindre auprès d'eux qu'auprès des capitalistes : ces derniers cèdent donc beaucoup plus facilement que les ouvriers pour permettre aux bonnes âmes d'avoir la gloire de terminer le conflit. On observe que ces procédés ne réussissent que rarement quand l'affaire est entre les mains d'anciens ouvriers enrichis : les considérations littéraires, morales ou sociologiques touchent fort peu les gens qui ne sont pas nés dans les rangs de la bourgeoisie.

Les personnes qui sont appelées à intervenir de cette manière, dans les conflits, sont induites en erreur par les observations qu'elles font sur certains secrétaires de syndicats, qu'elles trouvent beaucoup moins intransigeants qu'elles ne l'auraient cru et qui leur semblent mûrs pour comprendre la paix sociale. Au cours des séances de conciliation, plus d'un révolutionnaire dévoilant une âme d'aspirant à la petite bourgeoisie, il ne manque pas de gens très intelligents pour s'imaginer que les conceptions socialistes et révolutionnaires ne sont qu'un accident que pourraient écarter de meilleurs procédés à établir dans les rapports entre les classes. Ils croient que le monde ouvrier comprend, tout entier, l'économie sous l'aspect du devoir et se persuadent qu'un accord se ferait si une meilleure éducation sociale était donnée aux citoyens.

---

(1) Sur les forces qui tendent à entretenir les sentiments de modération. Cf. les *Insegnamenti sociali*, 3ᵉ partie, chap. v.

Voyons maintenant sous quelles influences se produit l'autre mouvement qui tend à rendre les conflits plus aigus.

Les ouvriers se rendent facilement compte que le travail de conciliation ou d'arbitrage ne repose sur aucune base économico-juridique et leur tactique a été conduite — instinctivement peut-être — en conséquence. Puisque les sentiments et surtout l'amour-propre des pacificateurs sont en jeu, il convient de frapper fortement leurs imaginations et de leur donner l'idée qu'ils ont à accomplir une besogne de Titans ; on accumulera donc les demandes, on fixera les chiffres un peu au hasard, et on ne craindra pas de les exagérer ; souvent le succès de la grève dépendra de l'habileté avec laquelle un syndiqué (qui comprend bien l'esprit de la diplomatie sociale) aura su introduire des réclamations fort accessoires en elles-mêmes, mais capables de donner l'impression que les entrepreneurs d'industrie ne remplissent pas leur devoir social. Bien des fois les écrivains qui s'occupent de ces questions s'étonnent qu'il se passe plusieurs jours avant que les grévistes soient parfaitement fixés sur ce qu'ils doivent réclamer, et que l'on voie à la fin apparaître des demandes dont il n'avait jamais été question au cours des pourparlers antérieurs. Cela s'explique sans difficulté lorsqu'on réfléchit aux conditions bizarres dans lesquelles se fait la discussion entre les intéressés. Je suis surpris qu'il n'y ait pas de professionnels des grèves, qui se chargeraient de dresser les tableaux des revendications ouvrières ; ils obtiendraient d'autant plus de succès dans les conseils de conciliation, qu'ils ne se laisseraient pas éblouir par les belles paroles aussi facilement que les délégués des ouvriers (1).

Lorsque tout est fini, il ne manque pas d'ouvriers pour se rappeler que les patrons avaient d'abord affirmé que

---

(1) La loi française du 27 décembre 1892 semble avoir prévu cette possibilité et elle ordonne que les délégués des comités de conciliation doivent être pris parmi les intéressés ; elle écarte ainsi ces professionnels dont la présence rendrait si précaire le prestige des autorités ou des philanthropes.

toute concession était impossible : ils sont amenés ainsi à se dire que ceux-ci sont des ignorants ou des menteurs ; ce ne sont pas des conséquences capables de beaucoup développer la paix sociale !

Tant que les travailleurs avaient subi les exigences patronales sans protester, ils avaient cru que la volonté de leurs maîtres était complètement dominée par les nécessités économiques ; ils s'aperçoivent, après la grève, que cette nécessité n'existe point d'une manière bien rigoureuse et que, si une pression énergique est exercée par en bas sur la volonté du maître, cette volonté trouve moyen de se libérer des prétendues entraves de l'économie ; ainsi, en se tenant dans les limites de la pratique, le capitalisme apparaît aux ouvriers comme étant libre, et ils raisonnent comme s'il l'était tout à fait. Ce qui restreint à leurs yeux cette liberté, ce n'est pas la nécessité issue de la concurrence, mais l'ignorance des chefs d'industrie. Ainsi s'introduit la notion de l'infinité de la production, qui est un des postulats de la théorie de la lutte de classe dans le socialisme de Marx (1).

Pourquoi donc parler de devoir social ? Le devoir se comprend dans une société dont toutes les parties sont étroitement solidaires les unes des autres ; mais si le capitalisme est infini, la solidarité n'est plus fondée sur l'économie et les ouvriers estiment qu'ils seraient dupes s'ils n'exigeaient pas tout ce qu'ils peuvent obtenir ; ils considèrent le patron comme un adversaire avec lequel on traite après une guerre. *Il n'y a pas plus de devoir social qu'il n'y a de devoir international.*

Ces idées-là sont un peu confuses, je le veux bien, dans beaucoup de cerveaux ; mais elles existent d'une manière beaucoup plus stable que ne le pensent les partisans de la paix sociale ; ceux-ci se laissent prendre aux apparences et ne descendent pas jusqu'aux racines obscures qui supportent les tendances socialistes actuelles.

---

(1) G. Sorel, *Insegnamenti sociali*, p. 390, texte français dans le *Mouvement socialiste*, 1ᵉʳ juillet 1905, p. 290.

Avant de passer à d'autres considérations, il faut observer que nos pays latins présentent une grande difficulté pour la formation de la paix sociale ; les classes y sont bien plus nettement séparées que dans les pays saxons par des caractères extérieurs ; de telles séparations gênent beaucoup les chefs des syndicats quand ils abandonnent leurs anciennes manières pour prendre rang dans le monde officiel ou philanthropique (1) : ce monde les accueille avec grand plaisir, depuis qu'on lui a montré que la tactique de l'embourgeoisement progressif des fonctionnaires syndicaux pouvait produire d'excellents résultats ; mais leurs camarades se défient d'eux. Cette défiance est devenue, en France, beaucoup plus vive depuis que beaucoup d'anarchistes sont entrés dans le mouvement syndical ; parce que l'anarchiste a horreur de tout ce qui rappelle les procédés des politiciens, dévorés du besoin de grimper dans les classes supérieures et ayant déjà l'esprit capitaliste alors qu'ils sont encore pauvres (2).

La politique sociale a introduit de nouveaux éléments dont il nous faut maintenant tenir compte. On peut, tout d'abord, observer que les ouvriers *comptent* aujourd'hui dans le monde au même titre que les divers groupes producteurs qui demandent à être protégés ; ils peuvent être traités avec sollicitude tout comme les viticulteurs ou les fabricants de sucre (3). Il n'y a rien de déterminé

---

(1) Toutes les personnes qui ont vu de près les chefs des *trade-unions* sont frappées de l'extrême différence qui existe entre la France et l'Angleterre à ce point de vue ; les chefs des *trade-unions* deviennent rapidement des gentlemen sans que personne y trouve à redire. (P. de Rousiers, *Le trade-unionisme en Angleterre*, p. 309 et p. 322.) — En corrigeant cette épreuve, je lis un article de Jacques Bardoux signalant qu'un charpentier et un mineur ont été créés chevaliers par Édouard VII. (*Débats*, 16 décembre 1907).

(2) Il y a un certain nombre d'années, Arsène Dumont a imaginé le terme de *capillarité sociale* pour exprimer la lente ascension des classes. Si le syndicalisme suivait les inspirations des pacificateurs, il serait un puissant agent de capillarité sociale.

(3) On a souvent signalé que l'organisation ouvrière en Angleterre est un simple syndicat d'intérêts, ayant en vue des avantages matériels

dans le protectionnisme ; les droits de douane sont fixés de manière à satisfaire les désirs de personnalités très influentes qui veulent accroître leurs revenus ; la politique sociale procède de la même manière. Le gouvernement protectionniste prétend avoir des lumières lui permettant de mesurer ce qu'il convient d'accorder à chaque groupe, de défendre les producteurs sans léser les consommateurs ; de même la politique sociale annonce qu'elle prendra en considération les intérêts des patrons et ceux des ouvriers.

Peu de gens, en dehors des Facultés de droit, sont assez naïfs pour croire que l'Etat puisse remplir un tel programme : en fait, les parlementaires se décident de manière à satisfaire partiellement les intérêts les plus influents dans les élections, sans soulever de trop vives protestations des gens sacrifiés. Il n'y a pas d'autre règle que l'intérêt vrai ou présumé des électeurs : tous les jours la commission des douanes remanie ses tarifs et elle déclare qu'elle ne cessera de les remanier tant qu'elle ne sera point parvenue à assurer des prix qu'elle considère comme rémunérateurs, aux gens pour lesquels elle a entrepris d'être une providence : elle a l'œil ouvert sur les opérations des importateurs ; toute baisse de prix éveille son attention et provoque des recherches destinées à savoir si on ne pourrait pas artificiellement relever les valeurs. La politique sociale se pratique exactement de la même manière : le 27 juin 1905, le rapporteur d'une loi sur la durée du travail dans les mines disait, à la Chambre des députés : « Au cas où l'application de la loi donnerait des déceptions aux ouvriers, *nous avons pris l'engagement* de déposer sans tarder un nouveau projet de loi. » Cet excellent homme parlait exactement comme un rapporteur d'une loi de douane.

---

immédiats. Quelques écrivains sont très heureux de cette situation, parce qu'ils y voient, avec raison, une difficulté pour la propagande socialiste. *Embêter les socialistes*, même au prix du progrès économique et du salut de la culture de l'avenir, voilà le grand but que se proposent les grands *idéalistes* de la bourgeoisie philanthropique.

Il ne manque pas d'ouvriers qui comprennent parfaitement que tout le fatras de la littérature parlementaire ne sert qu'à dissimuler les véritables motifs qui dirigent les gouvernements. Les protectionnistes réussissent en subventionnant quelques gros chefs de parti ou en entretenant des journaux qui soutiennent la politique de ces chefs de parti ; les ouvriers n'ont pas d'argent, mais ils ont à leur disposition un moyen d'action bien plus efficace ; ils peuvent *faire peur* et, depuis quelques années, ils ne se privent pas de cette ressource.

Lors de la discussion de la loi sur le travail des mines, il a été plusieurs fois question des menaces adressées au gouvernement : le 5 février 1902, le président de la commission disait à la Chambre que le pouvoir avait prêté « une oreille attentive aux bruits du dehors, [qu'il avait été] inspiré par un sentiment de généreuse bienveillance en laissant arriver jusqu'à lui, *quel qu'en fût le ton*, les revendications ouvrières et le long cri de souffrance des ouvriers mineurs. » Un peu plus tard, il ajoutait : « Nous avons fait une œuvre de justice sociale,... une œuvre de bonté aussi, en allant à ceux qui peinent et qui souffrent comme à des amis uniquement désireux de travailler dans la paix et à des conditions honorables, et que nous ne devons pas, par une intransigeance brutale et trop égoïste, laisser s'abandonner à des entraînements qui, *pour ne pas être des révoltes*, n'en feraient pas moins des victimes. » Toutes ces phrases embrouillées servaient à dissimuler l'effroyable peur qui étreignait ce député grotesque (1). Dans la séance du 6 novembre 1904, au Sénat, le ministre déclarait que le gouvernement était incapable de céder à des menaces, mais qu'il fallait ouvrir non seulement les oreilles et l'esprit, mais aussi le cœur « aux réclamations respectueuses » (?) ; — il avait passé quelque peu d'eau sous les ponts depuis le jour

---

(1) Cet imbécile est devenu ministre du Commerce. Tous ses discours sur cette question sont pleins de galimatias ; il a été médecin aliéniste et a, peut-être, été influencé par la logique et le langage de ses clients.

où le gouvernement avait promis la loi sous la menace de la grève générale (1).

Je pourrais choisir d'autres exemples, pour montrer que le facteur le plus déterminant de la politique sociale est la poltronnerie du gouvernement. Cela s'est manifesté, de la manière la plus ostensible, dans des discussions récentes relatives à la suppression des bureaux de placement et à la loi qui a porté devant les tribunaux civils les appels des décisions rendues par les prud'hommes. Presque tous les chefs des syndicats savent tirer un excellent parti de cette situation et ils enseignent aux ouvriers qu'il ne s'agit pas d'aller demander des faveurs, mais qu'il faut profiter de la *lâcheté bourgeoise* pour imposer la volonté du prolétariat. Il y a trop de faits venant à l'appui de cette tactique pour qu'elle ne prenne pas racine dans le monde ouvrier.

Une des choses qui me paraissent avoir le plus étonné les travailleurs, au cours de ces dernières années, a été la timidité de la force publique en présence de l'émeute : les magistrats qui ont le droit de requérir l'emploi de la troupe, n'osent pas se servir de leur pouvoir jusqu'au bout et les officiers acceptent d'être injuriés et frappés avec une patience qu'on ne leur connaissait pas jadis. Il est devenu évident, par une expérience qui ne cesse de s'affirmer, que la violence ouvrière possède une efficacité extraordinaire dans les grèves : les préfets, redoutant d'être amenés à faire agir la force légale contre la violence insurrectionnelle, pèsent sur les patrons pour les forcer à céder ; la sécurité des usines est, maintenant, considérée comme une faveur dont le préfet peut disposer à son gré ; en conséquence, il dose l'emploi de sa police pour intimider les deux parties

---

(1) Le ministre déclarait qu'il faisait de la « véritable démocratie » et que c'est faire de la démagogie que « d'obéir à des pressions extérieures, à des sommations hautaines qui ne sont, la plupart du temps, que des surenchères et des appâts grossiers s'adressant à la crédulité de gens dont la vie est pénible. »

et les amener, plus ou moins adroitement, à un accord.

Il n'a pas fallu beaucoup de temps aux chefs des syndicats pour bien saisir cette situation, et il faut reconnaître qu'ils se sont servis de l'arme qu'on mettait entre leurs mains avec un rare bonheur. Ils s'efforcent d'intimider les préfets par des démonstrations populaires qui seraient susceptibles d'amener des conflits graves avec la police et ils préconisent une action tumultuaire comme étant le moyen le plus efficace d'obtenir des concessions. Il est rare qu'au bout de quelque temps l'administration, obsédée et effrayée, n'intervienne pas auprès des chefs d'industrie et ne leur impose pas une transaction, qui devient un encouragement pour les propagandistes de la violence.

Que l'on approuve ou que l'on condamne ce qu'on appelle la *méthode directe et révolutionnaire*, il est évident qu'elle n'est pas près de disparaître ; dans un pays aussi belliqueux que la France, il y a des raisons profondes qui assureraient à cette méthode une sérieuse popularité, alors même que tant d'exemples ne montreraient pas sa prodigieuse efficacité. C'est le grand fait social de l'heure actuelle et il faut chercher à en comprendre la portée.

Je ne puis m'empêcher de noter ici une réflexion que faisait Clemenceau à propos de nos relations avec l'Allemagne, et qui convient tout aussi bien aux conflits sociaux quand ils prennent l'aspect violent (qui semble devoir devenir de plus en plus général au fur et à mesure qu'une bourgeoisie lâche poursuit davantage la chimère de la paix sociale) : « Il n'y a pas de meilleur moyen, disait-il, [que la politique de concessions à perpétuité] d'engager la partie adverse à demander toujours davantage. Tout homme ou toute puissance, dont l'action consiste uniquement à céder, ne peut aboutir ainsi qu'à se retrancher de l'existence. Qui vit, résiste ; qui ne résiste pas se laisse dépecer par morceaux. » (*Aurore*, 15 août 1905.)

Une politique sociale fondée sur la lâcheté bourgeoise, qui consiste à toujours céder devant la menace de violences, ne peut manquer d'engendrer l'idée que la bourgeoisie est condamnée à mort et que sa disparition n'est plus qu'une affaire de temps. Chaque conflit qui donne lieu à des violences devient ainsi un combat d'avant-garde, et personne ne saurait prévoir ce qui peut sortir de tels engagements ; la grande bataille a beau fuir : en l'espèce, chaque fois qu'on en vient aux mains, c'est la grande *bataille napoléonienne* (celle qui écrase définitivement les vaincus) que les grévistes espèrent voir commencer ; ainsi s'engendre, par la pratique des grèves, la notion d'une révolution catastrophique.

Un bon observateur du mouvement ouvrier contemporain a exprimé les mêmes idées : « Comme leurs ancêtres, [les révolutionnaires français] sont pour la lutte, pour la conquête ; ils veulent par la force accomplir de grandes œuvres. Seulement, la guerre de conquête ne les intéresse plus. Au lieu de songer au combat, ils songent maintenant à la grève ; au lieu de mettre leur idéal dans la bataille contre les armées de l'Europe, ils le mettent dans la grève générale où s'anéantirait le régime capitaliste » (1).

Les théoriciens de la paix sociale ne veulent pas voir ces faits qui les gênent ; ils ont sans doute honte d'avouer leur poltronnerie, de même que le gouvernement a honte d'avouer qu'il fait de la politique sociale sous la menace de troubles. Il est curieux que des gens qui se vantent d'avoir lu Le Play, n'aient pas observé que celui-ci avait sur les conditions de la paix sociale une toute autre conception que ses successeurs imbéciles. Il supposait l'existence d'une bourgeoisie grave dans ses mœurs, pénétrée du sentiment de sa dignité et ayant l'énergie nécessaire pour gouverner le pays sans avoir recours à la vieille bureau-

---

(1) Ch. Guieysse, *op. cit.*, p. 125.

cratie traditionnelle. A ces hommes qui disposaient de la richesse et du pouvoir, il prétendait enseigner le *devoir social envers leurs sujets*. Son système supposait une autorité indiscutée ; on sait qu'il déplorait comme scandaleuse et dangereuse la licence de la presse telle qu'elle existait sous Napoléon III ; ses réflexions à ce sujet font quelque peu sourire ceux qui comparent les journaux de ce temps à ceux d'aujourd'hui (1). Personne de son temps n'eût compris qu'un grand pays acceptât la paix à tout prix ; son point de vue ne différait pas beaucoup là dessus de celui de Clemenceau. Il n'avait jamais admis que l'on pût avoir la lâcheté et l'hypocrisie de décorer du nom de devoir social la poltronnerie d'une bourgeoisie incapable de se défendre.

La lâcheté bourgeoise ressemble fort à celle du parti libéral anglais qui proclame à tout instant son absolue confiance dans l'arbitrage entre nations : l'arbitrage donne presque toujours des résultats désastreux pour l'Angleterre (2), mais ces *braves gens* aiment mieux payer, ou même compromettre l'avenir de leur pays, que d'affronter les horreurs de la guerre. Le parti libéral anglais a toujours le mot *justice* à la bouche, absolument comme notre bourgeoisie ; on pourrait se demander si toute la haute morale des grands penseurs contemporains ne serait pas fondée sur une dégradation du sentiment de l'honneur.

---

(1) Parlant des élections de 1869, il disait qu'on avait alors « employé des violences de langage que la France n'avait pas encore entendues, même aux plus mauvais jours de la révolution ». (*Organisation du travail*, 3ᵉ édition, p. 340.) Il s'agit évidemment de la révolution de 1848. En 1873 il déclarait que l'empereur n'avait pas eu à se louer d'avoir abrogé le système de contrainte imposé à la presse avant d'avoir réformé les mœurs du pays. (*Réforme sociale en France*, 5ᵉ édition, tome III, p. 356).

(2) Sumner Maine observait, il y a longtemps déjà, que l'Angleterre a le sort des plaideurs peu sympathiques. (*Le droit international*, trad. franç., p. 279). Beaucoup d'Anglais croient qu'en humiliant leur pays ils deviendront plus sympathiques ; ce n'est pas bien démontré.

CHAPITRE II

La décadence bourgeoise et la violence

I. — Parlementaires ayant besoin de faire peur. — Les méthodes de Parnell. — Casuistique ; identité fondamentale des groupes de socialisme parlementaire.

II. — Dégénérescence de la bourgeoisie par la paix. — Conceptions de Marx sur la nécessité. — Rôle de la violence pour restaurer les anciens rapports sociaux.

III. — Relation entre la révolution et la prospérité économique. — Révolution française. — Conquête chrétienne. — Invasion des Barbares. — Dangers qui menacent le monde.

I

On éprouve beaucoup de peine à comprendre la violence prolétarienne quand on essaie de raisonner au moyen des idées que la philosophie bourgeoise a répandues dans le monde : suivant cette philosophie, la violence serait un reste de la barbarie et elle serait appelée à disparaître sous l'influence du progrès des lumières. Il est donc tout naturel que Jaurès, nourri d'idéologie bourgeoise, ait un profond mépris pour les gens qui vantent la violence prolétarienne ; il s'étonne de voir des socialistes instruits marcher d'accord avec les syndicalistes ; il se demande par quel prodige de mauvaise foi des hommes qui ont fait leurs preuves comme penseurs, peuvent accumuler des *sophismes* en vue de donner une apparence raisonnable aux *rêveries de personnages grossiers qui ne pensent pas* (1). Cette question tourmente fort les amis de Jaurès, qui

---

(1) Il paraît que c'est en ces termes que l'on parle du mouvement prolétarien dans le beau monde du socialisme raffiné.

traitent volontiers de démagogues les représentants de la *nouvelle école*, et les accusent de chercher les applaudissements de masses impulsives.

Les socialistes parlementaires ne peuvent comprendre les fins que poursuit la *nouvelle école* ; ils se figurent que tout le socialisme se ramène à la recherche des moyens d'arriver au pouvoir. Les gens de la *nouvelle école* voudraient-ils, par hasard, faire de la surenchère pour capter la confiance de naïfs électeurs et subtiliser les sièges aux socialistes nantis ? L'apologie de la violence pourrait encore avoir un très fâcheux résultat, en dégoûtant les ouvriers de la politique électorale, ce qui tendrait à faire perdre leurs chances aux candidats socialistes, en multipliant les abstentions ! Voudrait-on faire revivre les guerres civiles ? Cela paraît insensé à nos grands hommes d'État.

La guerre civile est devenue bien difficile depuis la découverte des nouvelles armes à feu et depuis le percement des voies rectilignes dans les métropoles (1). Les récentes affaires de Russie semblent même avoir montré que les gouvernements peuvent compter, beaucoup plus qu'on ne supposait, sur l'énergie des officiers : presque tous les hommes politiques français avaient prophétisé la chute imminente du tsarisme, au moment des défaites de Mandchourie ; mais l'armée russe n'a point manifesté, en présence des émeutes, la mollesse qu'avait eue l'armée française durant nos révolutions ; la répression a été, presque partout, rapide, efficace ou même impitoyable. Les discussions qui ont eu lieu au congrès des social-démocrates, réunis à Iéna, montrent que les socialistes parlementaires ne comptent plus du tout sur une lutte armée pour s'emparer de l'État.

Est-ce à dire qu'ils soient complètement ennemis

---

(1) Cf. les réflexions d'Engels dans la préface à la réédition qu'il fit en 1895 d'articles de Marx sous le titre *Luttes des classes en France de 1848 à 1850*. Cette préface manque dans la traduction française. Dans l'édition allemande il y a une coupure, les chefs de la social-démocratie n'ayant pas trouvé certaines phrases d'Engels suffisamment politiques.

de la violence ? Il ne serait pas dans leur intérêt que le peuple fût tout à fait calme ; il leur convient qu'il y ait une certaine agitation ; mais il faut qu'elle soit contenue en de justes limites et contrôlée par les politiciens. Jaurès fait, quand il juge cela utile pour ses intérêts, des avances à la Confédération du Travail (1) ; il recommande parfois à ses pacifiques commis de remplir son journal de phrases révolutionnaires ; il est passé maître dans l'art d'utiliser les colères populaires. Une agitation, savamment canalisée, est extrêmement utile aux socialistes parlementaires, qui se vantent, auprès du gouvernement et de la riche bourgeoisie, de savoir modérer la révolution ; ils peuvent ainsi faire réussir les affaires financières auxquelles ils s'intéressent, faire obtenir de menues faveurs à beaucoup d'électeurs influents, et faire voter des lois sociales pour se donner de l'importance dans l'opinion des nigauds qui s'imaginent que ces socialistes sont de grands réformateurs du droit. Il faut, pour que cela réussisse, qu'il y ait toujours un peu de mouvement et qu'on puisse faire peur aux bourgeois.

On conçoit qu'il pourrait s'établir une diplomatie régulière entre le parti socialiste et l'Etat, chaque fois qu'un conflit économique s'élèverait entre ouvriers et patrons ; deux *pouvoirs* régleraient le différend particulier. En Allemagne, le gouvernement entre en négociations avec l'Eglise chaque fois que les cléricaux gênent l'administration. On a souvent engagé les socialistes à imiter Parnell qui avait su imposer, si souvent, sa volonté à l'Angleterre. La ressemblance avec Parnell est d'autant plus grande que l'autorité de celui-ci ne reposait pas seulement sur le nombre de voix dont il disposait, mais, aussi et principalement, sur la terreur

---

(1) Suivant les besoins, il est pour ou contre la grève générale. D'après quelques-uns il vota pour la grève générale au congrès international de 1900, d'après d'autres il s'abstint.

que tous les Anglais éprouvaient à la seule annonce de mouvements agraires en Irlande. Un peu de violences, contrôlées par un groupe parlementaire, servait fort la politique parnellienne, comme elle sert aussi la politique de Jaurès. Dans un cas comme dans l'autre, un groupe parlementaire *vend la tranquillité aux conservateurs*, qui n'osent faire régner leur droit.

Cette diplomatie est difficile à conduire et on ne voit pas que les Irlandais, après la mort de Parnell, aient réussi à la continuer avec le même succès que de son temps. En France, elle présente une difficulté toute particulière, parce que, nulle part peut-être, le monde ouvrier n'est plus difficile à diriger : il est assez aisé de soulever des colères populaires, mais il est malaisé de les faire cesser. Tant qu'il n'y aura point de très riches syndicats, fortement centralisés, dont les chefs seront en relations suivies avec les hommes politiques (1), il ne sera point possible de savoir jusqu'où peut aller la violence. Jaurès voudrait bien qu'il existât de telles sociétés ouvrières, car le jour où le grand public s'apercevrait qu'il n'est pas en mesure de modérer la révolution, son prestige disparaîtrait en un instant.

Tout devient question d'appréciation, de mesure, d'opportunité ; il faut beaucoup de finesse, de tact et d'audace calme pour conduire une pareille diplomatie : faire croire aux ouvriers que l'on porte le drapeau de la révolution, à la bourgeoisie qu'on arrête le danger qui la menace, au pays que l'on représente un courant d'opinion irrésistible. La grande masse des électeurs ne comprend rien à ce qui se passe en politique et n'a aucune intelligence de l'histoire économique ; elle est du côté qui lui semble renfermer la force ; et on obtient d'elle tout ce qu'on veut, lorsqu'on peut lui prouver

---

(1) Gambetta se plaignait de ce que le clergé français fût « acéphale » ; il aurait voulu qu'il se formât dans son sein une élite avec laquelle le gouvernement pût discuter (Garilhe, *Le clergé séculier français au* XIX° *siècle*, p. 88-89.) Le syndicalisme n'a pas de tête avec laquelle on puisse faire utilement de la diplomatie.

qu'on est assez fort pour faire capituler le gouvernement. Mais il ne faut pas cependant aller trop loin, parce que la bourgeoisie pourrait se réveiller et le pays pourrait se donner à un homme d'Etat résolument conservateur. Une violence prolétarienne qui échappe à toute appréciation, à toute mesure, à toute opportunité, peut tout mettre en question et ruiner la diplomatie socialiste.

Cette diplomatie se joue à tous les degrés : avec le gouvernement, avec les chefs de groupes dans le Parlement, avec les électeurs influents. Les politiciens cherchent à tirer le meilleur parti possible des forces discordantes qui se présentent sur le terrain politique.

Le socialisme parlementaire éprouve un certain embarras du fait que le socialisme s'est affirmé, à l'origine, par des principes absolus, et a fait appel, pendant longtemps, aux mêmes sentiments de révolte que le parti républicain le plus avancé. Ces deux circonstances empêchent de suivre une politique particulariste, comme celle que Charles Bonnier a recommandée souvent : cet écrivain, qui a été longtemps le principal théoricien du parti guesdiste, voudrait que les socialistes suivissent exactement l'exemple de Parnell, qui négociait avec les partis anglais sans jamais s'inféoder à l'un d'eux ; on pourrait, de même, s'entendre avec les conservateurs, si ceux-ci s'engageaient à accorder aux prolétaires des conditions meilleures que les radicaux. (*Socialiste*, 27 août 1905.) Cette politique a paru scandaleuse à beaucoup de personnes. Bonnier a dû atténuer sa thèse : il s'est contenté de demander que l'on agisse au mieux des intérêts du prolétariat (17 septembre 1905) ; mais comment savoir où sont ces intérêts, quand on ne prend plus pour règle unique et absolue le principe de la lutte de classe ?

Les socialistes parlementaires croient posséder des lumières spéciales qui leur permettent de tenir compte non seulement des avantages matériels et immédiats recueillis par la classe ouvrière, mais encore des raisons morales qui obligent le socialisme à faire partie de la grande famille républicaine. Leurs congrès s'épuisent à combiner des formules destinées à régler la diplomatie socialiste, à dire quelles alliances sont permises et quelles sont défendues, à concilier le principe abstrait de la lutte de classe (que l'on tient à garder verbalement) avec la réalité de l'accord des politiciens. Une pareille entreprise est une insanité ; aussi aboutit-elle à des équivoques, quand elle n'oblige pas les députés à des attitudes d'une déplorable hypocrisie. Il faut, chaque année, remettre les problèmes en discussion, parce que toute diplomatie comporte une souplesse d'allures incompatible avec l'existence de statuts parfaitement clairs.

La casuistique, dont Pascal s'est tant moqué, n'était pas plus subtile et plus absurde que celle que l'on retrouve dans les polémiques entre ce qu'on nomme les *écoles socialistes ;* Escobar aurait eu quelque peine à se reconnaître au milieu des distinctions de Jaurès ; la théologie morale des *socialistes sérieux* n'est pas une des moindres bouffonneries de notre temps.

Toute théologie morale se divise nécessairement en deux tendances : il y a des casuistes pour dire qu'il faut se contenter des opinions ayant une légère probabilité ; d'autres veulent qu'on adopte toujours l'avis le plus sévère et le plus sûr. Cette distinction ne pouvait manquer de se rencontrer chez nos socialistes parlementaires. Jaurès tient pour la méthode douce et conciliante, pourvu qu'on trouve moyen de l'accorder, tant bien que mal, avec les principes et qu'elle ait pour elle quelques autorités respectables ; c'est un *probabiliste* dans toute la force du terme, — ou même un *laxiste*. Vaillant recommande la méthode forte et batailleuse qui, à son avis, s'accorde seule avec la lutte de classe et qui a pour elle l'opinion unanime de tous les anciens maîtres ; c'est un *tutioriste* et une sorte de janséniste.

Jaurès croit, sans doute, agir pour le plus grand bien du socialisme, comme les casuistes relâchés croyaient être les meilleurs et les plus utiles défenseurs de l'Église ; ils empêchaient, en effet, les chrétiens faibles de tomber dans l'irréligion et les amenaient à pratiquer les sacrements, — exactement comme Jaurès empêche les riches intellectuels, venus au socialisme par le dreyfusisme, de reculer d'horreur devant la lutte de classe et les amène à commanditer les journaux du parti. A ses yeux, Vaillant est un rêveur, qui ne voit pas la réalité du monde, qui se grise avec les chimères d'une insurrection devenue impossible et qui ne comprend point les beaux avantages que peut tirer du suffrage universel un politicien roublard.

Entre ces deux méthodes, il n'y a qu'une différence de degré et non une différence de nature, comme le croient ceux des socialistes parlementaires qui s'intitulent révolutionnaires. Jaurès a, sur ce point, une grande supériorité sur ses adversaires, car il n'a jamais mis en doute l'identité fondamentale des deux méthodes.

Les deux méthodes supposent, toutes les deux, une société bourgeoise entièrement disloquée, des classes riches ayant perdu tout sentiment de leur intérêt de classe, des hommes disposés à suivre, en aveugles, les impulsions de gens qui ont pris à l'entreprise la direction de l'opinion. L'affaire Dreyfus a montré que la bourgeoisie éclairée était dans un étrange état mental : des personnages qui avaient, longtemps et bruyamment, servi le parti conservateur, se sont mis à faire campagne à côté d'anarchistes, ont pris part à de violentes attaques contre l'armée ou se sont même enrôlés définitivement dans le parti socialiste ; d'autre part, des journaux qui font profession de défendre les institutions traditionnelles, traînaient dans la boue les magistrats de la Cour de cassation. Cet épisode étrange de notre histoire contemporaine a mis en évidence l'état de dislocation des classes.

Jaurès, qui avait été si fort mêlé à toutes les péripéties du dreyfusisme, avait rapidement jugé l'âme de la haute bourgeoisie, dans laquelle il n'avait pu encore pénétrer. Il a vu que cette haute bourgeoisie est d'une ignorance affreuse, d'une niaiserie béate et d'une impuissance politique absolue ; il a reconnu qu'avec des gens qui n'entendent rien aux principes de l'économie capitaliste, il est facile de pratiquer une politique d'entente sur la base d'un socialisme extrêmement large ; il a apprécié dans quelle mesure il fallait mêler : les flatteries à l'intelligence supérieure des imbéciles qu'il s'agit de séduire, les appels aux sentiments désintéressés des spéculateurs qui se piquent d'avoir inventé l'idéal, les menaces de révolution, — pour devenir le maître de gens dépourvus d'idées. L'expérience a montré qu'il avait une très remarquable intuition des forces qui existent, à l'heure actuelle, dans le monde bourgeois. Vaillant, au contraire, connaît très médiocrement ce monde ; il croit que la seule arme à employer pour faire marcher la bourgeoisie est la peur ; sans doute, la peur est une arme excellente, mais elle pourrait provoquer une résistance obstinée si l'on dépassait une certaine mesure. Vaillant n'a pas, dans l'esprit, les remarquables qualités de souplesse et peut-être même de duplicité paysanne qui brillent chez Jaurès et qui l'ont fait souvent comparer à un merveilleux marchand de bestiaux.

Plus on examine de près l'histoire de ces dernières années, plus on reconnaît que les discussions sur les deux méthodes sont puériles : les partisans des deux méthodes sont également opposés à la violence prolétarienne, parce que celle-ci échappe au contrôle de gens dont la profession est de faire de la politique parlementaire. Le syndicalisme révolutionnaire n'a pas à recevoir l'impulsion des socialistes dits révolutionnaires du Parlement.

II

Les deux méthodes du socialisme officiel supposent une même donnée historique. Sur la dégénérescence de l'économie capitaliste se greffe l'idéologie d'une classe bourgeoise timorée, humanitaire et prétendant affranchir sa pensée des conditions de son existence ; la race des chefs audacieux qui avaient fait la grandeur de l'industrie moderne, disparaît pour faire place à une aristocratie ultra-policée, qui demande à vivre en paix. Cette dégénérescence comble de joie nos socialistes parlementaires. Leur rôle serait nul s'ils avaient devant eux une bourgeoisie qui serait lancée, avec énergie, dans les voies du progrès capitaliste, qui regarderait comme une honte la timidité et qui se flatterait de penser à ses intérêts de classe. Leur puissance est énorme en présence d'une bourgeoisie devenue à peu près aussi bête que la noblesse du XVIIIe siècle. Si l'abrutissement de la haute bourgeoisie continue à progresser d'une manière régulière, à l'allure qu'il a prise depuis quelques années, nos socialistes officiels peuvent raisonnablement espérer atteindre le but de leurs rêves et coucher dans des hôtels somptueux.

Deux accidents sont seuls capables, semble-t-il, d'arrêter ce mouvement : une grande guerre étrangère qui pourrait retremper les énergies et qui, en tout cas, amènerait, sans doute, au pouvoir des hommes ayant la volonté de gouverner(1) ; ou une grande extension de la violence prolétarienne qui ferait voir aux bourgeois la réalité révolutionnaire et les dégoûterait des platitudes humanitaires avec lesquelles Jaurès les endort. C'est en vue de ces deux grands dangers que celui-ci déploie

---

(1) Cf. G. Sorel, *Insegnamenti sociali*, p. 388. L'hypothèse d'une grande guerre européenne semble peu vraisemblable à l'heure présente.

toutes ses ressources d'orateur populaire : il faut maintenir la paix à tout prix ; il faut mettre une limite aux violences prolétariennes.

Jaurès est persuadé que la France serait parfaitement heureuse le jour où les rédacteurs de son journal et ses commanditaires pourraient puiser librement dans la caisse du Trésor public ; c'est le cas de répéter un proverbe célèbre : « Quand Auguste avait bu, la Pologne était ivre. » Un tel gouvernement socialiste ruinerait, sans doute, le pays qui serait administré avec le même souci de l'ordre financier qu'a été administrée l'*Humanité* ; mais qu'importe l'avenir du pays pourvu que le nouveau régime procure du bon temps à quelques professeurs qui s'imaginent avoir inventé le socialisme et à quelques financiers dreyfusards ?

Pour que la classe ouvrière pût accepter aussi cette *dictature de l'incapacité*, il faudrait qu'elle fût devenue aussi bête que la bourgeoisie et qu'elle eût perdu toute énergie révolutionnaire, en même temps que ses maîtres auraient perdu toute énergie capitaliste. Un tel avenir n'est pas impossible et l'on travaille avec ardeur à abrutir les ouvriers dans ce but. La Direction du Travail et le *Musée social* s'appliquent, de leur mieux, à cette merveilleuse besogne d'éducation idéaliste, que l'on décore des noms les plus pompeux et que l'on présente comme une œuvre de civilisation du prolétariat. Les syndicalistes gênent beaucoup nos idéalistes professionnels et l'expérience montre qu'une grève suffit parfois à ruiner tout le *travail d'éducation* que les fabricants de paix sociale ont patiemment conduit durant plusieurs années.

Pour bien comprendre les conséquences du régime si singulier au milieu duquel nous vivons, il faut se reporter aux conceptions que se faisait Marx sur le passage du capitalisme au socialisme. Ces conceptions sont bien connues ; mais il faut cependant y revenir continuellement, parce qu'elles sont souvent oubliées, ou tout au moins mal appréciées par les écrivains officiels du socialisme ; il est nécessaire d'y insister avec force chaque fois que l'on a à raisonner sur la transformation antimarxiste que subit le socialisme contemporain.

Suivant Marx, le capitalisme est entraîné, en raison des lois intimes de sa nature, dans une voie qui conduit le monde actuel aux portes du monde futur, avec l'extrême rigueur que comporte une évolution de la vie organique. Ce mouvement comprend une longue construction capitaliste et il se termine par une rapide destruction qui est l'œuvre du prolétariat. Le capitalisme crée : l'héritage que recevra le socialisme, les hommes qui supprimeront le régime actuel et les moyens de produire cette destruction, — en même temps que s'opère la conservation des résultats acquis (1). Le capitalisme engendre les nouvelles manières de travailler ; il jette la classe ouvrière dans des organisations de révolte par la compression qu'il exerce sur le salaire ; il restreint sa propre base politique par la concurrence qui élimine constamment des chefs d'industrie. Ainsi, après avoir résolu le grand problème de l'organisation du travail, en vue duquel les utopistes avaient présenté tant d'hypothèses naïves ou stupides, le capitalisme provoque la naissance de la cause qui le renversera, — ce qui rend inutile tout ce que les utopistes avaient écrit pour amener les gens éclairés à faire des réformes ; et il ruine progressivement l'ordre traditionnel, contre lequel les critiques des idéologues s'étaient montrées d'une si déplorable insuffisance. On pourrait donc dire que le capitalisme joue une rôle analogue à celui que Hartmann attribue à l'*Inconscient* dans la nature, puisqu'il prépare l'avènement de formes sociales qu'il ne cherche pas à produire. Sans plan d'ensemble, sans aucune idée directrice, sans idéal d'un monde futur, il détermine une

---

(1) Cette question de la *conservation révolutionnaire* sur laquelle je reviendrai plusieurs fois est très importante ; je l'ai signalée dans le passage du judaïsme au christianisme (*Le système historique de Renan*, pp. 72-73, pp. 171-172, p. 467).

évolution parfaitement sûre ; il tire du présent tout ce qu'il peut donner pour le développement historique ; il fait tout ce qu'il faut pour qu'une ère nouvelle puisse apparaître, d'une manière presque mécanique, et qu'elle puisse rompre tout lien avec l'idéologie des temps actuels, malgré la conservation des acquisitions de l'économie capitaliste (1).

Les socialistes doivent donc cesser de chercher (à la suite des utopistes) les moyens d'amener la bourgeoisie éclairée à préparer le *passage à un droit supérieur* ; leur seule fonction consiste à s'occuper du prolétariat pour lui expliquer la grandeur du rôle révolutionnaire qui lui incombe. Il faut, par une critique incessante, l'amener à perfectionner ses organisations ; il faut lui indiquer comment il peut développer des formations embryonnaires qui apparaissent dans ses sociétés de résistance, en vue d'arriver à construire des institutions qui n'ont point de modèle dans l'histoire de la bourgeoisie, en vue de se former des idées qui dépendent uniquement de sa situation de producteur de grande industrie et qui n'empruntent rien à la pensée bourgeoise, et en vue d'acquérir des *mœurs de liberté* que la bourgeoisie ne connaît plus aujourd'hui.

Cette doctrine est évidemment en défaut si la bourgeoisie et le prolétariat ne dressent pas, l'une contre l'autre, avec toute la rigueur dont elles sont susceptibles, les puissances dont ils disposent ; plus la bourgeoisie sera ardemment capitaliste, plus le prolétariat sera plein d'un esprit de guerre et confiant dans la force révolutionnaire, plus le mouvement sera assuré.

La bourgeoisie que Marx avait connue en Angleterre, était encore, pour l'immense majorité, animée de cet esprit conquérant, insatiable et impitoyable, qui avait caractérisé, au début des temps modernes, les créateurs de nouvelle industrie et les aventuriers lancés à la décou-

---

(1) Cf. ce que j'ai dit sur la transformation que Marx a apportée dans le socialisme, *Insegnamenti sociali*, pp. 179-186.

verte de terres inconnues. Il faut toujours, quand on étudie l'économie moderne, avoir présent à l'esprit ce rapprochement du type capitaliste et du type guerrier; c'est avec une grande raison que l'on a nommé capitaines d'industrie les hommes qui ont dirigé de gigantesques entreprises. On trouve encore aujourd'hui ce type, dans toute sa pureté, aux États-Unis : là se rencontrent l'énergie indomptable, l'audace fondée sur une juste appréciation de sa force, le froid calcul des intérêts, qui sont les qualités des grands généraux et des grands capitalistes (1). D'après Paul de Rousiers, tout Américain se sentirait capable de disputer sa chance sur le champ de bataille des affaires (2), en sorte que l'esprit général du pays serait en pleine harmonie avec celui des milliardaires ; nos hommes de lettres sont fort surpris de voir ceux-ci se condamner à mener, jusqu'à la fin de leurs jours, une existence de galériens, sans songer à se donner une vie de gentilshommes, comme font les Rothschild.

Dans une société aussi enfiévrée par la passion du succès à obtenir dans la concurrence, tous les acteurs marchent droit devant eux comme de véritables automates, sans se préocuper des grandes idées des sociologues ; ils sont soumis à des forces très simples et nul d'entre eux ne songe à se soustraire aux conditions de son état. C'est alors seulement que le développement du capitalisme se poursuit avec cette rigueur qui avait tant frappé Marx et qui lui semblait comparable à celle d'une loi naturelle. Si, au contraire, les bourgeois, égarés par les *blagues* des prédicateurs de morale ou de sociologie, reviennent à un *idéal de médiocrité conservatrice*, cherchent à corriger les *abus* de l'économie et veulent

---

(1) Je reviendrai sur cette assimilation au chapitre VII, III.
(2) P. de Rousiers, *La vie américaine, L'éducation et la société*, p. 19. « Les pères de famille donnent peu de conseils à leurs enfants et les laissent apprendre leur leçon eux-mêmes, comme on dit là-bas » (p. 14).
« Non seulement [l'Américain] veut être indépendant, mais il veut être puissant » (p. 6).

rompre avec la barbarie de leurs anciens, alors une partie des forces qui devaient produire la tendance du capitalisme est employée à l'enrayer, du hasard s'introduit et l'avenir du monde est complètement indéterminé.

Cette indétermination augmente encore si le prolétariat se convertit à la paix sociale en même temps que ses maîtres, — ou même, simplement, s'il considère toutes choses sous un esprit corporatif, alors que le socialisme donne à toutes les contestations économiques une couleur générale et révolutionnaire.

Les conservateurs ne se trompent point lorsqu'ils voient dans les compromis donnant lieu à des contrats collectifs et dans le particularisme corporatif des moyens propres à éviter la révolution marxiste (1) ; mais d'un danger ils tombent dans un autre et ils s'exposent à être dévorés par le socialisme parlementaire (2). Jaurès est aussi enthousiaste que les cléricaux des mesures qui éloignent les classes ouvrières de la révolution marxiste ; je crois qu'il comprend mieux qu'eux ce que peut produire la paix sociale ; il fonde ses propres espérances sur la ruine simultanée de l'esprit capitaliste et de l'esprit révolutionnaire.

On objecte aux gens qui défendent la conception marxiste, qu'il leur est impossible d'empêcher le double mouvement de dégénérescence qui entraîne bourgeoisie et prolétariat loin des routes que la théorie de Marx leur avait assignées. Sans doute ils peuvent agir sur les classes ouvrières, et on ne conteste guère que les violences des grèves ne soient de nature à entretenir l'esprit révolu-

---

(1) On parle constamment aujourd'hui d'organiser le travail ; cela veut dire : utiliser l'esprit corporatif en le soumettant à la direction des *gens très sérieux* et affranchissant les ouvriers du joug des *sophistes*. Les gens très sérieux sont de Mun, Charles Benoist (l'amusant *spécialiste* des lois constitutionnelles), Arthur Fontaine et la bande des abbés démocrates,... et enfin Gabriel Hanotaux !

(2) Vilfredo Pareto raille les naïfs bourgeois qui sont heureux de ne plus être menacés par les marxistes intransigeants et de tomber sous la coupe de marxistes transigeants (*Systèmes socialistes*, tome II, p. 453).

tionnaire ; mais comment peuvent-ils espérer rendre à la bourgeoisie une ardeur qui s'éteint ?

C'est ici que le rôle de la violence nous apparaît comme singulièrement grand dans l'histoire ; car elle peut opérer, d'une manière indirecte, sur les bourgeois, pour les rappeler au sentiment de leur classe. Bien des fois on a signalé le danger de certaines violences qui avaient compromis d'*admirables œuvres sociales*, écœuré les patrons disposés à faire le bonheur de leurs ouvriers et développé l'égoïsme là où régnaient autrefois les plus nobles sentiments. Opposer la *noire ingratitude* à la *bienveillance* de ceux qui veulent protéger les travailleurs (1), opposer l'injure aux homélies des défenseurs de la fraternité humaine et répondre par des coups aux avances des propagateurs de paix sociale, cela n'est pas assurément conforme aux règles du socialisme mondain de monsieur et madame Georges Renard (2), mais c'est un procédé très pratique pour signifier aux bourgeois qu'ils doivent s'occuper de leurs affaires et seulement de cela.

Je crois très utile aussi de rosser les orateurs de la démocratie et les représentants du gouvernement, afin que nul ne conserve d'illusions sur le caractère des violences. Celles-ci ne peuvent avoir de valeur historique que si elles sont l'*expression brutale et claire de la lutte de classe* : il ne faut pas que la bourgeoisie puisse s'imaginer qu'avec de l'habileté, de la science sociale ou de grands sentiments, elle pourrait trouver meilleur accueil auprès du prolétariat.

Le jour où les patrons s'apercevront qu'ils n'ont rien à gagner par les œuvres de paix sociale ou par la démocratie, ils comprendront qu'ils ont été mal conseillés par les gens qui leur ont persuadé d'abandonner

---

(1) Cf. G. Sorel, *Insegnamenti sociali*, p. 53.
(2) Madame G. Renard a publié dans la *Suisse* du 26 juillet 1900 un article plein de hautes considérations sociologiques sur une fête ouvrière donnée par Millerand (Léon de Seilhac, *Le monde socialiste*, pp. 307-309). Son mari a résolu la grave question de savoir qui boira le Clos-Vougeot dans la société future (G. Renard, *Le régime socialiste*, p. 175.)

leur métier de créateurs de forces productives pour la noble profession d'éducateurs du prolétariat. Alors il y a quelque chance pour qu'ils retrouvent une partie de leur énergie et que l'économie modérée ou conservatrice leur apparaisse aussi absurde qu'elle apparaissait à Marx. En tout cas la séparation des classes étant mieux accusée, le mouvement aura des chances de se produire avec plus de régularité qu'aujourd'hui.

Les deux classes antagonistes agissent donc l'une sur l'autre, d'une manière en partie indirecte, mais décisive. Le capitalisme pousse le prolétariat à la révolte, parce que, dans la vie journalière, les patrons usent de leur force dans un sens contraire aux désirs de leurs ouvriers ; mais cette révolte ne détermine pas entièrement l'avenir du prolétariat ; celui-ci s'organise sous l'influence d'autres causes et le socialisme, lui inculquant l'idée révolutionnaire, le prépare à supprimer la classe ennemie. La force capitaliste est à la base de tout ce processus, et elle agit d'une manière impérieuse (1). Marx supposait que la bourgeoisie n'avait pas besoin d'être excitée à employer la force ; nous sommes en présence d'un fait nouveau et fort imprévu : une bourgeoisie qui cherche à atténuer sa force ; faut-il croire que la conception marxiste est morte ? Nullement, car la violence prolétarienne entre en scène en même temps que la paix sociale prétend apaiser les conflits ; la violence prolétarienne enferme les patrons dans leur rôle de producteurs et tend à restaurer la structure des classes au fur et à mesure que celles-ci semblaient se mêler dans un marais démocratique.

---

(1) Dans un article de septembre 1851 (le premier de la série publiée sous le titre : *Révolution et contre-révolution*), Marx établit le parallélisme suivant entre les développements de la bourgeoisie et du prolétariat : à une bourgeoisie nombreuse, riche, concentrée et puissante, correspond un prolétariat nombreux, fort, concentré et intelligent. Il semble donc que l'intelligence du prolétariat dépende des conditions historiques qui assurent la puissance à la bourgeoisie dans la société. Il dit encore que les vrais caractères de la lutte de classe n'existent que dans les pays où la bourgeoisie a refondu le gouvernement conformément à ses besoins.

Non seulement la violence prolétarienne peut assurer la révolution future, mais encore elle semble être le seul moyen dont disposent les nations européennes, abruties par l'humanitarisme, pour retrouver leur ancienne énergie. Cette violence force le capitalisme à se préoccuper uniquement de son rôle matériel et tend à lui rendre les qualités belliqueuses qu'il possédait autrefois. Une classe ouvrière grandissante et solidement organisée peut forcer la classe capitaliste à demeurer ardente dans la lutte industrielle ; en face d'une bourgeoisie affamée de conquêtes et riche, si un prolétariat uni et révolutionnaire se dresse, la société capitaliste atteindra sa perfection historique.

Ainsi la violence prolétarienne est devenue un facteu essentiel du marxisme. Ajoutons, encore une fois, qu'elle aura pour effet, si elle est conduite convenablement, de supprimer le socialisme parlementaire, qui ne pourra plus passer pour le maître des classes ouvrières et le gardien de l'ordre.

III

La théorie marxiste de la révolution suppose que le capitalisme sera frappé au cœur, alors qu'il est encore en pleine vitalité, quand il achève d'accomplir sa mission historique avec sa complète capacité industrielle, quand l'économie est encore en voie de progrès. Marx ne semble pas s'être posé la question de savoir ce qui se passerait dans le cas d'une économie en voie de décadence ; il ne songeait pas qu'il pût se produire une révolution ayant un idéal de rétrogradation ou même de conservation sociale. — Aujourd'hui, nous voyons que cela pourrait fort bien arriver : les amis de Jaurès, les cléricaux et les démocrates placent leur idéal de l'avenir dans le Moyen Age : ils voudraient que la concurrence fût tempérée, que la richesse fût limitée, que la production fût subordonnée aux besoins. Ce sont des rêveries que Marx regardait comme réactionnaires (1) et par suite comme négligeables, parce qu'il lui semblait que le capitalisme était entraîné dans la voie d'un progrès incoercible ; mais aujourd'hui nous voyons des puissances considérables se coaliser pour essayer de réformer l'économie capitaliste dans le sens médiéval, au moyen de lois. Le socialisme parlementaire voudrait s'unir aux moralistes, à l'Eglise et à la démocratie dans le but d'enrayer le mouvement capitaliste ; et cela ne serait peut-être pas impossible, étant donnée la lâcheté bourgeoise.

---

(1) « Ceux qui, comme Sismondi, veulent revenir à la juste proportionnalité de la production, tout en conservant les bases actuelles de la société, sont *réactionnaires*, puisque, pour être conséquents, ils doivent aussi vouloir ramener toutes les autres conditions de l'industrie des temps passés... Dans les sociétés actuelles, dans l'industrie basée sur des échanges individuels, l'anarchie de la production qui est la *source de tant de misères* est en même temps *la source de tout progrès*. » (Marx, *Misère de la philosophie*, pp. 90-91).

Marx comparait le passage d'une ère à une autre à une succession civile ; les temps nouveaux héritent des acquisitions antérieures. Si la révolution se produit durant une période de décadence économique, l'héritage ne serait-il pas fortement compromis et pourrait-on espérer voir le progrès économique bientôt reparaître? Les idéologues ne se préoccupent guère de cette question; ils assurent que la décadence s'arrêtera net le jour où ils auront le Trésor public à leur disposition ; ils sont éblouis par l'immense réserve de richesses qui seraient livrées à leur pillage; que de festins, que de cocottes, que de satisfactions d'amour-propre! Nous autres qui n'avons aucune perspective pareille devant les yeux, nous devons demander à l'histoire si elle ne pourrait pas nous fournir quelques enseignements sur ce sujet et nous permettre de soupçonner ce que produit une révolution qui se réalise en temps de décadence.

Les recherches de Tocqueville nous permettent d'étudier à ce point de vue la Révolution française. Il étonna beaucoup ses contemporains quand, il y a un demi-siècle, il leur montra que la Révolution avait été beaucoup plus conservatrice qu'on ne le disait jusque-là. Il fit voir que les institutions les plus caractéristiques de la France moderne datent de l'Ancien Régime (centralisation, réglementation à outrance, tutelle administrative des communes, interdiction pour les tribunaux de juger les fonctionnaires) ; il ne trouvait qu'une seule innovation importante : le remplacement des administrations collectives par le groupement, qui fut établi en l'an VIII, de fonctionnaires isolés et de conseils délibérants. Les principes de l'Ancien Régime reparurent en 1800 et les anciennes habitudes reprirent faveur (1). Turgot lui semblait être un excellent type de l'administrateur napoléonien, qui avait un « idéal de fonc-

---

(1) Tocqueville, *L'Ancien Régime et la Révolution*, chap. II, III, IV, pp. 115-117, p. 121 et p. 320.

tionnaire dans une société démocratique soumise à un gouvernement absolu » (1). Il estimait que le morcellement du sol, dont il est d'usage de faire honneur à la Révolution, était commencé depuis longtemps et n'avait point marché d'un pas exceptionnellement rapide sous son influence (2).

Il est certain que Napoléon n'a pas eu un effort extraordinaire à accomplir pour remettre le pays sur un pied monarchique. Il a reçu la France toute prête et n'a eu qu'à faire quelques corrections de détail pour profiter de l'expérience acquise depuis 1789. Les lois administratives et fiscales avaient été rédigées, pendant la Révolution, par des gens qui avaient appliqué les méthodes de l'Ancien Régime ; elles subsistent encore aujourd'hui d'une manière à peu près intacte. Les hommes qu'il employa avaient fait leur apprentissage sous l'Ancien Régime et sous la Révolution ; tous se ressemblent ; tous sont des hommes du vieux temps par leurs procédés de gouvernement; tous travaillent, avec une égale ardeur, pour la grandeur de Sa Majesté (3). Le véritable mérite de Napoléon fut de ne pas trop se fier à son génie, de ne pas se laisser aller aux rêves qui avaient, tant de fois, égaré les hommes du XVIIIe siècle et les avaient conduits à tout vouloir régénérer de fond en comble, — en un mot, de bien reconnaître le principe de l'hérédité historique. Il résulte de là que le régime napoléonien peut être regardé comme une expérience mettant en évidence le rôle énorme de la conservation à travers les plus grandes révolutions.

Je crois bien que l'on pourrait même étendre le principe de la conservation aux choses militaires et montrer que les armées de la Révolution et de l'Empire furent une extension d'institutions antérieures. En tout cas il est assez curieux que Napoléon n'ait point

---

(1) Tocqueville, *Mélanges*, pp. 155-156.
(2) Tocqueville, *L'Ancien Régime et la Révolution*, p. 40 et pp. 61-62.
(3) C'est à cette conclusion qu'aboutit aussi L. Madelin dans un article des *Débats* du 6 juillet 1907 sur les préfets de Napoléon Ier.

fait d'innovations sérieuses dans le matériel et que ce soient les armes à feu de l'Ancien Régime qui aient tant contribué à assurer la victoire aux troupes révolutionnaires. C'est seulement sous la Restauration que l'on modifia l'artillerie.

La facilité avec laquelle la Révolution et l'Empire ont réussi dans leur œuvre, en transformant si profondément le pays, tout en conservant une si grande quantité d'acquisitions, est liée à un fait sur lequel nos historiens n'ont pas toujours appelé l'attention et que Taine ne semble pas avoir remarqué : l'économie productive faisait de grands progrès et ces progrès étaient tels que vers 1780 tout le monde croyait au dogme du progrès indéfini de l'homme (1). Ce dogme, qui devait exercer une si grande influence sur la pensée moderne, serait un paradoxe bizarre et inexplicable si on ne le considérait pas comme lié au progrès économique, et au sentiment de confiance absolue que ce progrès économique engendrait. Les guerres de la Révolution et de l'Empire ne firent que stimuler encore ce sentiment, non seulement parce qu'elles furent glorieuses, mais aussi parce qu'elles firent entrer beaucoup d'argent dans le pays et contribuèrent ainsi à développer la production (2).

Le triomphe de la Révolution étonna presque tous les contemporains et il semble que les plus intelligents, les plus réfléchis et les plus instruits des choses politiques aient été les plus surpris ; c'est que des raisons tirées de l'idéologie ne pouvaient expliquer ce succès paradoxal. Il me semble qu'aujourd'hui encore la question n'est guère moins obscure pour les historiens qu'elle ne l'était pour nos pères. Il faut chercher la cause première de ce triomphe dans l'économie : c'est parce que l'An-

---

(1) Tocqueville, *L'Ancien Régime et la Révolution*, pp. 283-288, p. 292, et *Mélanges*, p. 62. Cf. le chapitre IV, de mon étude sur *les illusions du progrès* (Rivière, éditeur).

(2) Kautsky a beaucoup insisté sur le rôle que jouèrent les trésors dont s'emparèrent les armées françaises. (*La lutte des classes en France en 1789*, trad. franç., pp. 104-106.)

cien Régime a été atteint par des coups rapides, alors que la production était en voie de grand progrès, que le monde contemporain a eu une naissance relativement peu laborieuse et a pu être si rapidement assuré d'une vie puissante.

Nous possédons, par contre, une expérience historique effrayante, relative à une grande transformation survenue en temps de décadence économique ; je veux parler de la conquête chrétienne et de la chute de l'empire romain qui la suivit de près.

Tous les vieux auteurs chrétiens sont d'accord pour nous apprendre que la nouvelle religion n'apporta aucune amélioration sérieuse dans la situation du monde : la corruption du pouvoir, l'oppression, les désastres continuèrent à accabler le peuple comme par le passé. Ce fut une grande désillusion pour les Pères de l'Eglise ; à l'époque des persécutions, les chrétiens avaient cru que Dieu comblerait Rome de faveurs le jour où l'Empire cesserait de poursuivre les fidèles ; maintenant l'Empire était chrétien et les évêques étaient devenus des personnages de premier ordre : cependant, tout continuait à marcher aussi mal que par le passé. Chose plus désolante encore, les mauvaises mœurs, si souvent dénoncées comme étant le résultat de l'idolâtrie, étaient devenues les mœurs des adorateurs du Christ. Bien loin d'imposer au monde profane une profonde réforme, l'Eglise s'était corrompue en imitant le monde profane : elle avait pris les allures d'une administration impériale et les factions qui la déchiraient étaient bien plutôt exaltées par l'appétit du pouvoir que par des raisons religieuses.

On s'est demandé souvent si le christianisme n'avait pas été la cause, ou du moins l'une des causes principales, de la chute de Rome (1). Gaston Boissier combat cette

---

(1) Je me permets de renvoyer à ce que j'ai dit dans la *Ruine du monde antique*, pp. 32-38.

opinion, en essayant de montrer que le mouvement de décadence que l'on observe après Constantin, continue un mouvement qui existait depuis longtemps, et qu'il n'est pas possible de voir si le christianisme a accéléré ou retardé la mort du monde antique (1). Cela revient à dire que la conservation fut énorme ; nous pouvons, par analogie, nous représenter ce qui résulterait d'une révolution donnant aujourd'hui le pouvoir à nos socialistes officiels: les institutions demeurant à peu près ce qu'elles sont aujourd'hui, toute l'idéologie bourgeoise serait conservée ; l'Etat bourgeois dominerait avec tous ses anciens abus ; la décadence économique s'accentuerait si elle était commencée.

Bientôt surgirent les invasions barbares : plus d'un chrétien se demanda si, enfin, n'allait pas naître un ordre conforme aux principes de la nouvelle religion ; cette espérance était d'autant plus raisonnable que les Barbares se convertissaient en entrant sur l'Empire et qu'ils n'étaient pas habitués aux corruptions de la vie romaine. Au point de vue économique, on pouvait espérer une régénération, puisque le monde périssait sous le poids de l'exploitation urbaine ; les nouveaux maîtres, ayant des mœurs rurales grossières, ne vivaient pas en grands seigneurs, mais en chefs de grands domaines; peut-être alors la terre serait-elle mieux cultivée. On peut comparer les illusions des auteurs chrétiens contemporains des invasions à celles de nombreux utopistes qui espéraient voir le monde moderne régénéré par les vertus qu'ils attribuaient aux hommes de moyenne condition : le remplacement de classes très riches par de nouvelles couches sociales devait amener la morale, le bonheur et la prospérité universelle.

Les Barbares ne créèrent point de sociétés progressives ; ils étaient peu nombreux et presque partout ils se substituèrent simplement aux anciens grands seigneurs, menèrent la même vie qu'eux et furent dévorés

---

(1) Gaston Boissier, *La fin du paganisme*, livre IV, chap. III.

par la civilisation urbaine. En France, la royauté mérovingienne a été soumise à des études particulièrement approfondies : Fustel de Coulanges a employé toute son érudition à mettre en lumière le caractère conservateur qu'elle a affecté ; la conservation lui paraissait si forte qu'il osait écrire qu'il n'y avait pas eu de conquête et il se représentait toute l'histoire du haut Moyen Age comme un mouvement ayant continué le mouvement de l'empire romain, avec un peu d'accélération (1). « Le gouvernement mérovingien, disait-il, est, pour plus des trois quarts, la continuation de celui que l'empire romain avait donné à la Gaule » (2).

La décadence économique s'accentua sous ces rois barbares ; une renaissance ne put se produire que très longtemps après, lorsque le monde eut traversé une longue série d'épreuves. Il fallut au moins quatre siècles de barbarie pour qu'un mouvement progressif se dessinât ; la société avait été obligée de descendre jusqu'à un état très voisin de ses origines, et Vico devait trouver dans ce phénomène l'illustration de sa doctrine des *ricorsi*. Ainsi une révolution survenue en temps de décadence économique avait forcé le monde à retraverser une période de civilisation presque primitive et arrêté tout progrès durant plusieurs siècles.

Cette effrayante expérience a été maintes fois invoquée par les adversaires du socialisme ; je ne conteste pas la valeur de l'argument, mais il faut ajouter deux détails qui paraîtront peut-être minimes aux sociologues professionnels : cette expérience suppose : 1° une décadence économique ; 2° une organisation qui assure une conservation idéologique très parfaite. Maintes fois on a présenté le socialisme *civilisé* de nos docteurs officiels comme une sauvegarde pour la civilisation : je crois

---

(1) Fustel de Coulanges, *Origines du régime féodal*, pp. 566-567. — Je ne conteste pas qu'il n'y ait beaucoup d'exagérations dans la thèse de Fustel de Coulanges ; mais la conservation a été incontestable.
(2) Fustel de Coulanges, *La monarchie franque*, p. 650.

qu'il produirait le même effet que produisit l'instruction classique donnée par l'Eglise aux rois barbares : le prolétariat serait corrompu et abruti comme furent les Mérovingiens et la décadence économique ne serait que plus certaine sous l'action de ces prétendus civilisateurs.

Le danger qui menace l'avenir du monde peut être écarté si le prolétariat s'attache avec obstination aux idées révolutionnaires, de manière à réaliser, autant que possible, la conception de Marx. Tout peut être sauvé si, par la violence, il parvient à reconsolider la division en classes et à rendre à la bourgeoisie quelque chose de son énergie ; c'est là le grand but vers lequel doit être dirigée toute la pensée des hommes qui ne sont pas hypnotisés par les événements du jour, mais qui songent aux conditions du lendemain. La violence prolétarienne, exercée comme une manifestation pure et simple du sentiment de lutte de classe, apparaît ainsi comme une chose très belle et très héroïque ; elle est au service des intérêts primordiaux de la civilisation ; elle n'est peut-être pas la méthode la plus appropriée pour obtenir des avantages matériels immédiats, mais elle peut sauver le monde de la barbarie.

A ceux qui accusent les syndicalistes d'être d'obtus et de grossiers personnages, nous avons le droit de demander compte de la décadence économique à laquelle ils travaillent. Saluons les révolutionnaires comme les Grecs saluèrent les héros spartiates qui défendirent les Thermopyles et contribuèrent à maintenir la lumière dans le monde antique.

CHAPITRE III

Les préjugés contre la violence

I. — Anciennes idées relatives à la Révolution. — Changement résultant de la guerre de 1870 et du régime parlementaire.
II. — Observations de Drumont sur la férocité bourgeoise. — Le Tiers État judiciaire et l'histoire des tribunaux. — Le capitalisme contre le culte de l'État.
III. — Attitude des dreyfusards. — Jugements de Jaurès sur la Révolution : son adoration du succès et sa haine pour le vaincu.
IV. — L'antimilitarisme comme preuve d'un abandon des traditions bourgeoises.

I

Les idées qui ont cours, dans le grand public, au sujet de la violence prolétarienne, ne sont point fondées sur l'observation des faits contemporains et sur une interprétation raisonnée du mouvement syndical actuel ; elles dérivent d'un travail de l'esprit infiniment plus simple, d'un rapprochement que l'on établit entre le présent et des temps passés ; elles sont déterminées par les souvenirs que le mot *révolution* évoque d'une manière presque nécessaire. On suppose que les syndicalistes, par le seul fait qu'ils s'intitulent révolutionnaires, veulent reproduire l'histoire des révolutionnaires de 93. Les blanquistes, qui se regardent comme les légitimes propriétaires de la tradition terroriste, estiment qu'ils sont, par cela même, appelés à diriger le mouvement prolétarien (1) ; ils montrent pour les syndicalistes

---

(1) Le lecteur pourra se reporter utilement à un très intéressant chapitre du livre de Bernstein : *Socialisme théorique et socialdémocratie pratique*, pp. 47-63. Bernstein, étranger aux préoccupations de notre syndi-

beaucoup plus de condescendance que les autres socialistes parlementaires ; ils sont assez disposés à admettre que les organisations ouvrières finiront par comprendre qu'elles n'ont rien de mieux à faire qu'à se mettre à leur école. Il me semble que, de son côté, Jaurès, en écrivant l'*Histoire socialiste* de 93, ait, plus d'une fois, songé aux enseignements que ce passé, mille fois mort, pouvait lui donner pour la conduite du présent.

On ne fait pas toujours bien attention aux grands changements qui sont survenus dans la manière de juger la Révolution depuis 1870 ; cependant ces changements sont essentiels à considérer quand on veut comprendre les idées contemporaines relatives à la violence.

Pendant très longtemps la Révolution apparut comme étant essentiellement une suite de guerres glorieuses qu'un peuple, affamé de liberté et emporté par les passions les plus nobles, avait soutenues contre une coalition de toutes les puissances d'oppression et d'erreur. Les émeutes et les coups d'Etat, les compétitions de partis souvent dépourvus de tout scrupule et les proscriptions des vaincus, les débats parlementaires et les aventures des hommes illustres, en un mot tous les événements de l'histoire politique, n'étaient, aux yeux de nos pères, que des accessoires très secondaires des guerres de la Liberté.

Pendant vingt-cinq ans environ, on avait mis en question le changement de régime de la France ; après des campagnes qui avaient fait pâlir les souvenirs de César et d'Alexandre, la charte de 1814 avait incorporé définitivement à la tradition nationale le système parlementaire, la législation napoléonienne et l'Église concordataire; la guerre avait rendu un jugement irréformable dont les considérants, comme dit Proudhon,

---

calisme actuel, n'a pas, à mon sens, tiré du marxisme tout ce qu'il contient. Son livre a, d'ailleurs, été écrit à une époque où l'on ne pouvait pas encore comprendre le mouvement révolutionnaire, en vue duquel sont écrites ces réflexions.

avaient été datés de Valmy, de Jemmapes et de cinquante autres champs de bataille, et dont les conclusions avaient été prises à Saint-Ouen par Louis XVIII (1). Protégées par le prestige des guerres de la Liberté, les institutions nouvelles étaient devenues intangibles et l'idéologie, qui fut construite pour les expliquer, devint comme une foi qui sembla longtemps avoir pour les Français la valeur que la révélation de Jésus a pour les catholiques.

Plusieurs fois, des écrivains éloquents crurent qu'ils pourraient déterminer un courant de réaction contre ces doctrines, et l'Eglise put espérer qu'elle viendrait à bout de ce qu'elle nommait l'erreur du libéralisme. Une longue période d'admiration pour l'art médiéval et de mépris pour les temps voltairiens sembla menacer de ruine l'idéologie nouvelle ; toutes les tentatives de retour au passé ne laissèrent cependant de traces que dans l'histoire littéraire. Il y eut des époques où le pouvoir gouverna de la manière la moins libérale, mais les principes du régime moderne ne furent jamais menacés sérieusement. On ne saurait expliquer ce fait par la puissance de la raison et par quelque loi du progrès ; la cause en est simplement dans l'épopée des guerres qui avaient rempli l'âme française d'un enthousiasme analogue à celui que provoquent les religions.

Cette épopée militaire donna une couleur épique à tous les événements de la politique intérieure ; les compétitions des partis furent ainsi haussées au niveau d'une Iliade, les politiciens devinrent des géants et la Révolution, que Joseph de Maistre avait dénoncée comme satanique, fut divinisée. Les scènes sanguinaires de la Terreur étaient des épisodes sans grande portée à côté des énormes hécatombes de la guerre et on trouvait moyen de les envelopper d'une mythologie dramatique ; les émeutes étaient mises sur le même rang que

---

(1) Proudhon, *La guerre et la paix*, livre V, chap. III.

les batailles illustres ; et c'est vainement que des historiens plus calmes cherchaient à ramener la Révolution et l'Empire sur le plan d'une histoire commune ; les triomphes prodigieux des armées révolutionnaires et impériales rendaient toute critique impossible.

La guerre de 1870 a changé tout cela. Au moment de la chute du second Empire, l'immense majorité de la France croyait encore, très fermement, aux légendes qui avaient été répandues sur les armées des volontaires, sur le rôle miraculeux des représentants du peuple, sur les généraux improvisés ; l'expérience produisit une cruelle désillusion. Tocqueville avait écrit : : « La Convention a créé la politique de l'impossible, la théorie de la folie furieuse, le culte de l'audace aveugle » (1). Les désastres de 1870 ont ramené le pays à des conditions pratiques, prudentes et prosaïques ; le premier résultat de ces désastres fut de développer l'idée tout opposée à celle dont parlait Tocqueville, l'idée d'opportunité qui aujourd'hui s'est introduite même dans le socialisme.

Une autre conséquence fut de changer toutes les valeurs révolutionnaires et notamment de modifier les jugements que l'on portait sur la violence.

Après 1871, tout le monde se préoccupa en France de chercher les moyens les plus appropriés pour relever le pays. Taine voulut appliquer à cette question les procédés de la psychologie la plus scientifique et il regarda l'histoire de la Révolution comme une expérimentation sociale. Il espérait pouvoir rendre évident le danger que présentait, selon lui, l'esprit jacobin, et amener ainsi ses contemporains à changer le cours de la politique française, en abandonnant des notions qui semblaient incorporées à la tradition nationale et qui étaient d'autant plus solidement ancrées dans les têtes que personne n'en avait jamais discuté les origines. Taine

---

(1) Tocqueville, *Mélanges*, p. 189.

a échoué dans son entreprise, comme échouèrent Le Play et Renan, comme échoueront tous ceux qui voudront fonder une réforme intellectuelle et morale sur des enquêtes, sur des synthèses scientifiques et sur des démonstrations.

On ne peut pas dire cependant que l'immense labeur de Taine ait été fait en pure perte ; l'histoire de la Révolution a été bouleversée de fond en comble ; l'épopée militaire ne domine plus les jugements relatifs aux incidents de la politique. La vie des hommes, les ressorts intimes des factions, les besoins matériels qui déterminent les tendances des grandes masses, sont passés maintenant au premier plan. Dans le discours qu'il a prononcé le 24 septembre 1905 pour l'inauguration du monument de Taine à Vouziers, le député Hubert, tout en rendant hommage au grand et multiple talent de son illustre compatriote, a exprimé le regret que le côté épique de la Révolution eût été laissé par lui de côté d'une manière systématique. Regrets superflus ; l'épopée ne pourra plus désormais gouverner cette histoire politique ; on se rendra compte des effets grotesques auxquels peut conduire la préoccupation de revenir aux anciens procédés, en lisant l'*Histoire socialiste* de Jaurès : Jaurès a beau tirer des armoires de la vieille rhétorique les images les plus mélodramatiques, il ne parvient qu'à produire du ridicule.

Le prestige des grandes journées révolutionnaires s'est trouvé directement atteint par la comparaison avec les luttes civiles contemporaines ; il n'y eut alors rien qui puisse soutenir la comparaison avec les batailles qui ensanglantèrent Paris en 1848 et en 1871 ; le 14 juillet et le 10 août apparaissent maintenant comme ayant été des échauffourées qui n'auraient pu faire trembler un gouvernement sérieux.

Il y a une autre raison, mal reconnue encore par les professionnels de l'histoire révolutionnaire, qui a beaucoup contribué à enlever la poésie à ces événements. Il n'y a point d'épopée nationale de choses que le peuple ne peut se représenter comme reproduisibles dans un avenir prochain ; la poésie populaire implique bien plutôt du futur que du passé : c'est pour cette raison que les aventures des Gaulois, de Charlemagne, des Croisés, de Jeanne d'Arc ne peuvent faire l'objet d'aucun récit capable de séduire d'autres personnes que des lettrés (1). Depuis qu'on a commencé à croire que les gouvernements contemporains ne pourraient être jetés à terre par des émeutes semblables au 14 juillet et au 10 août, on a cessé de regarder ces journées comme épiques. Les socialistes parlementaires, qui voudraient utiliser le souvenir de la Révolution pour exciter l'ardeur du peuple et qui lui demandent, en même temps, de mettre toute sa confiance dans le parlementarisme, sont fort inconséquents, car ils travaillent à ruiner eux-mêmes l'épopée dont ils voudraient maintenir le prestige dans leurs discours.

Mais alors, que reste-t-il de la Révolution, quand on a supprimé l'épopée des guerres contre la coalition et celle des journées populaires ? Ce qui reste est peu ragoûtant : des opérations de police, des proscriptions et des séances de tribunaux serviles. L'emploi de la force de l'Etat contre les vaincus nous choque d'autant plus que beaucoup de coryphées de la Révolution devaient bientôt se distinguer parmi les serviteurs de Napoléon et employer le même zèle policier en faveur de l'empereur qu'en faveur de la Terreur. Dans un pays qui a été bouleversé par tant de changements de régime et qui a, par suite, connu tant de palinodies, la justice politique a quelque chose de particulièrement odieux, parce que le criminel d'aujourd'hui peut devenir le juge de demain : le général Malet pouvait dire, devant le conseil de guerre

---

(1) Il est bien remarquable que déjà au XVII° siècle, Boileau se soit prononcé contre les épopées à surnaturel chrétien ; c'est que ses contemporains, si religieux qu'ils pussent être, n'attendaient point que des anges vinssent aider Vauban à prendre les places fortes ; ils ne doutaient pas de ce que racontait la Bible, mais ils n'y voyaient pas matière à épopée parce que ces merveilles n'étaient pas destinées à se reproduire.

qui le condamna en 1812, qu'il aurait eu pour complices la France entière et ses juges eux-mêmes s'il avait réussi (1).

Il est inutile d'insister davantage sur ces réflexions; il suffit de la moindre observation pour constater que les violences prolétariennes évoquent une masse de souvenirs pénibles de ces temps passés : on se met, instinctivement, à penser aux comités de surveillance révolutionnaire, aux brutalités d'agents soupçonneux, grossiers et affolés par la peur, aux tragédies de la guillotine. On comprend donc pourquoi les socialistes parlementaires font de si grands efforts pour persuader au public qu'ils ont des âmes de bergers sensibles, que leur cœur est tout plein de sentiments de bonté et qu'ils n'ont qu'une seule passion : *la haine pour la violence*. Ils se donneraient volontiers pour les protecteurs de la bourgeoisie contre la violence prolétarienne et, dans le but de rehausser leur prestige d'humanitaires, ne manquent jamais de repousser tout contact avec les anarchistes ; quelquefois même, ils repoussent ce contact avec un sans-façon qui n'exclut pas une certaine dose de lâcheté et d'hypocrisie.

Lorsque Millerand était le chef incontesté du parti socialiste au Parlement, il recommandait d'*avoir peur de faire peur*; et, en effet, les députés socialistes trouveraient peu d'électeurs s'ils ne parvenaient à convaincre le grand public qu'ils sont des gens très raisonnables, fort ennemis des anciennes violences et uniquement occupés à méditer sur la philosophie du droit futur. Dans un grand discours prononcé le 8 octobre 1905 à Limoges, Jaurès s'est attaché à rassurer beaucoup plus les bourgeois qu'on ne l'avait fait jusqu'ici ; il leur a

---

(1) Ernest Hamel, *Histoire de la conspiration du général Malet*, p. 241. — Suivant quelques journaux, Jaurès, dans sa déposition du 5 juin 1907, devant la Cour d'assises de la Seine, dans le procès Bousquet-Lévy, aurait dit que les agents de la sûreté témoigneront de la considération pour l'accusé Bousquet lorsque celui-ci sera législateur.

annoncé que le socialisme vainqueur se montrerait bon prince et qu'il étudiait diverses solutions pour indemniser les anciens propriétaires. Il y a quelques années, Millerand ne promettait d'indemnités qu'aux pauvres (*Petite République*, 25 mars 1898) ; maintenant tout le monde sera mis sur le même pied et Jaurès nous assure que Vandervelde a écrit sur ce sujet des choses pleines de profondeur. Je veux bien le croire sur parole.

La révolution sociale est conçue par Jaurès comme une faillite ; on donnera de bonnes annuités aux bourgeois d'aujourd'hui ; puis de génération en génération, ces annuités décroîtront. Ces plans doivent sourire aux financiers habitués à tirer grand parti des faillites et je ne doute pas que les actionnaires de l'*Humanité* ne trouvent ces idées merveilleuses ; ils seront les syndics de la faillite et toucheront de bons honoraires, qui compenseront les pertes que leur a occasionnées ce journal.

Aux yeux de la bourgeoisie contemporaine, tout est admirable qui écarte l'idée de violences. Nos bourgeois désirent mourir en paix ; — après eux le déluge.

II

Examinons maintenant d'un peu plus près la violence de 93 et cherchons si elle peut être identifiée avec celle du syndicalisme contemporain.

Il y a une quinzaine d'années, Drumont, parlant du socialisme et de son avenir, écrivait ces phrases qui parurent alors fort paradoxales à beaucoup de personnes : « Saluez les chefs ouvriers de la Commune, peut dire aux conservateurs l'historien qui est toujours un peu prophète ; vous ne les reverrez plus !... Ceux qui viendront seront autrement haineux, mauvais et vindicatifs que les hommes de 1871. Un sentiment nouveau prend désormais possession du prolétariat français : la haine » (1). Ce n'étaient pas là des paroles en l'air d'un homme de lettres : Drumont avait été renseigné sur la Commune et le monde socialiste par Malon, dont il fait un portrait très enthousiaste dans son livre.

Cette sinistre prédiction était fondée sur l'idée que l'ouvrier s'éloigne de plus en plus de la tradition nationale et qu'il se rapproche du bourgeois, beaucoup plus accessible que lui aux mauvais sentiments. « Ce fut l'élément bourgeois, dit Drumont, qui fut surtout féroce dans la Commune ;... l'élément peuple, au milieu de cette crise effroyable, resta *humain, c'est-à-dire français*... Parmi les internationalistes qui firent partie de la Commune, quatre seulement se prononcèrent pour des mesures violentes » (2). On voit que Drumont en est encore à cette naïve philosophie du XVIIIe siècle et des utopistes antérieurs à 1848, d'après laquelle les hommes suivent d'autant mieux les injonctions de la loi morale qu'ils ont été moins gâtés par la civilisation ; en descen-

---

(1) Drumont, *La fin d'un monde*, pp. 137-138.
(2) Drumont, *op. cit.*, p. 128.

dant des classes supérieures aux classes pauvres, on trouve plus de bonnes qualités ; le bien n'est naturel qu'aux individus qui sont demeurés rapprochés de l'état de nature.

Cette philosophie des classes conduit Drumont à une théorie historique assez curieuse : aucune de nos révolutions ne fut aussi sanglante que la première, parce qu'elle fut « conduite par la bourgeoisie »; — à mesure que le peuple s'est plus intimement mêlé aux révolutions, elles sont devenues moins « féroces »; — « le prolétariat, quand il eut, pour la première fois, une part effective de pouvoir, fut infiniment moins sanguinaire que la bourgeoisie » (1). Nous ne saurions nous contenter des explications futiles qui suffisent à Drumont ; mais il est certain qu'il y a quelque chose de changé depuis 93. Nous devons nous demander si la férocité des anciens révolutionnaires ne tiendrait pas à des raisons tirées de l'histoire de la bourgeoisie, en sorte que l'on commettrait un contresens en confondant les abus de la force bourgeoise révolutionnaire de 93 avec la violence de nos syndicalistes révolutionnaires : le mot *révolutionnaire* aurait ainsi deux sens parfaitement distincts.

Le Tiers Etat, qui a rempli les assemblées à l'époque révolutionnaire, celui que l'on peut appeler le Tiers Etat officiel, n'était point l'ensemble des agriculteurs et des chefs d'industrie ; le pouvoir ne fut jamais alors entre les mains des hommes de la production, mais entre les mains des basochiens. Taine est très frappé de ce fait que sur 577 députés du Tiers Etat à la Constituante, il y avait 373 « avocats inconnus et gens de loi d'ordre subalterne, notaires, procureurs du roi, commissaires de terrier, juges et assesseurs de présidial, baillis et lieutenants de bailliage, simples praticiens enfermés depuis leur jeunesse dans le cercle étroit d'une médiocre juridiction ou d'une routine paperassière, sans autre

---

(1) Drumont, *op. cit.*, p. 136.

échappée que des promenades philosophiques à travers les espaces imaginaires, sous la conduite de Rousseau et de Raynal » (1). Nous avons peine aujourd'hui à comprendre l'importance qu'avaient les gens de loi dans l'ancienne France ; il existait une multitude de juridictions ; les propriétaires mettaient un amour-propre extrême à faire juger des questions qui nous paraissent aujourd'hui bien médiocres, mais qui leur paraissaient énormes à cause de l'enchevêtrement du droit féodal dans le droit de propriété ; on trouvait partout des fonctionnaires de l'ordre judiciaire et ils jouissaient du plus grand prestige auprès des populations.

Cette classe apporta à la Révolution beaucoup de capacités administratives ; c'est grâce à elles que le pays put traverser assez facilement la crise qui l'ébranla durant dix ans et que Napoléon put si rapidement reconstituer des services bien réguliers ; mais cette classe apporta aussi une masse de préjugés qui firent commettre les plus lourdes fautes à ceux de ses représentants qui occupèrent les premiers postes. On ne peut, par exemple, comprendre la conduite de Robespierre quand on le compare aux politiciens d'aujourd'hui ; il faut toujours voir en lui l'homme de loi sérieux, préoccupé de ses devoirs, soucieux de ne pas ternir l'honneur professionnel de l'orateur de la barre ; de plus il était lettré et disciple de Rousseau. Il a des scrupules de légalité qui étonnent les historiens contemporains ; quand il lui fallut prendre des résolutions suprêmes et se défendre contre la Convention, il se montra d'une naïveté qui confine à la niaiserie. La fameuse loi du 22 prairial, qu'on lui a si souvent reprochée et qui donna une allure si rapide au tribunal révolutionnaire, est le chef-d'œuvre de son genre d'esprit ; on y retrouve tout l'Ancien Régime exprimé en formules lapidaires.

Une des pensées fondamentales de l'Ancien Régime

---

(1) Taine, *La Révolution*, tome I, p. 155.

avait été l'emploi de la procédure pénale pour ruiner tous les pouvoirs qui faisaient obstacle à la royauté. Il semble que, dans toutes les sociétés primitives, le droit pénal ait commencé par être une protection accordée au chef et à quelques privilégiés qu'il honore d'une faveur spéciale ; c'est seulement fort tard que la force légale sert indistinctement à sauvegarder les personnes et les biens de tous les habitants du pays. Le Moyen Age étant un retour aux mœurs des très vieux temps, il était naturel qu'il engendrât de nouveau des idées fort archaïques relatives à la justice, et qu'il fît considérer les tribunaux comme ayant surtout pour mission d'assurer la grandeur royale. Un accident historique vint donner un développement extraordinaire à cette théorie de sauvages : l'Inquisition fournissait le modèle de tribunaux qui, mis en action sur de très faibles indices, poursuivaient avec persévérance les gens qui gênaient l'autorité, et les mettaient dans l'impossibilité de lui nuire. L'État royal emprunta à l'Inquisition beaucoup de ses procédés et suivit presque toujours ses principes.

La royauté demandait constamment à ses tribunaux de travailler à agrandir son territoire ; il nous paraît aujourd'hui étrange que Louis XIV fît prononcer des annexions par des commissions de magistrats ; mais il était dans la tradition ; beaucoup de ses prédécesseurs avaient fait confisquer par le Parlement des seigneuries féodales pour des motifs fort arbitraires. La justice, qui nous semble aujourd'hui faite pour assurer la prospérité de la production et lui permettre de se développer, en toute liberté, sur des proportions toujours plus vastes, semblait faite autrefois pour assurer la grandeur royale : *son but essentiel n'était pas le droit, mais l'État.*

Il fut très difficile d'établir une discipline sévère dans les services constitués par la royauté pour la guerre et pour l'administration ; à chaque instant il fallait faire des enquêtes pour punir des employés infidèles ou indociles ; les rois employaient pour ces missions des hommes pris dans leurs tribunaux ; ils arrivaient ainsi à confondre les actes de répression disciplinaire avec la répression des crimes. Les hommes de loi devaient transformer toutes choses suivant leurs habitudes d'esprit ; ainsi la négligence, la mauvaise volonté ou l'incurie devenaient de la révolte contre l'autorité, des attentats ou de la trahison.

La Révolution recueillit pieusement cette tradition, donna aux crimes imaginaires une importance d'autant plus grande que ses tribunaux politiques fonctionnaient au milieu d'une population affolée par la gravité du péril ; on trouvait alors tout naturel d'expliquer les défaites des généraux par des intentions criminelles et de guillotiner les gens qui n'avaient pas été capables de réaliser les espérances qu'une opinion, revenue souvent aux superstitions de l'enfance, avait rêvées. Notre code pénal renferme encore pas mal d'articles paradoxaux venant de ce temps : aujourd'hui on ne comprend plus facilement que l'on puisse accuser sérieusement un citoyen de pratiquer des machinations ou entretenir des intelligences avec les puissances étrangères ou leurs agents, pour les engager à commettre des hostilités ou à entreprendre la guerre contre la France, ou pour leur en procurer les moyens. Un pareil crime suppose que l'Etat peut être mis en péril tout entier par le fait d'une personne : cela ne nous paraît guère croyable (1

Les procès contre les ennemis du roi furent toujours conduits d'une manière exceptionnelle ; on simplifiait les procédures autant qu'on le pouvait ; on se contentait de preuves médiocres, qui n'auraient pu suffire pour des délits ordinaires ; on cherchait à faire des exemples terribles et profondément intimidants. Tout cela se retrouve dans la législation robespierrienne. La loi

---

(1) C'est cependant l'article que l'on a appliqué à Dreyfus, sans qu'on ait jamais cherché, d'ailleurs, à démontrer que la France ait été en danger de guerre par suite de la livraison de documents à l'Allemagne.

du 22 prairial se contente de définitions assez vagues du crime politique, de manière à ne laisser échapper aucun ennemi de la Révolution ; quant aux preuves, elles sont dignes de la plus pure tradition de l'Ancien Régime et de l'Inquisition. « La preuve nécessaire pour condamner les *ennemis du peuple* est toute espèce de documents, soit matérielle, soit morale, soit verbale, soit écrite, qui peut naturellement obtenir l'assentiment de tout esprit juste et raisonnable. La règle des jugements est la conscience des jurés éclairés par l'amour de la patrie ; leur but est le *triomphe de la République et la ruine de ses ennemis.* » Nous avons, dans cette loi terroriste célèbre, la plus forte expression de la doctrine de l'État (1).

La philosophie du xviiie siècle était venue renforcer encore ces tendances ; elle prétendait, en effet, formuler un retour au droit naturel ; l'humanité avait été, jusqu'alors, corrompue, par la faute d'un petit nombre de gens qui avaient eu intérêt à la duper ; mais on avait enfin découvert le moyen de revenir aux principes de bonté primitive, de vérité et de justice ; toute opposition à une réforme si belle, si facile à appliquer et d'un succès si certain, était l'acte le plus criminel que l'on pût imaginer ; les novateurs étaient résolus à se montrer inexorables pour détruire l'influence néfaste que des mauvais citoyens pouvaient exercer en vue d'empêcher la régénération de l'humanité. L'indulgence était une faiblesse coupable, car elle ne tendait à rien moins qu'à sacrifier le bonheur des multitudes aux caprices de gens incorrigibles qui montraient un entêtement incompréhensible, refusaient de reconnaître l'évidence et ne vivaient que de mensonges.

De l'Inquisition à la justice politique de la royauté et de celle-ci aux tribunaux révolutionnaires, il y avait eu constamment progrès dans le sens de l'arbitraire des

---

(1) Les détails mêmes de cette loi ne peuvent s'expliquer que par leur rapprochement avec les règles de l'ancien droit pénal.

règles, de l'extension de la force et de l'amplification de l'autorité. L'Eglise avait eu, très longtemps, des doutes sur la valeur des procédures exceptionnelles que pratiquaient ses inquisiteurs (1). La royauté n'avait plus eu autant de scrupules, surtout quand elle eut acquis sa pleine maturité ; mais la Révolution étalait au grand jour le scandale de son culte superstitieux de l'Etat.

Une raison d'ordre économique donnait alors à l'Etat une force que n'avait jamais eue l'Eglise. Au début des temps modernes, les gouvernements, par leurs expéditions maritimes et les encouragements donnés à l'industrie, avaient occupé une très grande place dans la production ; mais au XVIIIe siècle cette place était devenue exceptionnellement énorme dans l'esprit des théoriciens. Tout le monde avait alors la tête pleine de grands projets ; on concevait les royaumes sur le plan de vastes compagnies qui entreprennent de mettre le sol en valeur et on s'attachait à assurer le bon ordre dans le fonctionnement de ces compagnies. Aussi l'Etat était-il le dieu des réformateurs : « Ils veulent, dit Tocqueville, emprunter les mains du pouvoir central et l'employer à tout briser et à tout refaire suivant un nouveau plan qu'ils ont conçu eux-mêmes ; lui seul leur paraît en état d'accomplir une telle tâche. La puissance de l'Etat doit être sans limites, comme son droit, disent-ils ; il ne s'agit que de lui persuader d'en faire un usage convenable » (2). Les physiocrates paraissaient disposés à sacrifier les individus à l'utilité générale ; ils tenaient fort peu à la liberté et trouvaient absurde l'idée d'une pondération des pouvoirs ; ils espéraient convertir l'Etat ; leur système est défini par Tocqueville « un despotisme démocratique » ; le gouvernement eût été

---

(1) Des auteurs modernes, prenant à la lettre certaines instructions de la papauté, ont pu soutenir que l'Inquisition avait été relativement indulgente, eu égard aux mœurs du temps.
(2) Tocqueville, *L'Ancien Régime et la Révolution*, p. 127.

en théorie un mandataire de tous, contrôlé par une opinion publique éclairée ; pratiquement il était un maître absolu (1). Une des choses qui ont le plus étonné Tocqueville, au cours de ses études sur l'Ancien Régime, est l'admiration que les physiocrates avaient pour la Chine, qui leur paraissait le type du bon gouvernement, parce que là il n'y a que des valets et des commis soigneusement catalogués et choisis au concours.

Depuis la Révolution, il y a eu un tel bouleversement dans les idées que nous avons peine à bien comprendre les conceptions de nos pères (2). L'économie capitaliste a mis en pleine lumière l'extraordinaire puissance des individus ; la confiance que les hommes du xviiie siècle avaient dans les capacités industrielles de l'Etat, paraît puérile à toutes les personnes qui ont étudié la production ailleurs que dans les insipides bouquins des sociologues ; ceux-ci conservent encore fort soigneusement le culte des âneries du temps passé ; — le droit de la nature est devenu un sujet inépuisable de railleries pour les personnes qui ont la moindre teinture de l'histoire ; — l'emploi de tribunaux comme moyen de coercition contre des adversaires politiques soulève l'indignation universelle, et les gens qui ont le sens commun, trouvent qu'il ruine toute notion juridique.

Sumner Maine fait observer que les rapports des gouvernements et des citoyens ont été bouleversés de fond en comble depuis la fin du xviiie siècle ; jadis l'État était toujours censé être bon et sage ; par suite, toute entrave apportée à son fonctionnement était regardée comme un délit grave ; le système libéral suppose, au contraire, que le citoyen, laissé libre, choisit le meilleur parti et qu'il exerce le premier de ses droits en critiquant

---

(1) Tocqueville, *op. cit.*, pp. 265-266 et pp. 269-271.
(2) Il faut, dans l'histoire des idées juridiques en France, tenir grand compte du morcellement de la propriété foncière, qui, en multipliant les chefs indépendants d'unités de production, a plus contribué à répandre dans les masses des idées juridiques que les plus beaux traités de philosophie n'en ont répandu dans les classes lettrées.

le gouvernement, qui de maître devient serviteur (1). Maine ne dit pas quelle est la raison de cette transformation ; la raison me semble être surtout d'ordre économique. Dans le nouvel état de choses, le crime politique est un acte de simple révolte, qui ne saurait comporter aucune infamie, et que l'on arrête par des mesures de prudence, mais qui ne mérite plus le nom de crime, car son auteur ne ressemble point aux criminels.

Nous ne sommes peut-être pas meilleurs, plus humains, plus sensibles aux malheurs d'autrui que n'étaient les hommes de 93 ; je serais même assez disposé à admettre que le pays est probablement moins moral qu'il n'était à cette époque ; mais nous n'avons plus, autant que nos pères, la superstition du Dieu État, auquel ils sacrifièrent tant de victimes. La férocité des Conventionnels s'explique facilement par l'influence des conceptions que le Tiers État avait puisées dans les pratiques détestables de l'Ancien Régime.

---

(1) Sumner Maine, *Essais sur le gouvernement populaire*, trad. franç., p. 20.

III

Il serait étrange que les idées anciennes fussent complètement mortes ; l'affaire Dreyfus nous a montré que l'immense majorité des officiers et des prêtres concevait toujours la justice à la manière de l'Ancien Régime et trouvait toute naturelle une condamnation pour raison d'État (1). Cela ne doit pas nous surprendre, car ces deux catégories de personnes, n'ayant jamais eu de rapports directs avec la production, ne peuvent rien comprendre au droit. Il y eut une si grande révolte dans le public éclairé contre les procédés du ministère de la Guerre, que l'on put croire un instant que la raison d'État ne serait bientôt plus admise (en dehors de ces deux catégories) que par les lecteurs du *Petit Journal*, dont la mentalité se trouverait ainsi caractérisée et rapprochée de celle qui existait il y a un siècle. Nous avons vu, hélas ! par une cruelle expérience, que l'État avait encore des pontifes et de fervents adorateurs parmi les dreyfusards.

L'affaire Dreyfus était à peine terminée que le gouvernement de Défense républicaine commençait une autre affaire politique au nom de la raison d'État et accumulait presque autant de mensonges que l'État-major en avait accumulés dans le procès de Dreyfus. Aucune personne sérieuse ne doute, en effet, aujourd'hui, que le grand complot pour lequel Déroulède, Buffet et Lur-Saluces furent condamnés, était une invention de la police : le siège de ce qu'on a appelé le fort Chabrol

---

(1) L'extraordinaire et illégale sévérité que l'on apporta dans l'application de la peine, s'explique par ce fait que le but du procès était de terrifier certains espions que leur situation mettait hors d'atteinte ; on se souciait assez peu que Dreyfus fût coupable ou innocent ; l'essentiel était de mettre l'État à l'abri de trahisons et de rassurer les Français affolés par la peur de la guerre.

avait été arrangé pour faire croire aux Parisiens qu'ils avaient été à la veille d'une guerre civile. On a amnistié les victimes de ce forfait juridique, mais l'amnistie ne devrait pas suffire ; si les dreyfusards avaient été sincères, ils auraient réclamé que le Sénat reconnût la scandaleuse erreur que les mensonges de la police lui ont fait commettre : je crois qu'ils ont trouvé, tout au contraire, très conforme aux principes de la Justice éternelle, de maintenir, le plus longtemps possible, une condamnation fondée sur la fraude la plus évidente.

Jaurès et beaucoup d'autres éminents dreyfusards approuvèrent le général André et Combes d'avoir organisé un système régulier de délation. Kautsky lui a vivement reproché sa conduite ; l'écrivain allemand demandait que le socialisme ne présentât point comme de grandes actions démocratiques « les misérables procédés de la République bourgeoise » et qu'il demeurât « fidèle au principe qui déclare que le dénonciateur est la dernière des canailles » (*Débats*, 13 novembre 1904). Ce qu'il y eut de plus triste dans cette affaire, c'est que Jaurès prétendit que le colonel Hartmann (qui protestait contre le système des *fiches*) avait employé lui-même des procédés tout semblables (1) ; celui-ci lui écrivait : « Je vous plains d'en être arrivé à défendre aujourd'hui et par de tels moyens les actes coupables que vous flétrissiez avec nous il y a quelques années ; je vous plains de vous croire obligé de solidariser le régime républicain avec les procédés vils de mouchards qui le déshonorent. » (*Débats*, 5 novembre 1904.)

L'expérience nous a toujours montré jusqu'ici que nos révolutionnaires arguent de la raison d'État, dès qu'ils

---

(1) Dans l'*Humanité* du 17 novembre 1904 se trouve une lettre de Paul Guieysse et de Vazeilles déclarant qu'il n'y a aucun fait de ce genre à imputer au colonel Hartmann. Jaurès fait suivre cette lettre d'un commentaire étrange : il estime que les délateurs agissaient avec une parfaite loyauté et il regrette que le colonel ait fourni « imprudemment un aliment de plus à la campagne systématique des journaux réactionnaires ». Jaurès ne s'est pas douté que ce commentaire aggravait fort son cas et n'eût pas été indigne d'un disciple d'Escobar.

sont parvenus au pouvoir, qu'ils emploient alors les procédés de police, et qu'ils regardent la justice comme une arme dont ils peuvent abuser contre leurs ennemis. Les socialistes parlementaires n'échappent point à la règle commune ; ils conservent le vieux culte de l'État; ils sont donc préparés à commettre tous les méfaits de l'Ancien Régime.

On pourrait composer un beau recueil de vilaines sentences politiques en compulsant l'*Histoire socialiste* de Jaurès : je n'ai pas eu la patience de lire les 1824 pages consacrées à raconter la Révolution entre le 10 août 1792 et la chute de Robespierre ; j'ai seulement feuilleté ce fastidieux bouquin et j'ai vu qu'on y trouvait mêlées une philosophie parfois digne de monsieur Pantalon et une politique de pourvoyeur de guillotine. J'avais, depuis longtemps, estimé que Jaurès serait capable de toutes les férocités contre les vaincus ; j'ai reconnu que je ne m'étais pas trompé ; mais je n'aurais pas cru qu'il fût capable de tant de platitude : le vaincu à ses yeux a toujours tort, et la victoire fascine tellement notre grand défenseur de la Justice éternelle qu'il est prêt à souscrire toutes les proscriptions qu'on exigera de lui : « Les révolutions, dit-il, demandent à l'homme le sacrifice le plus effroyable, non pas seulement de son repos, non pas seulement de sa vie, mais de l'immédiate tendresse humaine et de la pitié » (1). Pourquoi avoir tant écrit sur l'inhumanité des bourreaux de Dreyfus ? Eux aussi sacrifiaient « l'immédiate tendresse humaine » à ce qui leur paraissait être le salut de la patrie.

Il y a quelques années, les républicains n'eurent pas assez d'indignation contre le vicomte de Vogüé qui, recevant Hanotaux à l'Académie française, appelait le coup d'État de 1851 une « opération de police un peu rude » (2). Jaurès, instruit par l'histoire révolution-

---

(1) J. Jaurès, *La Convention*, p. 1732.
(2) C'était le 25 mars 1898, dans un moment particulièrement critique de l'affaire Dreyfus, alors que les nationalistes demandaient qu'on balayât

naire, raisonne maintenant tout juste comme le jovial vicomte (1) ; il vante, par exemple, « la politique de vigueur et de sagesse » qui consistait à forcer la Convention à expulser les Girondins « avec une sorte de régularité apparente » (2).

Les massacres de septembre 1792 ne sont pas sans le gêner un peu : la régularité n'est pas ici apparente ; mais il a de grands mots et de mauvaises raisons pour toutes les vilaines causes ; la conduite de Danton ne fut pas très digne d'admiration au moment de ces tristes journées ; mais Jaurès doit l'excuser, puisque Danton triomphait durant cette période. « Il ne crut pas de son devoir de ministre révolutionnaire et patriote d'entrer en lutte avec ces *forces populaces égarées*. Comment épurer le métal des cloches quand elles sonnent le tocsin de la liberté en péril ? » (3) Il me semble que Cavaignac aurait pu expliquer de la même manière sa conduite dans l'affaire Dreyfus : aux gens qui lui reprochaient de marcher avec les antisémites, il aurait pu répondre que son devoir de ministre patriote ne le forçait pas à entrer en lutte avec la populace égarée et que les jours où le salut de la défense nationale est en jeu, on ne peut épurer le métal des cloches qui sonnent le tocsin de la patrie en danger.

Lorsqu'il arrive au temps où Camille Desmoulins cherche à provoquer un mouvement d'opinion capable d'arrêter la Terreur, Jaurès se prononce avec énergie contre cette tentative. — Il reconnaîtra cependant, quelques pages plus loin, que le système de la guillotine ne pouvait toujours durer ; mais Desmoulins, ayant succombé, a tort aux yeux de notre *humble* adorateur

---

les perturbateurs et les ennemis de l'armée. J. Reinach dit que de Vogüé conviait ouvertement l'armée à recommencer l'œuvre de 1851 (*Histoire de l'affaire Dreyfus*, tome III, p. 545.

(1) De Vogüé a l'habitude, dans ses polémiques, de remercier ses adversaires de l'avoir beaucoup amusé : c'est pourquoi je me permets de l'appeler jovial, bien que ses écrits soient plutôt endormants.

(2) J. Jaurès, *op. cit.*, p. 1434.

(3) J. Jaurès, *op. cit.*, p. 77.

du succès. Jaurès accuse l'auteur du *Vieux Cordelier* d'oublier les conspirations, les trahisons, les corruptions et tous les rêves dont se nourrissait l'imagination affolée des terroristes ; il a même l'ironie de parler de la « France libre ! » et il prononce cette sentence digne d'un élève jacobin de Joseph Prudhomme : « Le couteau de Desmoulins était ciselé avec un art incomparable, mais il le plantait au cœur de la Révolution » (1). Lorsque Robespierre ne disposera plus de la majorité dans la Convention, il sera, tout naturellement, mis à mort par les autres terroristes, en vertu du jeu légitime des institutions parlementaires de ce temps ; mais faire appel à la *seule opinion publique* contre les chefs du gouvernement, voilà quel était le « crime » de Desmoulins. Son crime fut aussi celui de Jaurès au temps où il défendait Dreyfus contre les grands chefs de l'armée et le gouvernement ; que de fois n'a-t-on pas reproché à Jaurès de compromettre la défense nationale? Mais ce temps est déjà bien éloigné ; et, à cette époque, notre tribun, n'ayant pas encore goûté les avantages du pouvoir, n'avait pas une théorie de l'Etat aussi féroce que celle qu'il a aujourd'hui.

Je crois qu'en voilà assez pour me permettre de conclure que si, par hasard, nos socialistes parlementaires arrivaient au gouvernement, ils se montreraient de bons successeurs de l'Inquisition, de l'Ancien Régime et de Robespierre ; les tribunaux politiques fonctionneraient sur une grande échelle et nous pouvons même supposer que l'on abolirait la *malencontreuse* loi de 1848, qui a supprimé la peine de mort en matière politique. Grâce à cette *réforme*, on pourrait voir de nouveau l'Etat triompher par la main du bourreau.

Les violences prolétariennes n'ont aucun rapport avec ces proscriptions ; elles sont purement et simplement des actes de guerre, elles ont la valeur de démons-

---

(1) J. Jaurès, *op. cit.*, p. 1731.

trations militaires et servent à marquer la séparation des classes. Tout ce qui touche à la guerre se produit sans haine et sans esprit de vengeance ; en guerre on ne tue pas les vaincus ; on ne fait pas supporter à des êtres inoffensifs les conséquences des déboires que les armées peuvent avoir éprouvées sur les champs de bataille (1) ; la force s'étale alors suivant sa nature, sans jamais prétendre rien emprunter aux procédures juridiques que la société engage contre des criminels.

Plus le syndicalisme se développera, en abandonnant les vieilles superstitions qui viennent de l'Ancien Régime et de l'Eglise — par le canal des gens de lettres, des professeurs de philosophie et des historiens de la Révolution, — plus les conflits sociaux prendront un caractère de pure lutte semblable à celles des armées en campagne. On ne saurait trop exécrer les gens qui enseignent au peuple qu'il doit exécuter je ne sais quel mandat superlativement idéaliste d'une justice en marche vers l'avenir. Ces gens travaillent à maintenir les idées sur l'État qui ont provoqué toutes les scènes sanglantes de 93, tandis que la notion de lutte de classe tend à épurer la notion de violence.

---

(1) Je signale ici un fait qui n'est peut-être pas très connu : la guerre d'Espagne, au temps de Napoléon, fut l'occasion d'atrocités sans nombre ; mais le colonel Lafaille dit qu'en Catalogne les meurtres et les cruautés ne furent jamais le fait des soldats espagnols enrégimentés depuis un certain temps et ayant pris les mœurs propres à la guerre (*Mémoires sur les campagnes de Catalogne de* 1808 *à* 1814, p. 164-165).

IV

Le syndicalisme se trouve engagé, en France, dans une propagande antimilitariste qui montre clairement l'immense distance qui le sépare du socialisme parlementaire sur cette question de l'Etat. Beaucoup de journaux croient qu'il s'agit là seulement d'un mouvement humanitaire exagéré, qu'auraient provoqué les articles de Hervé ; c'est une grosse erreur. Il ne faut pas croire que l'on proteste contre la dureté de la discipline, ou contre la durée du service militaire, ou contre la présence dans les grades supérieurs d'officiers hostiles aux institutions actuelles (1); ces raisons-là sont celles qui ont conduit beaucoup de bourgeois à applaudir les déclamations contre l'armée au temps de l'affaire Dreyfus, mais ce ne sont pas les raisons des syndicalistes.

L'armée est la manifestation la plus claire, la plus tangible et la plus solidement rattachée aux origines, que l'on puisse avoir de l'État. Les syndicalistes ne se proposent pas de réformer l'État comme se le proposaient les hommes du xviiie siècle ; ils voudraient le détruire (2) parce qu'ils veulent réaliser cette pensée de Marx : que la révolution socialiste ne doit pas aboutir à remplacer une minorité gouvernante par une autre minorité (3). Les syndicalistes marquent, encore plus fortement, leur doctrine quand ils lui donnent un

---

(1) Suivant Joseph Reinach on a eu le tort, après la guerre, de faire une part trop grande aux élèves des écoles militaires ; la vieille noblesse et le parti catholique avaient pu ainsi s'emparer du commandement. (*Loc. cit.*, pp. 555-556.)

(2) « La société qui organisera la production sur les bases d'une association de producteurs libres et égalitaires, transportera toute la machine de l'État là où est dès lors sa place : dans le musée des antiquités, à côté du rouet et de la hache de pierre. » (Engels, *Les Origines de la société*, trad. franç., p. 280).

(3) *Manifeste communiste*, trad. Andler, tome I, p. 39.

aspect plus idéologique et se déclarent antipatriotes — à la suite du *Manifeste communiste*.

Sur ce terrain il est impossible qu'il y ait la moindre entente entre les syndicalistes et les socialistes officiels ; ceux-ci parlent bien de tout briser, mais ils attaquent plutôt les hommes au pouvoir que le pouvoir lui-même ; ils espèrent posséder la force de l'État et ils se rendent compte que le jour où ils détiendraient le gouvernement, ils auraient besoin d'une armée ; ils feraient de la politique étrangère et, par suite, auraient, eux aussi, à vanter le dévouement à la patrie.

Les socialistes parlementaires sentent bien que l'antipatriotisme tient fort aux cœurs des ouvriers socialistes et ils font de grands efforts pour concilier ce qui est inconciliable : ils ne voudraient pas trop heurter des idées qui sont devenues chères au prolétariat, mais ils ne peuvent pas abandonner leur cher État qui leur promet tant de jouissances. Ils se sont livrés aux acrobaties oratoires les plus cocasses pour se tirer d'affaire. Par exemple, après l'arrêt de la Cour d'assises de la Seine condamnant Hervé et les antimilitaristes, le Conseil national du parti socialiste vota un ordre du jour flétrissant le « verdict de haine et de peur », déclarant qu'une justice de classe ne saurait respecter « la liberté d'opinion », protestant contre l'emploi des troupes dans les grèves et affirmant hautement la nécessité de l'action et de l'entente internationale des travailleurs pour la supression de la guerre » (*Socialiste*, 20 janvier 1906). Tout cela est fort habile, mais la question fondamentale est esquivée.

Ainsi on ne pourrait plus contester qu'il n'y ait une opposition absolue entre le syndicalisme révolutionnaire et l'État ; cette opposition prend en France la forme particulièrement âpre de l'antipatriotisme, parce que les hommes politiques ont mis en œuvre toute leur science pour arriver à jeter la confusion dans les esprits sur l'essence du socialisme. Sur le terrain du patriotisme, il ne peut y avoir de compromissions et de position moyenne ; c'est donc sur ce terrain que les syndicalistes ont été forcés de se placer lorsque les bourgeois de tout acabit ont employé tous leurs moyens de séduction pour corrompre le socialisme et éloigner les ouvriers de l'idée révolutionnaire. Ils ont été amenés à nier l'idée de patrie par une de ces nécessités comme on en rencontre, à tout instant, au cours de l'histoire (1) et que les philosophes ont parfois beaucoup de peine à expliquer, — parce que le choix est imposé par les conditions extérieures et non librement fait pour des raisons tirées de la nature des choses. Ce caractère de nécessité historique donne au mouvement antipatriotique actuel une force qu'on chercherait vainement à dissimuler au moyen de sophismes (2).

Nous avons le droit de conclure de là que l'on ne saurait confondre les violences syndicalistes exercées au cours des grèves par des prolétaires qui veulent le renversement de l'État, avec ces actes de sauvagerie que la superstition de l'État a suggérés aux révolutionnaires de 93, quand ils eurent le pouvoir en main et qu'ils purent exercer sur les vaincus l'oppression, — en suivant les principes qu'ils avaient reçus de l'Église et de la royauté. Nous avons le droit d'espérer qu'une révolution socialiste poursuivie par de purs syndicalistes ne serait point souillée par les abominations qui souillèrent les révolutions bourgeoises.

---

(1) Cf. l'enquête du *Mouvement socialiste* : *L'idée de patrie et la classe ouvrière*. Après le procès de Hervé, Léon Daudet écrivait : « Ceux qui ont suivi ces débats, ont frémi aux dépositions nullement théâtrales des secrétaires des syndicats. » (*Libre parole*, 31 décembre 1905).

(2) Jaurès a eu cependant l'audace de déclarer à la Chambre, le 11 mai 1907, qu'il y avait seulement « à la surface du mouvement ouvrier quelques formules d'outrance et de paradoxe, qui procèdent non de la négation de la patrie, mais de la condamnation de l'abus qu'on a fait si souvent de l'idée et du mot ». Un tel langage n'a pu être tenu que devant une assemblée qui ignore tout du mouvement ouvrier.

CHAPITRE IV

La grève prolétarienne

I. — Confusion du socialisme parlementaire et clarté de la grève générale. — Les mythes dans l'histoire. — Preuve expérimentale de la valeur de la grève générale.
II. — Recherches faites pour perfectionner le marxisme. — Manière de l'éclairer en partant de la grève générale : lutte de classe ; — préparation à la révolution et absence d'utopies ; — caractère irréformable de la révolution.
III. — Préjugés scientifiques opposés à la grève générale ; doutes sur la science. — Les parties claires et les parties obscures dans la pensée. — Incompétence économique des parlements.

I

Toutes les fois que l'on cherche à se rendre un compte exact des idées qui se rattachent à la violence prolétarienne, on est amené à se reporter à la notion de grève générale ; mais la même notion peut rendre bien d'autres services et fournir des éclaircissements inattendus sur toutes les parties obscures du socialisme. Dans les dernières pages du premier chapitre, j'ai comparé la grève générale à la bataille napoléonienne qui écrase définitivement l'adversaire ; ce rapprochement va nous aider à comprendre le rôle idéologique de la grève générale.

Lorsque les écrivains militaires actuels veulent discuter de nouvelles méthodes de guerre appropriées à l'emploi de troupes infiniment plus nombreuses que n'étaient celles de Napoléon et pourvues d'armes bien plus perfectionnées que celles de ce temps ils ne supposent pas moins que la guerre devra se décider dans des batailles napoléoniennes. Il faut que les tactiques proposées puissent s'adapter au drame que Napoléon avait conçu; sans doute, les péripéties du combat se dérouleront tout autrement qu'autrefois; mais la fin doit être toujours la catastrophe de l'ennemi. Les méthodes d'instruction militaire sont des préparations du soldat en vue de cette grande et effroyable action, à laquelle chacun doit être prêt à prendre part au premier signal. Du haut en bas de l'échelle, tous les membres d'une armée vraiment solide ont leur pensée tendue vers cette issue catastrophique des conflits internationaux.

Les syndicats révolutionnaires raisonnent sur l'action socialiste exactement de la même manière que les écrivains militaires raisonnent sur la guerre; ils enferment tout le socialisme dans la grève générale; ils regardent toute combinaison comme devant aboutir à ce fait; ils voient dans chaque grève une imitation réduite, un essai, une préparation du grand bouleversement final.

La *nouvelle école* qui se dit marxiste, syndicaliste et révolutionnaire, s'est déclarée favorable à l'idée de grève générale, dès qu'elle a pu prendre une claire conscience du sens vrai de sa doctrine, des conséquences de son activité, ou de son originalité propre. Elle a été conduite ainsi à rompre avec les anciennes chapelles officielles, utopistes et politiciennes, qui ont horreur de la grève générale, et à entrer, au contraire, dans le mouvement propre du prolétariat révolutionnaire — qui, depuis longtemps, fait de l'adhésion à la grève générale le *test* au moyen duquel le socialisme des travailleurs se distingue des révolutionnaires amateurs.

Les socialistes parlementaires ne peuvent avoir une grande influence que s'ils parviennent à s'imposer à des groupes très divers, en parlant un langage embrouillé : il leur faut des électeurs ouvriers assez naïfs pour se laisser duper par des phrases ronflantes sur le collectivisme futur; ils ont besoin de se présenter comme de profonds philosophes aux bourgeois stupides qui veulent paraître entendus en questions sociales ; il leur est très nécessaire de pouvoir exploiter des gens riches qui croient bien mériter de l'humanité en commanditant des entreprises de politique socialiste. Cette influence est fondée sur le galimatias et nos grands hommes travaillent, avec un succès parfois trop grand, à jeter la confusion dans les idées de leurs lecteurs; ils détestent la grève générale, parce que toute propagande faite sur ce terrain est trop socialiste pour plaire aux philanthropes.

Dans la bouche de ces prétendus représentants du prolétariat, toutes les formules socialistes perdent leur sens réel. La lutte de classe reste toujours le grand principe; mais elle doit être subordonnée à la solidarité nationale (1). L'internationalisme est un article de foi, en l'honneur duquel les plus modérés se déclarent prêts à prononcer les serments les plus solennels; mais le patriotisme impose aussi des devoirs sacrés (2). L'émancipation des travailleurs doit être l'œuvre des travailleurs eux-mêmes, comme on l'imprime encore tous les jours, mais la véritable émancipation consiste à voter pour un professionnel de la politique, à lui assurer les moyens de se faire une bonne situation, à se donner un maître. Enfin l'Etat doit disparaître et on se garderait de contester ce que Engels a écrit là-dessus; mais cette disparition aura lieu seulement dans un avenir si lointain que l'on doit s'y préparer en utilisant provisoirement l'Etat pour gaver les politiciens de bons morceaux; et la meilleure politique pour faire disparaître

---

(1) Le *Petit Parisien*, qui a la prétention de traiter en spécialiste et en socialiste les questions ouvrières, avertissait, le 31 mars 1907, des grévistes qu'ils « ne doivent jamais se croire au-dessus des devoirs de la solidarité sociale ».

(2) A l'époque où les antimilitaristes commencèrent à préoccuper le public, le *Petit Parisien* se distingua par son patriotisme : le 8 octobre 1905 article sur « le devoir sacré » et sur « le culte de ce drapeau tricolore qui a parcouru le monde avec nos gloires et nos libertés » ; le 1er janvier 1906 félicitations au jury de la Seine : « Le drapeau a été vengé des outrages jetés par ses détracteurs sur ce noble emblème. Quand il passe dans nos rues, on le salue. Les jurés ont fait plus que de s'incliner ; ils se sont rangés avec respect autour de lui. » Voilà du socialisme très sage.

l'Etat consiste provisoirement à renforcer la machine gouvernementale ; Gribouille, qui se jette à l'eau pour ne pas être mouillé par la pluie, n'aurait pas raisonné autrement. Etc., etc.

On pourrait remplir des pages entières avec l'exposé sommaire des thèses contradictoires, cocasses et charlatanesques qui forment le fond des harangues de nos grands hommes ; rien ne les embarrasse et ils savent combiner, dans leurs discours pompeux, fougueux et nébuleux, l'intransigeance la plus absolue avec l'opportunisme le plus souple. Un docteur du socialisme a prétendu que l'art de concilier les oppositions par le galimatias est le plus clair résultat qu'il ait tiré de l'étude des œuvres de Marx (1). J'avoue ma radicale incompétence en ces matières difficiles ; je n'ai d'ailleurs nullement la prétention d'être compté parmi les gens auxquels les politiciens concèdent le titre de savants ; cependant, je ne me résous point facilement à admettre que ce soit là le fond de la philosophie marxiste.

Les polémiques de Jaurès avec Clemenceau ont montré, d'une manière parfaitement incontestable, que nos socialistes parlementaires ne peuvent réussir à en imposer au public que par leur galimatias et qu'à force de tromper leurs lecteurs, ils ont fini par perdre tout sens de la discussion honnête. Dans l'*Aurore* du 4 septembre 1905, Clemenceau reproche à Jaurès d'embrouiller l'esprit de ses partisans « en des subtilités métaphysiques où ils sont incapables de le suivre » ; il n'y a rien à objecter à ce reproche, sauf l'emploi du mot *métaphysique;* Jaurès n'est pas plus métaphysicien

---

(1) On venait de discuter longuement au Conseil national deux motions, l'une proposant d'inviter les fédérations départementales à engager la lutte électorale partout où cela serait possible, l'autre décidant de présenter des candidats partout. Un membre se leva : « J'ai besoin, dit-il, d'un peu d'attention, car la thèse que je vais soutenir peut paraître d'abord bizarre et paradoxale. [Ces deux motions] ne sont pas inconciliables, si on essaie de résoudre cette contradiction suivant la *méthode naturelle et marxiste de résoudre toute contradiction.* » (*Socialiste*, 7 octobre 1905.) Il semble que personne ne comprit. Et c'était, en effet, inintelligible.

qu'il n'est juriste ou astronome. Dans le numéro du 26 octobre, Clemenceau démontre que son contradicteur possède « l'art de solliciter les textes » et termine en disant : « Il m'a paru instructif de mettre à nu certains procédés de polémique dont nous avons le tort de concéder trop facilement le monopole à la congrégation de Jésus. »

En face de ce socialisme bruyant, bavard et menteur qui est exploité par les ambitieux de tout calibre, qui amuse quelques farceurs et qu'admirent les décadents, se dresse le syndicalisme révolutionnaire qui s'efforce, au contraire, de ne rien laisser dans l'indécision ; la pensée est ici honnêtement exprimée, sans supercherie et sans sous-entendus ; on ne cherche plus à diluer les doctrines dans un fleuve de commentaires embrouillés. Le syndicalisme s'efforce d'employer des moyens d'expression qui projettent sur les choses une pleine lumière, qui les posent parfaitement à la place que leur assigne leur nature et qui accusent toute la valeur des forces mises en jeu. Au lieu d'atténuer les oppositions, il faudra, pour suivre l'orientation syndicaliste, les mettre en relief ; il faudra donner un aspect aussi solide que possible aux groupements qui luttent entre eux ; enfin on représentera les mouvements des masses révoltées de telle manière que l'âme des révoltés en reçoive une impression pleinement maîtrisante.

Le langage ne saurait suffire pour produire de tels résultats d'une manière assurée ; il faut faire appel à des ensembles d'images capables d'évoquer *en bloc et par la seule intuition*, avant toute analyse réfléchie, la masse des sentiments qui correspondent aux diverses manifestations de la guerre engagée par le socialisme contre la société moderne. Les syndicalistes résolvent parfaitement ce problème en concentrant tout le socialisme dans le drame de la grève générale ; il n'y a plus ainsi aucune place pour la conciliation des contraires dans le galimatias par les *savants officiels ;* tout est bien dessiné, en sorte qu'il ne puisse y avoir qu'une seule interprétation possible du socialisme. Cette méthode a tous les avantages que présente la connaissance totale sur l'analyse, d'après la doctrine de Bergson ; et peut-être ne pourrait-on pas citer beaucoup d'exemples capables de montrer d'une manière aussi parfaite la valeur des doctrines du célèbre professeur (1).

On a beaucoup disserté sur la possibilité de réaliser la grève générale : on a prétendu que la guerre socialiste ne pouvait se résoudre en une seule bataille ; il semble aux *gens sages*, pratiques et savants, qu'il serait prodigieusement difficile de lancer avec ensemble les grandes masses du prolétariat ; on a analysé les difficultés de détail que présenterait une lutte devenue énorme. Au dire des socialistes-sociologues, comme au dire des politiciens, la grève générale serait une rêverie populaire, caractéristique des débuts d'un mouvement ouvrier ; on nous cite l'autorité de Sidney Webb qui a décrété que la grève générale était une illusion de jeunesse (2), dont s'étaient vite débarrassés ces ouvriers anglais — que les propriétaires de la science sérieuse nous ont si souvent présentés comme les dépositaires de la véritable conception du mouvement ouvrier.

Que la grève générale ne soit pas populaire dans l'Angleterre contemporaine, c'est un pauvre argument à faire valoir contre la portée historique de l'idée, car les Anglais se distinguent par une extraordinaire incompréhension de la lutte de classe ; leur pensée est restée très dominée par des influences médiévales : la corporation, privilégiée ou protégée au moins par les lois, leur apparaît toujours comme l'idéal de l'organisation ouvrière ; c'est pour l'Angleterre que l'on a inventé le terme d'*aristocratie*

---

(1) La nature de ces articles ne comporte pas de longs développements sur ce sujet ; mais je crois que l'on pourrait faire une application plus complète encore des idées de Bergson à la théorie de la grève générale. Le mouvement, dans la philosophie bergsonienne est regardé comme un tout indivisé ; ce qui nous conduit justement à la conception catastrophique du socialisme.

(2) Bourdeau, *Évolution du socialisme*, p. 232.

ouvrière pour parler des syndiqués et, en effet, le trade-unionisme poursuit l'acquisition de faveurs légales (1). Nous pourrions donc dire que l'aversion que l'Angleterre éprouve pour la grève générale devrait être regardée comme une forte présomption en faveur de celle-ci, par tous ceux qui regardent la lutte de classe comme l'essentiel du socialisme.

D'autre part, Sidney Webb jouit d'une réputation fort exagérée de compétence ; il a eu le mérite de compulser des dossiers peu intéressants et la patience de composer une des compilations les plus indigestes qui soient, sur l'histoire du trade-unionisme ; mais c'est un esprit des plus bornés qui n'a pu éblouir que des gens peu habitués à réfléchir (2). Les personnes qui ont introduit sa gloire en France n'entendaient pas un mot au socialisme ; et si vraiment il est au premier rang des auteurs contemporains d'histoire économique, comme l'assure son traducteur (3), c'est que le niveau intellectuel de ces historiens est assez bas ; bien des exemples nous montrent d'ailleurs qu'on peut être un illustre professionnel de l'histoire et un esprit moins que médiocre.

Je n'attache pas d'importance, non plus, aux objections que l'on adresse à la grève générale en s'appuyant sur des considérations d'ordre pratique ; c'est revenir à l'ancienne utopie que vouloir fabriquer sur le modèle

---

(1) C'est ce qu'on voit, par exemple, dans les efforts faits par les trade-unions pour obtenir des lois leur évitant la responsabilité civile de leurs actes.

(2) Tarde ne pouvait arriver à se rendre compte de la réputation que l'on avait faite à Sidney Webb, qui lui semblait un barbouilleur de papier.

(3) Métin, *Le socialisme en Angleterre*, p. 210. Cet écrivain a reçu un *brevet de socialisme* du gouvernement ; le 26 juillet 1904, le Commissaire général français de l'Exposition de Saint-Louis disait : « M. Métin est animé du meilleur esprit démocratique ; c'est un excellent républicain ; *c'est même un socialiste* que les associations ouvrières doivent accueillir comme un ami. » (*Association ouvrière*, 30 juillet 1904.) Il y aurait une étude amusante à faire sur les personnes qui possèdent de pareils brevets délivrés soit par le gouvernement, soit par le *Musée social*, soit par la *presse bien informée*.

des récits historiques des hypothèses relatives aux luttes de l'avenir et aux moyens de supprimer le capitalisme. Il n'y a aucun procédé pour pouvoir prévoir l'avenir d'une manière scientifique, ou même pour discuter sur la supériorité que peuvent avoir certaines hypothèses sur d'autres ; trop d'exemples mémorables nous démontrent que les plus grands hommes ont commis des erreurs prodigieuses en voulant, ainsi, se rendre maîtres des futurs, même des plus voisins (1).

Et cependant nous ne saurions agir sans sortir du présent, sans raisonner sur cet avenir qui semble condamné à échapper toujours à notre raison. L'expérience nous prouve que des *constructions d'un avenir indéterminé dans les temps* peuvent avoir une grande efficacité et n'avoir que bien peu d'inconvénients, lorsqu'elles sont d'une certaine nature ; cela a lieu quand il s'agit de mythes dans lesquels se retrouvent les tendances les plus fortes d'un peuple, d'un parti ou d'une classe, tendances qui viennent se présenter à l'esprit avec l'insistance d'instincts dans toutes les circonstances de la vie et qui donnent un aspect de pleine réalité à des espoirs d'action prochaine sur lesquels se fonde la réforme de la volonté. Nous savons que ces mythes sociaux n'empêchent d'ailleurs nullement l'homme de savoir tirer profit de toutes les observations qu'il fait au cours de sa vie et ne font point obstacle à ce qu'il remplisse ses occupations normales (2).

C'est ce que l'on peut montrer par de nombreux exemples.

Les premiers chrétiens attendaient le retour du Christ et la ruine totale du monde païen, avec l'instauration du royaume des saints, pour la fin de la première génération. La catastrophe ne se produisit pas, mais

---

(1) Les erreurs commises par Marx sont nombreuses et parfois énormes. (Cf. *Saggi di critica del marxismo*, pp. 51-57.)

(2) On a souvent fait remarquer que des sectaires anglais ou américains, dont l'exaltation religieuse était entretenue par les mythes apocalyptiques, n'en étaient pas moins souvent des hommes très pratiques.

la pensée chrétienne tira un tel parti du mythe apocalyptique que certains savants contemporains voudraient que toute la prédication de Jésus eût porté sur ce sujet unique (1). — Les espérances que Luther et Calvin avaient formées sur l'exaltation religieuse de l'Europe ne se sont nullement réalisées ; très rapidement ces Pères de la Réforme ont paru être des hommes d'un autre monde ; pour les protestants actuels, ils appartiennent plutôt au Moyen Age qu'aux temps modernes et les problèmes qui les inquiétaient le plus occupent fort peu de place dans le protestantisme contemporain. Devrons-nous contester, pour cela, l'immense résultat qui est sorti de leurs rêves de rénovation chrétienne ? — On peut reconnaître facilement que les vrais développements de la Révolution ne ressemblent nullement aux tableaux enchanteurs qui avaient enthousiasmé ses premiers adeptes ; mais sans ces tableaux la Révolution aurait-elle pu vaincre ? Le mythe était fort mêlé d'utopies (2), parce qu'il avait été formé par une société passionnée pour la littérature d'imagination, pleine de confiance dans la petite science et fort peu au courant de l'histoire économique du passé. Ces utopies ont été vaines ; mais on peut se demander si la Révolution n'a pas été une transformation beaucoup plus profonde que celles qu'avaient rêvées les gens qui au xviiie siècle, fabriquaient des utopies sociales. — Tout près de nous, Mazzini a poursuivi ce que les hommes sages de son temps nommèrent une folle chimère ; mais on ne peut plus douter aujourd'hui que sans Mazzini l'Italie ne serait jamais devenue une grande puissance et que celui-ci a beaucoup plus fait pour l'unité italienne que Cavour et tous les politiques de son école.

Il importe donc fort peu de savoir ce que les mythes renferment de détails destinés à apparaître réellement

---

(1) Cette doctrine occupe, à l'heure actuelle, une grande place dans l'exégèse allemande ; elle a été apportée en France par l'abbé Loisy.
(2) Cf. la lettre à Daniel Halévy, IV.

sur le plan de l'histoire future ; ce ne sont pas des almanachs astrologiques; il peut même arriver que rien de ce qu'ils renferment ne se produise, — comme ce fut le cas pour la catastrophe attendue par les premiers chrétiens (1). Dans la vie courante ne sommes-nous pas habitués à reconnaître que la réalité diffère beaucoup des idées que nous nous en étions faites avant d'agir ? Et cela ne nous empêche pas de continuer à prendre des résolutions. Les psychologues disent qu'il y a hétérogénéité entre les fins réalisées et les fins données : la moindre expérience de la vie nous révèle cette loi, que Spencer a transportée dans la nature, pour en tirer sa théorie de la multiplication des effets (2).

Il faut juger les mythes comme des moyens d'agir sur le présent et toute discussion sur la manière de les appliquer matériellement sur le cours de l'histoire est dépourvue de sens. *C'est l'ensemble du mythe qui importe seul ;* ses parties n'offrent d'intérêt que par le relief qu'ils donnent à l'idée contenue dans la construction. Il n'est donc pas utile de raisonner sur les incidents qui peuvent se produire au cours de la guerre sociale et sur les conflits décisifs qui peuvent donner la victoire au prolétariat; alors même que les révolutionnaires se tromperaient, du tout au tout, en se faisant un tableau fantaisiste de la grève générale, ce tableau pourrait avoir été, au cours de la préparation à la révolution, un élément de force de premier ordre, s'il a admis, d'une manière parfaite, toutes les aspirations du socialisme et s'il a donné à l'ensemble des pensées révolutionnaires une précision et une raideur que n'auraient pu leur fournir d'autres manières de penser.

Pour apprécier la portée de l'idée de grève générale, il

---

(1) J'ai essayé de montrer comment à ce mythe social qui s'est évanoui, a succédé une dévotion qui a conservé une importance capitale dans la vie catholique; cette évolution du social à l'individuel me semble toute naturelle dans une religion. (*Le système historique de Renan*, pp. 374-832).

(2) Je crois bien que tout l'évolutionnisme de Spencer doit s'expliquer, d'ailleurs, par une émigration de la psychologie dans la physique.

faut donc abandonner tous les procédés de discussion qui ont cours entre politiciens, sociologues ou gens ayant des prétentions à la science pratique. On peut concéder aux adversaires tout ce qu'ils s'efforcent de démontrer, sans réduire, en aucune façon, la valeur de la thèse qu'ils croient pouvoir réfuter; il importe peu que la grève générale soit une réalité partielle, ou seulement un produit de l'imagination populaire. Toute la question est de savoir si la grève générale contient bien tout ce qu'attend la doctrine socialiste du prolétariat révolutionnaire.

Pour résoudre une pareille question, nous ne sommes plus réduits à raisonner savamment sur l'avenir; nous n'avons pas à nous livrer à de hautes considérations sur la philosophie, sur l'histoire et sur l'économie; nous ne sommes pas sur le domaine des idéologies mais nous pouvons rester sur le terrain des faits que l'on peut observer. Nous avons à interroger les hommes qui prennent une part très active au mouvement réellement révolutionnaire au sein du prolétariat, qui n'aspirent point à monter dans la bourgeoisie et dont l'esprit n'est pas dominé par des préjugés corporatifs. Ces hommes peuvent se tromper sur une infinité de questions de politique, d'économie ou de morale; mais leur témoignage est décisif, souverain et irréformable quand il s'agit de savoir quelles sont les représentations qui agissent sur eux et sur leurs camarades de la manière la plus efficace, qui possèdent, au plus haut degré, la faculté de s'identifier avec leur conception socialiste, et grâce auxquelles la raison, les espérances et la perception des faits particuliers semblent ne plus faire qu'une seule unité (1).

Grâce à eux, nous savons que la grève générale est bien ce que j'ai dit : le *mythe* dans lequel le socialisme s'enferme tout entier, une organisation d'images capables d'évoquer instinctivement tous les sentiments qui correspondent aux diverses manifestations de la guerre engagée par le socialisme contre la société moderne. Les

---

(1) C'est encore une application des thèses bergsoniennes.

grèves ont engendré dans le prolétariat les sentiments les plus nobles, les plus profonds et les plus moteurs qu'il possède ; la grève générale les groupe tous dans un tableau d'ensemble et, par leur rapprochement, donne à chacun d'eux son maximum d'intensité ; faisant appel à des souvenirs très cuisants de conflits particuliers, elle colore d'une vie intense tous les détails de la composition présentée à la conscience. Nous obtenons ainsi cette intuition du socialisme que le langage ne pouvait pas nous donner d'une manière parfaitement claire — et nous l'obtenons dans un ensemble perçu instantanément (1).

Nous pouvons encore nous appuyer sur un autre témoignage pour démontrer la puissance de l'idée de grève générale. Si cette idée était une pure chimère, comme on le dit si fréquemment, les socialistes parlementaires ne s'échaufferaient pas tant pour la combattre ; je ne sache pas qu'ils aient jamais rompu des lances contre les espérances insensées que les utopistes ont continué de faire miroiter aux yeux éblouis du peuple (2). Dans une polémique relative aux réformes sociales réalisables, Clemenceau faisait ressortir ce qu'a de machiavélique l'attitude de Jaurès quand il est en face d'illusions populaires : il met sa conscience à l'abri de « quelque sentence habilement balancée », mais si habilement balancée qu'elle « sera distraitement accueillie par ceux qui ont le plus grand besoin d'en pénétrer la substance, tandis qu'ils s'abreuveront avec délices à la rhétorique trompeuse des joies terrestres à venir » (*Aurore*, 28 décembre 1905). Mais quand il s'agit de la grève générale, c'est tout autre chose ; nos politiciens ne se contentent plus de réserves compliquées ; ils parlent

---

(1) C'est la connaissance parfaite de la philosophie bergsonienne.
(2) Je n'ai pas souvenir que les socialistes officiels aient montré tout le ridicule des romans de Bellamy, qui ont eu un si grand succès. Ces romans auraient d'autant mieux nécessité une critique qu'ils présentent au peuple un idéal de vie toute bourgeoise. Ils étaient un produit naturel de l'Amérique, pays qui ignore la lutte de classe ; mais en Europe, les théoriciens de la lutte de classe ne les auraient-ils pas compris ?

avec violence et s'efforcent d'amener leurs auditeurs à abandonner cette conception.

La cause de cette attitude est facile à comprendre : les politiciens n'ont aucun danger à redouter des utopies qui présentent au peuple un mirage trompeur de l'avenir et orientent « les hommes vers des réalisations prochaines de terrestre félicité, dont une faible partie ne peut être scientifiquement le résultat que d'un très long effort ». (C'est ce que font les politiciens socialistes d'après Clemenceau). Plus les électeurs croiront facilement aux *forces magiques de l'Etat*, plus ils seront disposés à voter pour le candidat qui promet des merveilles ; dans la lutte électorale, il y a une surenchère continuelle : pour que les candidats socialistes puissent passer sur le corps des radicaux, il faut que les électeurs soient capables d'accepter toutes les espérances (1) ; aussi, nos politiciens socialistes se gardent-ils bien de combattre d'une manière efficace l'utopie du bonheur facile.

S'ils combattent la grève générale, c'est qu'ils reconnaissent, au cours de leurs tournées de propagande, que l'idée de grève générale est si bien adaptée à l'âme ouvrière qu'elle est capable de la dominer de la manière la plus absolue et de ne laisser aucune place aux désirs que peuvent satisfaire les parlementaires. Ils s'aperçoivent que cette idée est tellement motrice qu'une fois entrée dans les esprits, ceux-ci échappent à tout contrôle de maîtres et qu'ainsi le pouvoir des députés serait réduit à rien. Enfin ils sentent, d'une manière vague, que tout le socialisme pourrait bien être absorbé par la grève générale, ce qui rendrait fort inutiles tous les compromis entre les groupes politiques en vue desquels a été constitué le régime parlementaire.

L'opposition des socialistes officiels fournit donc une confirmation de notre première enquête sur la portée de la grève générale.

Dans l'article que j'ai déjà cité, Clemenceau rappelle que Jaurès a pratiqué cette surenchère dans un grand discours prononcé à Béziers.

II

Il nous faut maintenant aller plus loin et nous demander si le tableau fourni par la grève générale est vraiment complet, c'est-à-dire s'il comprend tous les éléments de la lutte reconnus par le socialisme moderne. Mais tout d'abord il faut bien préciser la question, ce qui sera facile en partant des explications données plus haut sur la nature de cette construction. Nous avons vu que la grève générale doit être considérée comme un ensemble indivisé ; par suite aucun détail d'exécution n'offre aucun intérêt pour l'intelligence du socialisme ; il faut même ajouter que l'on est toujours en danger de perdre quelque chose de cette intelligence quand on essaie de décomposer cet ensemble en parties. Nous allons essayer de montrer qu'il y a une identité fondamentale entre les thèses capitales du marxisme et les aspects d'ensemble que fournit le tableau de la grève générale.

Cette affirmation ne manquera pas que de paraître paradoxale à plus d'une personne ayant lu les publications des marxistes les plus autorisés. Il a existé, en effet, pendant très longtemps, une hostilité fort déclarée dans les milieux marxistes contre la grève générale. Cette tradition a beaucoup nui aux progrès de la doctrine de Marx ; et ce n'est pas le plus mauvais exemple que l'on puisse prendre pour montrer que les disciples tendent, en général, à restreindre la portée de la pensée magistrale. La *nouvelle école* a eu beaucoup de peine à se dégager de ces influences ; elle a été formée par des personnes qui avaient reçu à un très haut degré une empreinte marxiste et elle a été longtemps avant de connaître que les objections adressées à la grève générale provenaient de l'incapacité des représentants officiels du marxisme plutôt que des principes mêmes de la doctrine (1).

La *nouvelle école* a commencé son émancipation le jour où elle a clairement discerné que les formules du socialisme s'éloignaient souvent beaucoup de l'esprit de Marx et qu'elle a préconisé un retour à cet esprit. Ce n'était pas sans une certaine stupéfaction qu'elle s'apercevait que l'on avait mis sur le compte du maître de prétendues inventions qui provenaient de ses prédécesseurs ou qui même étaient des lieux communs à l'époque où fut rédigé le *Manifeste communiste*. Suivant un auteur qui a sa place parmi les gens bien informés — selon le gouvernement et le *Musée Social* — « l'accumulation [du capital dans les mains de quelques individus] est une des grandes découvertes de Marx, une des trouvailles dont il était le plus fier » (2). N'en déplaise à la science historique de ce notable universitaire, cette thèse était une de celles qui couraient les rues avant que Marx eût jamais rien écrit et elle était devenue un dogme dans le monde socialiste à la fin du règne de Louis-Philippe. Il y a quantité de thèses marxistes du même genre.

Un pas décisif fut fait vers la réforme lorsque ceux des marxistes qui aspiraient à penser librement, se furent mis à étudier le mouvement syndical ; ils découvrirent que « les purs syndicaux ont plus à nous apprendre qu'ils n'ont à apprendre de nous » (3). C'était le commencement de la sagesse; on s'orientait vers la voie réaliste qui avait conduit Marx à ses véritables découvertes ; on pouvait revenir aux seuls procédés qui méritent le nom de philosophiques, car « les idées vraies et fécondes sont autant de prises de contact avec

---

(1) Dans un article sur l'*Introduction à la métaphysique*, publié en 1903 Bergson signale que les disciples sont toujours portés à exagérer les divergences qui existent entre les maîtres et que « le maître, en tant qu'il formule, développé, traduit en idées abstraites ce qu'il apporte, est déjà, en quelque sorte, un disciple vis-à-vis de lui-même ». (*Cahiers de la Quinzaine*, 12e cahier de la IVe série, pp. 22-23.)

(2) A. Métin, *op. cit.*, p. 191.

(3) G. Sorel, *Avenir socialiste des syndicats*, p. 12.

des courants de réalité », et elles « doivent la meilleure part de leur luminosité à la lumière que leur ont renvoyée, par réflexion, les faits et les applications où elles ont conduit, la clarté d'un concept n'étant guère autre chose, au fond, que l'assurance enfin contractée de le manipuler avec profit » (1). Et on peut encore utilement citer une autre profonde pensée de Bergson : « On n'obtient pas de la réalité une intuition, c'est-à-dire une *sympathie intellectuelle avec ce qu'elle a de plus intérieur*, si l'on n'a pas gagné sa confiance par une large camaraderie avec ses manifestations superficielles. Et il ne s'agit pas simplement de s'assimiler les faits marquants ; il en faut *accumuler et fondre* ensemble une si énorme masse qu'on soit assuré, dans cette fusion, de neutraliser les unes par les autres toutes les idées préconçues et prématurées que les observateurs ont pu déposer, à leur insu, au fond de leurs observations. Alors seulement se dégage la matérialité brute des faits connus. » On parvient enfin à ce que Bergson nomme une *expérience intégrale* (2).

Grâce au nouveau principe, on arriva bien vite à reconnaître que toutes les affirmations dans le cercle desquelles on avait prétendu enfermer le socialisme sont d'une déplorable insuffisance ou qu'elles sont souvent plus dangereuses qu'utiles. C'est le respect superstitieux voué par la socialdémocratie à la scolastique de ses doctrines qui a rendu stériles tous les efforts tentés en Allemagne en vue de perfectionner le marxisme.

Lorsque la *nouvelle école* eut acquis une pleine intelligence de la grève générale et qu'elle eut ainsi atteint la profonde intuition du mouvement ouvrier, elle découvrit que toutes les thèses socialistes possédaient une clarté qui leur avait manqué jusque-là, dès qu'on les interprétait en évoquant à leur aide cette grande construction ; elle s'aperçut que l'appareil lourd et fragile que

---

(1) Bergson, *loc. cit.*, p. 21.
(2) Bergson, *loc. cit.*, pp. 24-25.

l'on avait fabriqué en Allemagne pour expliquer les doctrines de Marx, était à rejeter si l'on voulait suivre exactement les transformations contemporaines de l'idée prolétarienne ; elle découvrit que la notion de la grève générale mettait en mesure d'explorer avec fruit tout le vaste domaine du marxisme, qui était resté jusque là à peu près inconnu aux pontifes qui prétendaient régenter le socialisme. Ainsi les principes fondamentaux du marxisme ne seraient parfaitement intelligibles que si l'on s'aide du tableau de la grève générale, et, d'autre part, on peut penser que ce tableau ne prend toute sa signification que pour ceux qui sont nourris de la doctrine de Marx.

A. — Tout d'abord, je vais parler de la lutte de classe, qui est le point de départ de toute réflexion socialiste et qui a tant besoin d'être élucidée depuis que des sophistes s'efforcent d'en donner une idée fausse.

1° Marx parle de la société comme si elle était coupée en deux groupes foncièrement antagonistes ; cette thèse dichotomique a été souvent combattue au nom de l'observation et il est certain qu'il faut un certain effort de l'esprit pour la trouver vérifiée dans les phénomènes de la vie commune.

La marche de l'atelier capitaliste fournit une première approximation et le travail aux pièces joue un rôle essentiel dans la formation de l'idée de classe ; il met, en effet, en lumière une opposition très nette d'intérêts se manifestant sur le prix des objets (1) : les travailleurs se sentent dominés par les patrons d'une manière analogue à celle dont se sentent dominés les paysans par les marchands et les prêteurs d'argent urbains ; l'histoire montre qu'il n'y a guère d'opposition économique

---

(1) Je ne sais pas si les *savants* ont toujours bien compris le rôle du travail aux pièces. Il est évident que la fameuse formule : « Le producteur devrait pouvoir racheter son produit » provient de réflexions faites sur le travail aux pièces.

plus clairement sentie que celle-ci ; campagnes et villes forment deux pays ennemis depuis qu'il y a une civilisation (1). Le travail aux pièces montre aussi que dans le monde des salariés il y a un groupe d'hommes ayant la confiance du patron et qui n'appartiennent pas au monde du prolétariat.

La grève apporte une clarté nouvelle ; elle sépare, mieux que les circonstances journalières de la vie, les intérêts et les manières de penser des deux groupes de salariés ; il devient alors clair que le groupe administratif aurait une tendance naturelle à constituer une petite aristocratie ; c'est pour ces gens que le socialisme d'État serait avantageux, parce qu'ils s'élèveraient d'un cran dans la hiérarchie sociale.

Mais toutes les oppositions prennent un caractère de netteté extraordinaire quand on suppose les conflits grossis jusqu'au point de la grève générale; alors toutes les parties de la structure économico-juridique, en tant que celle-ci est regardée du point de vue de la lutte de classe, sont portées à leur perfection; la société est bien divisée en deux camps, et seulement en deux, sur un champ de bataille. Aucune explication philosophique des faits observés dans la pratique ne pourrait fournir d'aussi vives lumières que le tableau si simple que l'évocation de la grève générale met devant les yeux.

2º On ne saurait concevoir la disparition du commandement capitaliste si l'on ne supposait l'existence d'un ardent sentiment de révolte qui ne cesse de dominer l'âme ouvrière ; mais l'expérience montre que, très souvent, les révoltes d'un jour sont bien loin d'avoir le ton qui est véritablement spécifique du socialisme; les colères les plus violentes ont dépendu, plus d'une fois, de passions qui pouvaient trouver satisfaction dans le monde bourgeois ; on voit beaucoup de révolutionnaires abandonner leur ancienne intransigeance lorsqu'ils

---

(1) « On peut dire que l'histoire économique de la société roule sur cette antithèse », de la ville et de la campagne. (*Capital*, tome I, p. 152, col. 1.)

rencontrent une voie favorable (1). — Ce ne sont pas seulement les satisfactions d'ordre matériel qui produisent ces fréquentes et scandaleuses conversions ; l'amour-propre est, encore plus que l'argent, le grand moteur du passage de la révolte à la bourgeoisie. Cela serait peu de chose s'il ne s'agissait que de personnages exceptionnels ; mais on a souvent soutenu que la psychologie des masses ouvrières est si facilement adaptable à l'ordre capitaliste que la paix sociale serait rapidement obtenue pour peu que les patrons voulussent bien y mettre un peu du leur.

G. Le Bon prétend qu'on se trompe beaucoup lorsqu'on croit aux instincts révolutionnaires des foules, que leurs tendances sont conservatrices, que toute la puissance du socialisme provient de l'état mental, passablement détraqué, de la bourgeoisie ; il est persuadé que les masses iront toujours à un César (2). Il y a beaucoup de vrai dans ces jugements qui sont fondés sur une connaissance très étendue des civilisations ; mais il faut ajouter un correctif aux thèses de G. Le Bon ; ces thèses ne valent que pour des sociétés dans lesquelles manque la notion de lutte de classe.

L'observation montre que cette notion se maintient avec une force indestructible dans tous les milieux qui sont atteints par l'idée de grève générale : plus de paix sociale possible, plus de routine résignée, plus d'enthousiasme pour des maîtres bienfaisants ou glorieux, le jour où les plus minimes incidents de la vie journalière deviennent des symptômes de l'état de lutte entre les

---

(1) On se rappelle que l'éruption de la Martinique a fait périr un gouverneur qui, en 1879, avait été un des protagonistes du Congrès socialiste de Marseille. La Commune, elle-même, n'a pas été funeste à tous ses partisans : plusieurs ont eu d'assez belles carrières ; l'ambassadeur de la France, à Rome, s'était distingué, en 1871, parmi ceux qui avaient demandé la mort des otages.

(2) G. Le Bon, *Psychologie du socialisme*, 3e édition, p. 111 et pp. 457-459. L'auteur, traité, il y a quelques années, d'imbécile par les petits matamores du socialisme universitaire, est l'un des physiciens les plus originaux de notre temps.

classes, où tout conflit est un incident de guerre sociale, où toute grève engendre la perspective d'une catastrophe totale. L'idée de grève générale est à ce point motrice qu'elle entraîne dans le sillage révolutionnaire tout ce qu'elle touche. Grâce à elle, le socialisme reste toujours jeune, les tentatives faites pour réaliser la paix sociale semblent enfantines, les désertions de camarades qui s'embourgeoisent, loin de décourager les masses, les excitent davantage à la révolte ; en un mot, la scission n'est jamais en danger de disparaître.

3º Les succès qu'obtiennent les politiciens dans leurs tentatives destinées à faire sentir ce qu'ils nomment l'influence prolétarienne dans les institutions bourgeoises, constituent un très grand obstacle au maintien de la notion de lutte de classe. Le monde a toujours vécu de transactions entre les partis et l'ordre a toujours été provisoire ; il n'y a pas de changement, si considérable qu'il soit, qui puisse être regardé comme impossible dans un temps comme le nôtre, qui a vu tant de nouveautés s'introduire d'une manière imprévue. C'est par des compromis successifs que s'est réalisé le progrès moderne; pourquoi ne pas poursuivre les fins du socialisme par des procédés qui ont si bien réussi ? On peut imaginer beaucoup de moyens propres à donner satisfaction aux désirs les plus pressants des classes malheureuses. Pendant longtemps ces projets d'amélioration furent inspirés par un esprit conservateur, féodal ou catholique ; on voulait, disait-on, arracher les masses à l'influence des démagogues. Ceux-ci, menacés dans leurs situations, moins par leurs anciens ennemis que par les politiciens socialistes, imaginent aujourd'hui des projets pourvus de couleurs progressives, démocratiques, libre-penseuses. On commence enfin à nous menacer de compromis socialistes !

On ne prend pas toujours garde à ce que beaucoup d'organisations politiques, de systèmes d'administration et de régimes financiers peuvent se concilier avec la domination d'une bourgeoisie. Il ne faut pas toujours attacher grande valeur à des attaques violentes formulées contre la bourgeoisie ; elles peuvent être motivées par le désir de réformer le capitalisme et de le perfectionner (1). Il semble qu'il y ait aujourd'hui pas mal de gens qui sacrifieraient volontiers l'héritage, comme les saint-simoniens, tout en étant fort loin de désirer la disparition du régime capitaliste (2).

La grève générale supprime toutes les conséquences idéologiques de toute politique sociale possible ; ses partisans regardent les réformes, même les plus populaires, comme ayant un caractère bourgeois ; rien ne peut atténuer pour eux l'opposition fondamentale de la lutte de classe. Plus la politique des réformes sociales deviendra prépondérante, plus le socialisme éprouvera le besoin d'opposer au tableau du progrès qu'elle s'efforce de réaliser, le tableau de la catastrophe totale que la grève générale fournit d'une manière vraiment parfaite.

B. — Examinons maintenant divers aspects très essentiels de la révolution marxiste en les rapprochant de la grève générale.

1° Marx dit que le prolétariat se présentera, au jour de la révolution, discipliné, uni, organisé par le mécanisme même de la production. Cette formule si concentrée ne serait pas bien claire si nous ne la rapprochions du contexte ; d'après Marx, la classe ouvrière sent peser sur elle un régime dans lequel « s'accroît la misère, l'oppression, l'esclavage, la dégradation, l'exploitation » et contre lequel elle organise une résistance toujours croissante, jusqu'au jour où toute la structure sociale

---

(1) Je connais, par exemple, un catholique fort éclairé qui manifeste avec une singulière acrimonie son mépris pour la bourgeoisie française ; mais son idéal est l'américanisme, c'est-à-dire un capitalisme très jeune et très actif.

(2) P. de Rousiers a été très frappé de voir aux États-Unis comment des pères riches forcent leurs fils à gagner leur vie ; il a rencontré souvent « des Français profondément choqués de ce qu'ils appellent l'égoïsme des pères américains. Il leur semble révoltant qu'un homme riche n'établisse pas son fils. » (*La vie américaine, L'éducation et la société*, p. 9.)

s'effondre (1). Maintes fois on a contesté l'exactitude de cette description fameuse, qui semble beaucoup mieux convenir aux temps du *Manifeste* (1847) qu'aux temps du *Capital* (1867); mais cette objection ne doit pas nous arrêter et elle doit être écartée au moyen de la théorie des mythes. Les divers termes que Marx emploie pour dépeindre la préparation au combat décisif, ne doivent pas être pris pour des constatations matérielles, directes et déterminées dans le temps; c'est l'ensemble seul qui doit nous frapper et cet ensemble est parfaitement clair : Marx entend nous faire comprendre que toute la préparation du prolétariat dépend uniquement de l'organisation d'une résistance obstinée, croissante et passionnée contre l'ordre de choses existant.

Cette thèse est d'une importance suprême pour la saine intelligence du marxisme; mais elle a été souvent contestée, sinon en théorie, du moins en pratique; on a soutenu que le prolétariat devait se préparer à son rôle futur par d'autres voies que par celles du syndicalisme révolutionnaire. C'est ainsi que les docteurs de la coopération soutiennent qu'il faut accorder à leur recette une place notable dans l'œuvre d'affranchissement ; les démocrates disent qu'il est essentiel de supprimer tous les préjugés qui proviennent de l'ancienne influence catholique, etc. Beaucoup de révolutionnaires croient que, si utile que puisse être le syndicalisme, il ne saurait suffire à organiser une société qui a besoin d'une philosophie, d'un droit nouveau, etc. ; comme la division du travail est une loi fondamentale du monde, le socialisme ne doit pas rougir de s'adresser aux spécialistes qui ne manquent point en matière de philosophie et de droit. Jaurès ne cesse de répéter ces balivernes. Cet *élargissement* du socialisme est contraire à la théorie marxiste aussi bien qu'à la conception de la grève générale; mais il est évident que la grève générale commande la pensée d'une manière infiniment plus claire que toutes les formules.

---

(1) *Capital*, tome I, p. 342, col. 1.

2° J'ai appelé l'attention sur le danger que présentent pour l'avenir d'une civilisation les révolutions qui se produisent dans une ère de déchéance économique ; tous les marxistes ne semblent pas s'être bien rendu compte de la pensée de Marx sur ce point. Celui-ci croyait que la grande catastrophe serait précédée d'une crise économique énorme ; mais il ne faut pas confondre les crises dont Marx s'occupe, avec une déchéance ; les crises lui apparaissaient comme le résultat d'une aventure trop hasardeuse de la production qui a créé des forces productives hors de proportion avec les moyens régulateurs dont dispose automatiquement le capitalisme de l'époque. Une telle aventure suppose que l'on a vu l'avenir ouvert aux plus puissantes entreprises et que la notion du progrès économique est tout à fait prépondérante à une telle époque. Pour que les classes moyennes dont les conditions d'existence passable correspondent encore à l'ère capitaliste, puissent se joindre au prolétariat, il faut que la production future soit capable de leur apparaître aussi brillante qu'apparut autrefois la conquête de l'Amérique aux paysans anglais qui quittèrent la vieille Europe pour se lancer dans une vie d'aventures.

La grève générale conduit aux mêmes considérations. Les ouvriers sont habitués à voir réussir leurs révoltes contre les nécessités imposées par le capitalisme durant les époques de prospérité, en sorte qu'on peut dire que le seul fait d'identifier révolution et grève générale éloigne toute pensée de concevoir qu'une transformation essentielle du monde puisse résulter de la décadence économique. Les ouvriers se rendent également bien compte que les paysans et les artisans ne marcheront avec eux que si l'avenir paraît tellement beau que l'industrie soit en état d'améliorer non seulement le sort de ses producteurs, mais encore celui de tout le monde (1).

---

(1) On ne saurait trop insister sur ce point et il n'est pas difficile de reconnaître que les propagandistes sont amenés à revenir fréquemment sur cet aspect de la révolution sociale. Celle-ci se produira quand les classe

Il est très important de mettre toujours en relief ce caractère de haute prospérité que doit posséder l'industrie pour permettre la réalisation du socialisme; car l'expérience nous montre que c'est en cherchant à combattre le progrès du capitalisme et à sauver les moyens d'existence des classes en voie de décadence que les prophètes de la paix sociale cherchent surtout à capter la faveur populaire. Il faut présenter, d'une manière saisissante, les liens qui rattachent la révolution au progrès constant et rapide de l'industrie (1).

3° On ne saurait trop insister sur ce fait que le marxisme condamne toute hypothèse construite par les utopistes sur l'avenir. Le professeur Brentano, de Munich, a raconté qu'en 1869 Marx écrivait à son ami Beesly, qui avait publié un article sur l'avenir de la classe ouvrière, qu'il l'avait tenu jusque là pour le seul Anglais révolutionnaire et qu'il le tenait désormais pour un réactionnaire, — car, disait-il, « qui compose un programme pour l'avenir est un réactionnaire » (2). Il estimait que le prolétariat n'avait point à suivre les leçons de doctes inventeurs de solutions sociales, mais à prendre, tout simplement, la suite du capitalisme. Pas besoin de programmes d'avenir ; les programmes sont réalisés déjà dans l'atelier. L'idée de la continuité technologique domine toute la pensée marxiste.

La pratique des grèves nous conduit à une concep-

---

intermédiaires seront encore en vie, mais quand elles auront été écœurées par les farces de la paix sociale et quand il se trouvera des conditions de si grand progrès économique que l'avenir se colorera d'une manière favorable pour tout le monde.

(1) Kautsky est souvent revenu sur cette idée qui était particulièrement chère à Engels.

(2) Bernstein dit, à ce propos, que Brentano a pu exagérer un peu, mais que « le mot cité par lui ne s'éloigne pas beaucoup de la pensée de Marx ». (*Mouvement socialiste*, 1er septembre 1899, p. 270.) — Avec quoi peuvent se faire les utopies ? avec du passé et souvent avec du passé fort reculé ; c'est probablement pour cela que Marx traitait Beesly de *réactionnaire*, alors que tout le monde s'étonnait de sa hardiesse révolutionnaire. Les catholiques ne sont pas les seuls à être hypnotisés par le Moyen Age, et Yves Guyot s'amuse du « troubadourisme collectiviste » de Lafargue (Lafargue et Y. Guyot, *La propriété*, pp. 121-122.)

tion identique à celle de Marx. Les ouvriers qui cessent de travailler, ne viennent pas présenter aux patrons des projets de meilleure organisation du travail et ne leur offrent pas leur concours pour mieux diriger les affaires ; en un mot, l'utopie n'a aucune place dans les conflits économiques. Jaurès et ses amis sentent fort bien qu'il y a là une terrible présomption contre leurs conceptions relatives à la manière de réaliser le socialisme : ils voudraient que dans la pratique des grèves s'introduisissent déjà des fragments de programmes industriels fabriqués par les doctes sociologues et acceptés par les ouvriers ; ils voudraient voir se produire ce qu'ils appellent le *parlementarisme industriel*, qui comporterait, tout comme le parlementarisme politique, des masses conduites et des rhéteurs qui leur imposent une direction. Ce serait l'apprentissage de leur socialisme qui devrait commencer dès maintenant.

Avec la grève générale, toutes ces belles choses disparaissent ; la révolution apparaît comme une pure et simple révolte et nulle place n'est réservée aux sociologues, aux gens du monde amis des réformes sociales, aux intellectuels qui ont embrassé la *profession de penser pour le prolétariat*.

C. — Le socialisme a toujours effrayé, en raison de l'inconnu énorme qu'il renferme ; on sent qu'une transformation de ce genre ne permettrait pas un retour en arrière. Les utopistes ont employé tout leur art littéraire à essayer d'endormir les âmes par des tableaux si enchanteurs que toute crainte fût bannie ; mais plus ils accumulaient de belles promesses, plus les gens sérieux soupçonnaient des pièges, — en quoi ils n'avaient pas complètement tort, car les utopistes eussent mené le monde à des désastres et à la tyrannie, si on les avait écoutés.

Marx avait, au plus haut degré, l'idée que la révolution sociale dont il parlait constituerait une *transformation irréformable* et qu'elle marquerait une séparation absolue entre deux ères de l'histoire ; il est revenu souvent sur ces points et Engels a essayé de faire comprendre, sous des images parfois grandioses, comment l'affranchissement économique serait le point de départ d'une ère n'ayant aucun rapport avec les temps antérieurs. Rejetant toute utopie, ces deux fondateurs renonçaient aux ressources que leurs prédécesseurs avaient possédées pour rendre moins redoutable la perspective d'une grande révolution ; mais si fortes fussent les expressions qu'ils employaient, les effets qu'elles produisent sont encore bien inférieurs à ceux qui résultent de l'évocation de la grève générale. Avec cette construction il devient impossible de ne pas voir qu'une sorte de flot irrésistible passera sur l'ancienne civilisation.

Il y a là quelque chose de vraiment effrayant ; mais je crois qu'il est très essentiel de maintenir très apparent ce caractère du socialisme, si l'on veut que celui-ci possède toute sa valeur éducative. Il faut que les socialistes soient persuadés que l'œuvre à laquelle ils se consacrent est une *œuvre grave, redoutable et sublime ;* c'est à cette condition seulement qu'ils pourront accepter les innombrables sacrifices que leur demande une propagande qui ne peut procurer ni honneurs, ni profits, ni même satisfactions immédiates. Quand l'idée de la grève générale n'aurait pour résultat que de rendre plus héroïque la notion socialiste, elle devrait, déjà par cela seul, être regardée comme ayant une valeur inappréciable.

Les rapprochements que je viens de faire entre le marxisme et la grève générale pourraient être encore étendus et approfondis ; si on les a négligés jusqu'ici, c'est que nous sommes beaucoup plus frappés par la forme des choses que par le fond ; il semblait difficile à nombre de personnes de bien saisir le parallélisme qui existe entre une philosophie issue de l'hégélianisme et des constructions faites par des hommes qui ne possèdent point de culture supérieure. Marx avait pris en Allemagne le goût des formules très concentrées, et ces formules convenaient trop bien aux conditions au milieu desquelles il travaillait, pour qu'il n'en fît pas un grand usage. Il n'avait pas sous les yeux de grandes et nombreuses expériences lui permettant de connaître dans le détail les moyens que le prolétariat peut employer pour se préparer à la révolution. Cette absence de connaissances expérimentales a beaucoup pesé sur la pensée de Marx ; il évitait d'employer des formules trop concrètes qui auraient eu l'inconvénient de donner une consécration à des institutions existantes qui lui semblaient médiocres ; il était donc heureux de pouvoir trouver dans les usages des écoles allemandes une habitude de langage abstrait, qui lui permit d'éviter toute discussion sur le détail (1).

Il n'y a peut-être pas de meilleure preuve à donner pour démontrer le génie de Marx, que la remarquable concordance qui se trouve exister entre ses vues et la doctrine que le syndicalisme révolutionnaire construit lentement, avec peine, en se tenant toujours sur le terrain de la pratique des grèves.

---

(1) J'ai émis ailleurs l'hypothèse que, peut-être, Marx, dans l'avant-dernier chapitre du tome premier du *Capital*, a voulu établir une différence entre le processus du prolétariat et celui de la force bourgeoise. Il dit que la classe ouvrière est disciplinée, unie et organisée par le mécanisme même de la production capitaliste. Il y a peut-être une indication d'une marche vers la liberté qui s'oppose à la marche vers l'automatisme qui sera signalée plus loin à propos de la force bourgeoise. (*Saggi di critica*, pp. 46-47.)

III

L'idée de grève générale aura longtemps encore beaucoup de peine à s'acclimater dans les milieux qui ne sont pas spécialement dominés par la pratique des grèves. Il me semble très utile de chercher ici quelles sont les raisons qui expliquent les répugnances que l'on rencontre chez des gens intelligents et de bonne foi, que trouble la nouveauté du point de vue syndicaliste. Tous les adhérents de la *nouvelle école* savent qu'il leur a fallu de sérieux efforts pour combattre les préjugés de leur éducation, pour écarter les associations d'idées qui montaient automatiquement à leur pensée et raisonner suivant des modes qui ne correspondent point à ceux qu'on leur avait enseignés.

Au cours du xixe siècle, a existé une incroyable naïveté scientifique, qui est la suite des illusions qui avaient fait délirer la fin du xviiie (1). Parce que l'astronomie parvenait à calculer les tables de la lune, on a cru que le but de toute science était de prévoir avec exactitude l'avenir ; parce que Le Verrier avait pu indiquer la position probable de la planète Neptune — qu'on n'avait jamais vue et qui rendait compte des perturbations des planètes observables, — on a cru que la science était capable de corriger la société et d'indiquer les mesures à prendre pour faire disparaître ce que le monde actuel renferme de déplaisant. On peut dire que ce fut la conception bourgeoise de la science : elle correspond bien à la manière de penser de capitalistes qui, étrangers à la

---

(1) L'histoire des superstitions scientifiques présente un intérêt de premier ordre pour les philosophes qui veulent comprendre le socialisme. Ces superstitions sont demeurées chères à notre démocratie, comme elles avaient été chères aux beaux-esprits de l'Ancien Régime ; j'ai indiqué quelques aspects de cette histoire dans les *Illusions du progrès*. Engels a été souvent sous l'influence de ces erreurs et Marx n'en a pas toujours été affranchi.

technique perfectionnée des ateliers, dirigent cependant l'industrie et trouvent toujours d'ingénieux inventeurs pour les tirer d'embarras. La science est pour la bourgeoisie un moulin qui produit des solutions pour tous les problèmes qu'on se pose (1) : la science n'est plus considérée comme une manière perfectionnée de connaître, mais seulement comme une recette pour se procurer certains avantages (2).

J'ai dit que Marx rejetait toute tentative ayant pour objet la détermination des conditions d'une société future ; on ne saurait trop insister sur ce point, car nous voyons ainsi que Marx se plaçait en dehors de la science bourgeoise. La doctrine de la grève générale nie aussi cette science et les savants ne manquent pas d'accuser la *nouvelle école* d'avoir seulement des idées négatives ; quant à eux, ils se proposent le noble but de construire le bonheur universel. Il ne me semble pas que les chefs de la socialdémocratie aient été toujours fort marxistes sur ce point ; il y a quelques années, Kautsky écrivait la préface d'une utopie passablement burlesque (3).

Je crois que, parmi les motifs qui ont amené Bernstein à se séparer de ses anciens amis, il faut compter l'horreur qu'il éprouvait pour les utopies de ceux-ci. Si Bernstein avait vécu en France et avait connu notre syndicalisme révolutionnaire, il aurait vite aperçu que celui-ci est dans la véritable voie marxiste ; mais ni en Angleterre, ni en Allemagne, il ne trouvait un mouvement ouvrier pouvant le guider ; voulant rester attaché aux réalités, comme l'avait été Marx, il crut qu'il valait mieux faire de la politique sociale, en poursuivant

---

(1) Marx cite cette curieuse phrase de Ure écrite vers 1830 : « Cette invention vient à l'appui de la doctrine déjà développée par nous : c'est que si le *capital enrôle la science*, la main rebelle du travail apprend toujours à être docile. » (*Capital*, tome I, p. 188, col. 2.)

(2) Pour employer le langage de la *nouvelle école*, la science était considérée du point de vue du consommateur et non du point de vue du producteur.

(3) Atlanticus, *Ein Blick in den Zukunftsstaat.* — E. Seillière en a donné un compte rendu dans les *Débats* du 16 août 1899.

des fins pratiques, que de s'endormir au son des belles phrases sur le bonheur de l'humanité future.

Les adorateurs de la science vaine et fausse dont il est question ici, ne se mettaient guère en peine de l'objection qu'on eût pu leur adresser au sujet de l'impuissance de leurs moyens de détermination. Leur conception de la science, étant dérivée de l'astronomie, supposerait que toute chose est susceptible d'être rapportée à une loi mathématique. Évidemment il n'y a pas de lois de ce genre en sociologie ; mais l'homme est toujours sensible aux analogies qui se rapportent aux formes d'expression : on pensait qu'on avait déjà atteint un haut degré de perfection, et qu'on faisait déjà de la science lorsqu'on avait pu présenter une doctrine d'une manière simple, claire, déductive, en partant de principes contre lesquels le bon sens ne se révolte pas, et qui peuvent être regardés comme confirmés par quelques expériences communes. Cette prétendue science est toute de bavardage (1).

Les utopistes excellèrent dans l'art d'exposer suivant ces préjugés ; il leur semblait que leurs inventions fussent d'autant plus convaincantes que l'exposition était plus conforme aux exigences d'un livre scolaire. Je crois qu'on devrait renverser leur thèse et dire qu'il faut avoir d'autant plus de défiance, quand on se trouve devant des projets de réforme sociale, que les difficultés sem-

---

(1) « On n'a pas assez remarqué combien la portée de la déduction est faible dans les sciences psychologiques et morales... Bien vite il faut en appeler au bon sens, c'est-à-dire à l'expérience continue du réel, pour infléchir les conséquences déduites et les recourber le long des sinuosités de la vie. *La déduction ne réussit dans les choses morales que métaphoriquement*, pour ainsi dire. » (Bergson, *Evolution créatrice*, pp. 231-232.) — Newman avait écrit quelque chose d'analogue et de plus net encore : « Le logicien change de belles rivières sinueuses et rapides en canaux navigables... Ce qu'il cherche, ce n'est pas à vérifier des faits dans le concret, mais à trouver des termes moyens ; et pourvu qu'entre ces termes moyens et leurs extrêmes, il n'y ait pas place pour *trop d'équivoques* et que ses disciples puissent *soutenir brillamment une discussion*, il n'en demande pas davantage. » (*Grammaire de l'assentiment*, pp. 216-217). Le bavardage est ici dénoncé sans aucune atténuation.

blent résolues d'une manière en apparence plus satisfaisante.

Je voudrais examiner ici, très sommairement, quelques-unes des illusions auxquelles a donné lieu ce qu'on peut nommer la *petite science*, qui croit atteindre la vérité en atteignant la clarté d'exposition. Cette *petite science* a beaucoup contribué à créer la crise du marxisme, et nous entendons, tous les jours, reprocher à la *nouvelle école* de se complaire dans les obscurités que l'on avait déjà tant reprochées à Marx, tandis que les socialistes français et les sociologues belges... !

Pour donner une idée vraiment exacte de l'erreur des faux savants, contre lesquels la *nouvelle école* combat, le mieux est de jeter un coup d'œil sur des ensembles et de faire un rapide voyage à travers les produits de l'esprit, en commençant par les plus hauts.

A. — 1° Les positivistes, qui représentent, à un degré éminent, la médiocrité, l'orgueil et le pédantisme, avaient décrété que la philosophie devait disparaître devant *leur science;* mais la philosophie n'est point morte et elle s'est réveillée, avec éclat, grâce à Bergson, qui loin de vouloir tout ramener à la science, a revendiqué pour le philosophe le droit de procéder d'une manière tout opposée à celle qu'emploie le savant. On peut dire que la métaphysique a reconquis le terrain perdu en montrant à l'homme l'illusion de prétendues solutions scientifiques et en ramenant l'esprit vers la région mystérieuse que la *petite science* abhorre. Le positivisme est encore admiré par quelques Belges, les employés de l'Office du travail et le général André (1) : ce sont gens qui comptent pour peu de chose dans le monde où l'on pense.

---

(1) Cet illustre guerrier (!) s'est mêlé, il y a quelques années, de faire écarter du Collège de France Paul Tannery, dont l'érudition était universellement reconnue en Europe, au profit d'un positiviste. Les positivistes constituent une congrégation laïque qui est prête à toutes les sales besognes.

2° Il ne semble point que les religions soient sur le point de disparaître. Le protestantisme libéral meurt parce qu'il a voulu, à tout prix, rabattre la théologie chrétienne sur le plan des expositions parfaitement claires et rationalistes. A. Comte avait fabriqué une caricature du catholicisme, dans laquelle il n'avait conservé que la défroque administrative, policière et hiérarchique de cette Église ; sa tentative n'a eu de succès qu'auprès des gens qui aiment à rire de la simplicité de leurs dupes. Le catholicisme a repris, au cours du xixe siècle, une vigueur extraordinaire, parce qu'il n'a rien voulu abandonner ; il a renforcé même ses mystères, et, chose curieuse, il gagne du terrain dans les milieux cultivés, qui se moquent du rationalisme jadis à la mode dans l'Université (1).

3° Nous considérons aujourd'hui comme une parfaite cuistrerie l'ancienne prétention qu'eurent nos pères de créer une science de l'art ou encore de décrire l'œuvre d'art d'une manière si adéquate, que le lecteur puisse prendre dans le livre une exacte appréciation esthétique du tableau ou de la statue. Les efforts que Taine a faits dans le premier but sont fort intéressants, mais seulement pour l'histoire des écoles. Sa méthode ne nous fournit aucune indication utile sur les œuvres elles-mêmes. Quant aux descriptions, elles ne valent quelque chose que si les œuvres sont très peu esthétiques et si elles appartiennent à ce qu'on nomme parfois la *peinture littéraire*. La moindre photographie nous apprend cent fois plus sur le Parthénon qu'un volume consacré à vanter les merveilles de ce monument ; il me semble que la fameuse *Prière sur l'acropole*, que l'on a si souvent vantée comme un des beaux morceaux de Renan, est un assez remarquable exemple de rhétorique, et qu'elle est bien plus propre à nous rendre inintelligible l'art

---

(1) Pascal a protesté éloquemment contre ceux qui regardent l'obscurité comme une objection contre le catholicisme, et c'est avec raison que Brunetière le regarde comme étant le plus anticartésien des hommes de son temps. (*Études critiques*, 4e série, pp. 144-149.)

grec qu'à nous faire admirer le Parthénon. Malgré tout son enthousiasme (parfois cocasse et exprimé en charabia) pour Diderot, Joseph Reinach est obligé de reconnaître que son héros manquait du sentiment artistique dans ses fameux *Salons*, parce que Diderot appréciait surtout les tableaux quand ils sont propres à provoquer des dissertations littéraires (1). Brunetière a pu dire que les *Salons* de Diderot sont la corruption de la critique, parce que les œuvres d'art y sont discutées comme pourraient l'être des livres (2).

L'impuissance du discours provient de ce que l'art vit surtout de mystère, de nuances, d'indéterminé ; plus le discours est méthodique et parfait, plus il est de nature à supprimer tout ce qui distingue un chef-d'œuvre ; il le ramène aux proportions du produit académique.

Ce premier examen des trois plus hauts produits de l'esprit nous conduit à penser qu'il y a, dans tout ensemble complexe, à distinguer une région claire et une région obscure, et que celle-ci est peut-être la plus importante. L'erreur des médiocres consiste à admettre que cette deuxième partie doit disparaître par le progrès des lumières et que tout finira par se placer sur les plans de la *petite science*. Cette erreur est particulièrement choquante pour l'art, et surtout peut-être pour la peinture moderne qui exprime, de plus en plus, des combinaisons de nuances qu'on aurait refusé jadis de prendre en considération à cause de leur peu de stabilité, et par suite de la difficulté de les exprimer par le discours (3).

B. — 1° Dans la morale, la partie que l'on peut exprimer facilement dans des exposés clairement déduits,

---

(1) J. Reinach, *Diderot*, pp. 116-117, 125-127, 131-132.
(2) Brunetière, *Évolution des genres*, p. 122. Il appelle ailleurs Diderot un *philistin*, p. 153.
(3) Les *impressionnistes* eurent le grand mérite de montrer que l'on peut traduire ces nuances par la peinture ; mais ils ne tardèrent pas à peindre, eux aussi, par des procédés d'école, et alors il y eut un scandaleux contraste entre leurs œuvres et les fins qu'ils prétendaient encore se proposer.

est celle qui se rapporte aux relations équitables des hommes ; elle renferme des maximes qui se retrouvent dans beaucoup de civilisations différentes ; on a cru, en conséquence, pendant longtemps, que l'on pourrait trouver dans un résumé de ces préceptes les bases d'une morale naturelle propre à toute l'humanité. La partie obscure de la morale est celle qui a trait aux rapports sexuels ; elle ne se laisse pas facilement déterminer par des formules ; pour la pénétrer, il faut avoir habité un pays pendant un grand nombre d'années. C'est aussi la partie fondamentale ; quand on la connaît, on comprend toute la psychologie d'un peuple ; on s'aperçoit alors que la prétendue uniformité du premier système dissimulait, en fait, beaucoup de différences : des maximes à peu près identiques pouvaient correspondre à des applications fort diverses ; la clarté n'était que leurre.

2° Dans la législation, tout le monde voit tout de suite que le code des obligations constitue la partie claire, celle qu'on peut nommer scientifique ; ici encore on trouve une grande uniformité dans les règles adoptées par les peuples et on a cru qu'il y aurait un sérieux intérêt à rédiger un code commun fondé sur une revision raisonnée de ceux qui existent ; mais la pratique montre encore que, suivant les pays, les tribunaux ne comprennent pas, en général, les principes communs de la même manière ; cela tient à ce qu'il y a quelque chose de plus fondamental. La région mystérieuse est celle de la famille, dont l'organisation influence toutes les relations sociales. Le Play avait été extrêmement frappé d'une opinion émise par Tocqueville à ce sujet : « Je m'étonne, disait ce grand penseur, que les publicistes anciens et modernes n'aient pas attribué aux lois sur les successions une plus grande influence sur la marche des affaires humaines. Ces lois appartiennent, il est vrai, à l'ordre civil, mais elles devraient être placées en tête de toutes les institutions politiques, car elles influent incroyablement sur l'état social des peuples, dont les lois politiques ne sont que l'expression » (1). Cette remarque a dominé toutes les recherches de Le Play.

Cette division de la législation en une région claire et une région obscure a une curieuse conséquence : il est fort rare dè voir des personnes étrangères aux professions juridiques se mêler de disserter sur les obligations ; elles comprennent qu'il faut être familier avec certaines règles de droit pour pouvoir raisonner sur ces questions : un profane s'expose à se rendre ridicule ; mais quand il s'agit du divorce, de l'autorité paternelle, de l'héritage, tout homme de lettres se croit aussi savant que le jurisconsulte, parce que dans cette région obscure il n'y a plus de principes bien arrêtés, ni de déductions régulières.

3º Dans l'économie, la même distinction est, peut-être, encore plus évidente ; les questions relatives à l'échange sont d'une exposition facile ; les méthodes d'échange se ressemblent beaucoup dans les divers pays, et on ne se hasarde guère à proposer des paradoxes trop violents sur la circulation monétaire ; au contraire tout ce qui est relatif à la production présente une complication parfois inextricable ; c'est là que se maintiennent, le plus fortement, les traditions locales; on produira indéfiniment des utopies ridicules sur la production sans trop choquer le bon sens des lecteurs. Nul ne doute que la production ne soit la partie fondamentale de l'économie ; c'est une vérité qui joue un grand rôle dans le marxisme et qui a été reconnue même par les auteurs qui n'ont pas su en comprendre l'importance (2).

C. — Examinons maintenant comment opèrent les assemblées parlementaires. Pendant longtemps on a cru

---

(1) Tocqueville, *Démocratie en Amérique*, tome I, chap. III. Le Play *Réforme sociale en France*, chap. 17, IV.
(2) Dans l'*Introduction à l'économie moderne*, j'ai montré comment on peut se servir de cette distinction pour éclairer beaucoup de questions qui étaient demeurées jusqu'ici fort embrouillées et notamment apprécier, d'une manière exacte, des thèses très importantes de Proudhon.

que leur pincipal rôle consistait à raisonner sur les plus hautes questions d'organisation sociale et surtout sur les constitutions ; là, on pouvait procéder en énonçant des principes, en établissant des déductions et en formulant, dans un langage précis, des conclusions très claires. Nos pères ont excellé dans cette scolastique, qui comprend la partie lumineuse des discussions politiques. Certaines grandes lois peuvent encore donner lieu à de belles joutes oratoires, depuis que l'on ne disserte plus guère sur les constitutions ; ainsi pour la séparation de l'Église et l'État, les professionnels des principes ont pu se faire écouter et même se faire applaudir ; on a été d'avis que rarement le niveau des débats avait été aussi élevé ; on était encore sur un terrain qui se prête à la scolastique. Mais, plus souvent, on s'occupe de lois d'affaires ou de mesures sociales ; alors s'étale dans toute sa splendeur l'ânerie de nos représentants : ministres, présidents ou rapporteurs de commissions, spécialistes, rivalisent à qui sera le plus stupide ; — c'est que nous sommes ici en contact avec l'économie, et l'esprit n'est plus dirigé par des moyens simples de contrôle ; pour donner des avis sérieux sur ces questions, il faudrait les avoir connues pratiquement, et ce n'est point le cas de nos honorables. Il y a là beaucoup de représentants de la *petite science* ; le 5 juillet 1905, un notable, guérisseur de véroles (1) déclarait qu'il ne s'occupait point d'économie politique, ayant « une certaine défiance pour cette science conjecturale ». Il faut sans doute entendre par là qu'il est plus difficile de raisonner sur la production que de diagnostiquer des chancres syphilitiques.

La *petite science* a engendré un nombre fabuleux de sophismes que l'on rencontre, à tout instant, sur son

---

(1) Le docteur Augagneur fut longtemps une des gloires de cette catégorie d'intellectuels qui regardaient le socialisme comme une variété du dreyfusisme ; ses grandes protestations en faveur de la justice l'ont conduit à devenir gouverneur de Madagascar, ce qui prouve que la vertu est quelquefois récompensée.

chemin et qui réussissent admirablement auprès des gens ayant la culture médiocre et niaise que distribue l'Université. Ces sophismes consistent à tout niveler dans chaque système par amour de la logique ; ainsi on ramènera la morale sexuelle aux rapports équitables entre contractants, le code de la famille à celui des obligations, la production à l'échange.

De ce que, dans presque tous les pays et tous les temps, l'État a pris soin de régler la circulation, soit monétaire, soit fiduciaire, ou qu'il a constitué un système légal de mesures, il n'en résulte nullement que, par amour de l'uniformité, il y ait également avantage à confier à l'État la gestion des grandes entreprises : ce raisonnement est cependant de ceux qui séduisent beaucoup de médicastres et de nourissons de l'École de droit. Je crois bien que Jaurès ne peut encore parvenir à comprendre pourquoi l'économie a été abandonnée par des législateurs paresseux aux tendances anarchiques des égoïsmes ; si la production est vraiment fondamentale, comme le dit Marx, il est criminel de ne pas la faire passer au premier rang, de ne pas la soumettre à un grand travail législatif conçu sur le plan des parties les plus claires, c'est-à-dire de ne pas la faire dériver de grands principes analogues à ceux que l'on manie quand il est question de lois constitutionnelles.

Le socialisme est nécessairement une chose très obscure, puisqu'il traite de la production, c'est-à-dire de ce qu'il y a de plus mystérieux dans l'activité humaine, et qu'il se propose d'apporter une transformation radicale dans cette région qu'il est impossible de décrire avec la clarté que l'on trouve dans les régions superficielles du monde. Aucun effort de la pensée, aucun progrès des connaissances, aucune induction raisonnable ne pourront jamais faire disparaître le mystère qui enveloppe le socialisme ; et c'est parce que le marxisme a bien reconnu ce caractère qu'il a acquis le droit de servir de point de départ pour toutes les études socialistes.

Mais il faut se hâter d'ajouter que cette obscurité se rapporte seulement au discours par lequel on prétend exprimer les moyens du socialisme; on peut l'appeler scolastique et elle n'empêche nullement qu'il y ait moyen de se représenter le mouvement prolétarien d'une façon totale, exacte et saisissante, par la grande construction que l'âme prolétarienne a conçue, au cours des conflits sociaux, et que l'on nomme grève générale. Il ne faut jamais oublier que la perfection de ce mode de représentation s'évanouirait à l'instant, si l'on prétendait résoudre la grève générale en une somme de détails historiques ; il faut *s'approprier son tout indivisé et concevoir le passage du capitalisme au socialisme comme une catastrophe dont le processus échappe à la description.*

Les docteurs de la *petite science* sont vraiment difficiles à satisfaire. Ils affirment bien haut qu'ils ne veulent admettre dans la pensée que des idées claires et distinctes; c'est en fait une règle insuffisante pour l'action, car nous n'exécutons rien de grand sans l'intervention d'images fortement colorées et nettement dessinées, qui absorbent toute notre attention : or peut-on trouver quelque chose de plus satisfaisant que la grève générale à ce point de vue ? — Mais, disent-ils, il ne faut s'appuyer que sur des réalités données par l'expérience : le tableau de la grève générale serait-il donc composé en partant de tendances qui ne soient pas données par l'observation du mouvement révolutionnaire ? serait-ce une œuvre de raisonnement fabriquée par des savants de cabinet occupés à résoudre le problème social suivant les règles de la logique ? serait-ce quelque chose d'arbitraire ? n'est-ce point, au contraire, un produit spontané analogue à tous ceux que l'histoire retrouve dans les périodes d'action ? — On insiste et l'on invoque les droits de l'esprit critique ; nul ne songe à les contester : il faut sans doute contrôler ce tableau et c'est ce que j'ai essayé de faire ci-dessus ; mais l'esprit critique ne consiste point à remplacer des *données historiques* par le charlatanisme d'une fausse science.

Si l'on veut critiquer le fond même de l'idée de grève générale, il faut s'attaquer aux tendances révolutionnaires qu'elle groupe et qu'elle représente en actions ; il n'y a pas d'autre moyen sérieux que de montrer aux révolutionnaires qu'ils ont tort de s'acharner à poursuivre le socialisme et que leur véritable intérêt serait d'être politiciens : ils le savent depuis longtemps et leur choix est fait ; comme ils ne se placent point sur le terrain utilitaire, les conseils qu'on pourra leur donner seront vains.

Nous savons parfaitement que les historiens futurs ne manqueront pas de trouver que notre pensée a été pleine d'illusions, parce qu'ils regarderont derrière eux un monde achevé. Nous avons au contraire à agir, et nul ne saurait nous dire aujourd'hui ce que connaîtront ces historiens ; nul ne saurait nous donner le moyen de modifier nos images motrices de manière à éviter leurs critiques.

Notre situation ressemble fort à celle des physiciens qui se livrent à de grands calculs en partant de théories qui ne sont pas destinées à durer éternellement. On a aujourd'hui abandonné tout espoir de soumettre, d'une manière rigoureuse, la nature à la science ; le spectacle des révolutions scientifiques modernes n'est même pas encourageant pour les savants, et a pu conduire assez naturellement beaucoup de gens à proclamer la faillite de la science, — et cependant il faudrait être fou pour faire diriger l'industrie par des sorciers, des médiums ou des thaumaturges. Si le philosophe *ne cherche pas d'application*, il se place au point de vue de l'historien futur des sciences et alors il conteste le caractère absolu des thèses scientifiques contemporaines ; mais il est aussi ignorant que le physicien actuel dès qu'il s'agit de savoir comment il faudrait corriger les explications que donne celui-ci.

Il n'y a plus aujourd'hui de philosophes sérieux qui acceptent la position sceptique ; leur grand but est de montrer, au contraire, la légitimité d'une science qui cependant ne sait pas les choses et qui se borne à définir des rapports utilisables. C'est parce que la sociologie est entre les mains de gens impropres à toute intelligence philosophique qu'on peut nous reprocher — au nom de la *petite science* — de nous contenter de procédés qui sont fondés sur la loi de l'action, telle que nous la révèlent tous les grands mouvements historiques.

Faire de la science, c'est d'abord savoir quelles sont les forces qui existent dans le monde, et c'est se mettre en état de les utiliser en raisonnant d'après l'expérience. C'est pourquoi je dis qu'en acceptant l'idée de grève générale et tout en sachant que c'est un mythe, nous opérons exactement comme le physicien moderne qui a pleine confiance dans sa science, tout en sachant que l'avenir la considérera comme surannée. C'est nous qui avons vraiment l'esprit scientifique, tandis que nos critiques ne sont au courant ni de la science ni de la philosophie modernes ; — et cette constatation nous suffit pour avoir l'esprit tranquille.

CHAPITRE V

La grève générale politique

I. — Emploi des syndicats par les politiciens. — Pression sur les parlements. — Grèves générales de Belgique et de Russie.
II. — Différences des deux courants d'idées correspondant aux deux conceptions de la grève générale : lutte de classe; État; élite pensante.
III. — Jalousie entretenue par les politiciens. — La guerre comme source d'héroïsme et comme pillage. — Dictature du prolétariat et ses antécédents historiques.
IV. — La force et la violence. — Idées de Marx sur la force. — Nécessité d'une théorie nouvelle pour la violence prolétarienne.

I

Les politiciens sont des gens avisés, dont les appétits voraces aiguisent singulièrement la perspicacité, et chez lesquels la chasse aux bonnes places développe des ruses d'apaches. Ils ont horreur des organisations purement prolétariennes, et les discréditent autant qu'ils le peuvent; ils en nient souvent même l'efficacité, dans l'espoir de détourner les ouvriers de groupements qui seraient sans avenir selon eux. Mais quand ils s'aperçoivent que leurs haines sont impuissantes, que les objurgations n'empêchent pas le fonctionnement des organismes détestés et que ceux-ci sont devenus forts, alors ils cherchent à faire tourner à leur profit les puissances qui se sont manifestées dans le prolétariat.

Les coopératives ont été longtemps dénoncées comme n'ayant aucune utilité pour les ouvriers; depuis qu'elles prospèrent, plus d'un politicien fait les yeux doux à leur caisse et voudrait obtenir que le Parti vécût sur les revenus de la boulangerie et de l'épicerie, comme les consistoires israélites, dans beaucoup de pays, vivent sur les redevances de la boucherie juive (1).

Les syndicats peuvent être fort utilement employés à faire de la propagande électorale ; il faut, pour les utiliser avec fruit, une certaine adresse, mais les politiciens ne manquent pas de légèreté de main. Guérard, le secrétaire du syndicat des chemins de fer, fut autrefois un des révolutionnaires les plus fougueux de France ; mais il a fini par comprendre qu'il était plus facile de faire de la politique que de préparer la grève générale (2) ; il est aujourd'hui l'un des hommes de confiance de la Direction du Travail et, en 1902, il se donna beaucoup de mal pour assurer l'élection de Millerand. Dans la circonscription où se présentait le *ministre socialiste*, se trouve une très grande gare, et sans l'appui de Guérard, Millerand serait probablement resté sur le carreau. Dans le *Socialiste* du 14 septembre 1902, un guesdiste dénonçait cette conduite qui lui semblait doublement scandaleuse : parce que le congrès des travailleurs des chemins de fer avait décidé que le syndicat ne ferait pas de politique et parce qu'un ancien député guesdiste se portait contre Millerand. L'auteur de l'article redoutait que « les groupes corporatifs ne fassent fausse route et n'en arrivent, sous prétexte d'*utiliser* la politique, à devenir les *instruments* d'une politique ». Il voyait

---

(1) En Algérie, les scandales de l'administration des consistoires, qui étaient devenus des officines de corruption électorale, ont obligé le gouvernement à les réformer ; mais la loi récente sur la séparation des Églises et de l'État va probablement permettre le retour des anciens usages.

(2) Une tentative de grève des chemins de fer fut faite en 1898 ; Joseph Reinach en parle ainsi : « Un individu très louche, Guérard, qui avait fondé une association des ouvriers et employés des chemins de fer, et recueilli plus de 20.000 adhésions, intervint [dans le conflit des terrassiers de Paris] avec l'annonce d'une grève générale de son syndicat... Brisson ordonna des perquisitions, fit occuper militairement les gares, détacha des cordons de sentinelles le long des voies ; personne ne bougea. » (*Histoire de l'affaire Dreyfus*, tome IV, pp. 310-311.) — Aujourd'hui, le syndicat Guérard est tellement bon que le gouvernement lui a accordé la faveur d'émettre une grande loterie. Le 14 mai 1907, Clemenceau le citait à la Chambre comme une réunion de « gens raisonnables et sages » opposés aux agissements de la Confédération du Travail.

parfaitement juste ; dans les marchés conclus entre les représentants des syndicats et les politiciens, le plus clair profit sera toujours pour ceux-ci.

Plus d'une fois, les politiciens sont intervenus dans des grèves, dans le désir de ruiner le prestige de leurs adversaires et de capter la confiance des travailleurs. Les grèves du bassin de Longwy en 1905 eurent pour point de départ des efforts tentés par une *fédération républicaine* qui voulait organiser des syndicats qui fussent capables de servir sa politique contre celle des patrons (1) ; les affaires ne tournèrent pas au gré des promoteurs du mouvement, qui n'étaient pas assez familiers avec ce genre d'opérations. Quelques politiciens socialistes sont, au contraire, d'une habileté consommée pour combiner les instincts de révolte en une force électorale. L'idée devait donc venir à quelques personnes d'utiliser dans un but politique de grands mouvements des masses populaires.

L'histoire de l'Angleterre a montré, plus d'une fois, un gouvernement reculant lorsque de très nombreuses manifestations se produisaient contre ses projets, alors même qu'il aurait été assez fort pour repousser, par la force, tout attentat dirigé contre les institutions. Il semble que ce soit un principe admis du régime parlementaire, que la majorité ne saurait s'obstiner à suivre des plans qui soulèvent contre eux des manifestations atteignant un trop fort degré. C'est une des applications du système de compromis sur lequel est fondé ce régime ; aucune loi n'est valable quand elle est regardée par une minorité comme étant assez oppressive pour motiver une résistance violente. Les grandes démonstrations tumultueuses font voir que l'on n'est pas bien loin d'avoir atteint le moment où pourrait éclater la révolte armée ; devant de telles démonstrations les gouvernements respectueux des bonnes traditions cèdent (2).

---

(1) *Mouvement socialiste*, 1ᵉʳ-15 décembre 1905, p. 130.
(2) Le parti clérical a cru qu'il pourrait employer cette tactique pour arrêter l'application de la loi sur les congrégations ; il a cru que des mani-

Entre la simple promenade menaçante et l'émeute, pourrait prendre place la grève générale politique, qui serait susceptible d'un très grand nombre de variétés : elle peut être de courte durée et pacifique, ayant pour but de montrer au gouvernement qu'il fait fausse route et qu'il y a des forces capables de lui résister ; elle peut être aussi le premier acte d'une série d'émeutes sanglantes.

Depuis quelques années, les socialistes parlementaires ont moins confiance dans une rapide conquête des pouvoirs publics et ils reconnaissent que leur autorité dans les Chambres n'est pas destinée à s'accroître indéfiniment. Lorsqu'il n'y a pas de circonstances exceptionnelles qui peuvent forcer un gouvernement à acheter leur appui par de grandes concessions, leur puissance parlementaire est assez réduite. Il serait donc fort utile pour eux de pouvoir exercer sur les majorités récalcitrantes une pression du dehors, qui aurait l'air de menacer les conservateurs d'un soulèvement redoutable.

S'il existait des fédérations ouvrières riches, bien centralisées et capables d'imposer à leurs membres une sévère discipline, les députés socialistes ne seraient pas très embarrassés pour imposer parfois leur direction à leurs collègues. Il leur suffirait de profiter d'une occasion favorable à un mouvement de révolte, pour arrêter une branche d'industrie pendant quelques jours. On a, plus d'une fois, proposé de mettre ainsi le gouvernement au pied du mur par un arrêt dans l'exploitation des mines (1) ou dans la marche des chemins de fer. Pour qu'une pareille tactique pût produire tous ses effets, il

---

festations violentes feraient céder le ministère ; celui-ci a tenu bon et on peut dire qu'un des ressorts essentiels du régime parlementaire s'est trouvé ainsi faussé, puisque la dictature du parlement connaît moins d'obstacles qu'autrefois.

(1) En 1890, le congrès national du parti guesdiste vota, à Lille, une résolution par laquelle il déclarait que la grève générale des mineurs était actuellement possible et que la seule grève générale des mineurs permettrait d'obtenir tous les résultats que l'on demande en vain à un arrêt de toutes les professions.

faudrait que la grève pût éclater à l'improviste sur le mot d'ordre lancé par le Parti et qu'elle s'arrêtât au moment où celui-ci aurait signé un pacte avec le gouvernement. C'est pourquoi les politiciens sont si partisans d'une centralisation des syndicats et parlent si souvent de discipline (1). On comprend assez bien qu'il s'agit d'une discipline subordonnant le prolétariat à leur commandement. Des associations très décentralisées et groupées en Bourses du Travail leur offriraient moins de garanties; aussi regardent-ils volontiers comme des *anarchistes* tous les gens qui ne sont point partisans d'une solide concentration du prolétariat autour des chefs du Parti.

La grève générale politique offre cet immense avantage qu'elle ne met pas en grand péril les vies précieuses des politiciens ; elle constitue une amélioration de l'*insurrection morale* dont usa la Montagne, au mois de mai 1793, pour forcer la Convention à expulser de son sein les Girondins; Jaurès, qui a peur d'effrayer sa clientèle de financiers (comme les Montagnards avaient peur d'effrayer les départements), admire fort un mouvement qui ne serait pas compromis par des violences qui auraient *affligé l'humanité* (2) ; aussi n'est-il pas un ennemi irréconciliable de la grève générale politique.

Des événements récents ont donné une force très grande à l'idée de la grève générale politique. Les Belges obtinrent la réforme de la constitution par une démonstration que l'on a décorée, peut-être un peu ambitieusement, du nom de grève générale. Il paraît que les

---

(1) « S'il y a place dans le Parti pour l'initiative individuelle, les fantaisies arbitraires de l'individu doivent être écartées. Le règlement est le salut du Parti ; il faut nous y attacher fortement. C'est la constitution que nous nous sommes librement donnée, qui nous lie les uns aux autres et qui nous permet tous ensemble de vaincre ou de mourir. » Ainsi parlait un docteur socialiste au Conseil national. (*Socialiste*, 7 octobre 1905.) Si un jésuite s'exprimait ainsi, on dénoncerait le fanatisme monacal.

(2) Jaurès, *Convention*, p. 1384.

choses n'avaient pas eu l'allure tragique qu'on leur a quelquefois prêtée : le ministère était bien aise de forcer la Chambre à adopter un projet de loi électorale que la majorité réprouvait ; beaucoup de patrons étaient fort opposés à cette majorité ultra-cléricale ; ce qui se produisit alors fut ainsi tout le contraire d'une grève générale prolétarienne, puisque les ouvriers servirent les fins de l'Etat et de capitalistes. Depuis ces temps déjà lointains, on a tenté une autre poussée sur le pouvoir central, en vue de l'établissement d'un mode de suffrage plus démocratique ; cette tentative échoua d'une manière complète ; cette fois, le ministère n'était plus implicitement d'accord avec les promoteurs pour faire adopter une nouvelle loi électorale. Beaucoup de Belges restèrent fort ébahis de leur insuccès et ne purent comprendre que le roi n'eût pas renvoyé ses ministres pour faire plaisir aux socialistes ; il avait autrefois imposé à des ministres cléricaux leur démission en présence de manifestations libérales ; décidément ce roi ne comprenait rien à ses devoirs et, comme on le dit alors, il n'était qu'un *roi de carton*.

L'expérience belge n'est pas sans intérêt, parce qu'elle nous conduit à bien comprendre l'extrême opposition qui existe entre la grève générale prolétarienne et celle des politiciens. La Belgique est un des pays où le mouvement syndical est le plus faible ; toute l'organisation du socialisme est fondée sur la boulangerie, l'épicerie et la mercerie exploitées par des comités du Parti ; l'ouvrier, habitué de longue date à une discipline cléricale, est toujours un *inférieur* qui se croit obligé de suivre la direction des gens qui lui vendent les produits dont il a besoin, avec un léger rabais, et qui l'abreuvent de harangues, soit catholiques, soit socialistes. Non seulement nous trouvons l'épicerie érigée en sacerdoce, mais encore c'est de Belgique que nous vint la fameuse théorie des services publics, contre laquelle Guesde écrivit en 1883 une si violente brochure et que Deville appelait, à la même époque, une contrefaçon belge du collectivisme (1). Tout le socialisme belge tend au développement de l'industrie d'Etat, à la constitution d'une classe de travailleurs-fonctionnaires, qui serait solidement disciplinée sous la main de fer de chefs que la démocratie accepterait (2). Il est tout naturel que dans un tel pays la grève générale soit conçue sous la forme politique ; le soulèvement populaire doit avoir, dans de telles conditions, pour but de faire passer le pouvoir d'un groupe de politiciens à un autre groupe de politiciens, — le peuple restant toujours la bonne bête qui porte le bât (3).

Les troubles tout récents de Russie ont contribué à populariser l'idée de grève générale dans les milieux des professionnels de la politique. Beaucoup de personnes ont été surprises des résultats que les grands arrêts concertés du travail ont produits ; mais on ne sait pas très bien comment les choses se sont passées et quelles conséquences ont eues ces troubles. Des gens qui connaissent le pays estiment que Witte avait des relations avec beaucoup de révolutionnaires et qu'il a été fort heureux de terrifier le tsar pour pouvoir enfin éloigner ses ennemis et obtenir des institutions qui, à son jugement, devaient rendre difficile le retour de l'ancien régime. On doit être frappé de ce que, pendant assez longtemps, le gouvernement a été comme paralysé et que l'anarchie était à son comble dans l'administration, tandis que le jour où Witte a cru nécessaire à ses intérêts personnels d'agir avec vigueur, la répression a été rapide ;

---

(1) Deville, *Le Capital*, p. 10.

(2) Paul Leroy-Beaulieu a proposé récemment d'appeler « quatrième État » l'ensemble des employés du gouvernement et « cinquième État », ceux de l'industrie privée ; il dit que les premiers tendent à former des castes héréditaires. (*Débats*, 28 novembre 1905.) Plus on ira, plus on sera amené à distinguer ces deux groupes ; le premier fournit un grand appui aux politiciens socialistes, qui voudraient le plus complètement discipliner et lui subordonner les producteurs industriels.

(3) Ceci n'empêche par Vandervelde d'assimiler le monde futur à l'abbaye de Thélème, célébrée par Rabelais, où chacun faisait ce qu'il voulait, et de dire qu'il aspire à la « communauté anarchiste ». (Destrée et Vandervelde, *Le socialisme en Belgique*, p. 289.) Oh ! magie des grands mots !

ce jour est arrivé (comme l'avaient prévu quelques personnes), lorsque les financiers eurent besoin de faire remonter le crédit de la Russie. Il ne semble pas vraisemblable que les soulèvements antérieurs eussent eu jamais la puissance irrésistible qu'on leur a attribuée ; le *Petit Parisien*, qui est l'un des journaux français qui avaient affermé l'entretien de la gloire de Witte, disait que la grande grève d'octobre 1905 se termina par suite de la misère des ouvriers ; d'après lui, on l'avait même *prolongée d'un jour*, dans l'espoir que les Polonais prendraient part au mouvement et obtiendraient des concessions comme en avaient obtenu les Finlandais, et il félicitait les Polonais d'avoir été *assez sages pour ne pas bouger* et ne pas donner un prétexte à une intervention allemande (*Petit Parisien*, 7 novembre 1905).

Il ne faut donc pas trop se laisser éblouir par certains récits, et Ch. Bonnier avait raison de faire des réserves dans le *Socialiste* du 18 novembre 1905 au sujet des événements de Russie ; il avait toujours été un irréductible adversaire de la grève générale et il notait qu'il n'y avait pas un seul point commun entre ce qui s'était produit en Russie et ce qu'imaginent « les purs syndicalistes en France ». Là-bas, la grève aurait été seulement, selon lui, le couronnement d'une œuvre très complexe, un moyen employé avec beaucoup d'autres, qui avait réussi en raison des circonstances exceptionnellement favorables au milieu desquelles elle s'était produite.

Voilà bien un caractère très propre à distinguer deux genres de mouvements que l'on désigne par le même nom. Nous avons étudié une grève générale prolétarienne qui est un tout indivisé ; maintenant nous avons à considérer une grève générale politique, qui combine des incidents de révolte économique avec beaucoup d'autres éléments qui dépendent de systèmes étrangers. Dans le premier cas, on ne doit considérer à part aucun détail ; dans le second, tout dépend de l'art avec lequel des détails hétérogènes sont combinés. Il faut maintenant considérer isolément les parties, en mesurer l'importance et savoir les harmoniser. Il semble qu'un pareil travail devrait être regardé comme purement utopique (ou même tout à fait absurde) par les gens qui sont habitués à opposer tant d'objections pratiques à la grève générale prolétarienne ; mais si le prolétariat abandonné à lui-même n'est bon à rien, les politiciens sont bons à tout. N'est-ce pas un dogme de la démocratie que rien n'est au-dessus du génie des démagogues ; et la grève générale politique n'est-elle pas un des moyens que peuvent employer les démagogues pour vaincre les résistances qui leur sont opposées ?

Je ne m'arrêterai pas à discuter les chances de réussite de cette tactique et je laisse aux boursicotiers qui lisent l'*Humanité* le soin de chercher les moyens d'empêcher la grève générale politique de tomber dans l'anarchie. Je vais m'occuper seulement de chercher à mettre en pleine lumière la grande différence qui existe entre les deux conceptions de grève générale.

II

Nous avons vu que la grève générale syndicaliste est une construction qui renferme tout le socialisme prolétarien ; on y trouve non seulement tous ses éléments réels, mais encore ils sont groupés de la même manière que dans les luttes sociales et leurs mouvements sont bien ceux qui correspondent à leur essence. Nous ne pourrions pas opposer à cette construction un autre ensemble d'images aussi parfait pour représenter le socialisme des politiciens ; cependant, en faisant de la grève générale politique le noyau des tactiques des socialistes à la fois révolutionnaires et parlementaires, il devient possible de se rendre un compte exact de ce qui sépare ceux-ci des syndicalistes.

A. — On reconnaît immédiatement que la grève générale politique ne suppose point qu'il y a une lutte de classe concentrée sur un champ de bataille où le prolétariat attaque la bourgeoisie ; la division de la société en deux armées antagonistes disparaît ; car ce genre de révolte peut se produire avec n'importe quelle structure sociale. Dans le passé, beaucoup de révolutions furent le résultat de coalitions entre groupes mécontents ; les écrivains socialistes ont souvent montré que les classes pauvres se firent massacrer, plus d'une fois, sans autre profit que d'assurer le pouvoir à des maîtres qui avaient su utiliser, à leur avantage et avec beaucoup d'astuce, un mécontentement passager du peuple contre les autorités anciennes.

Il semble bien que les libéraux russes eussent espéré voir se réaliser quelque chose d'analogue en 1905 ; ils étaient heureux de tant de soulèvements paysans et ouvriers ; on assure même qu'ils avaient été fort satisfaits d'apprendre les défaites de l'armée de Mandchourie (1) ; ils croyaient que le gouvernement effrayé finirait par avoir recours à leurs lumières ; comme parmi eux il y a quantité de sociologues, la *petite science* aurait remporté ainsi un fort beau succès ; mais il est probable que le peuple n'aurait eu qu'à se brosser le ventre.

Je suppose que les capitalistes actionnaires de l'*Humanité* ne sont d'aussi ardents admirateurs de certaines grèves qu'en raison des mêmes raisonnements ; ils estiment que le prolétariat est bien commode pour déblayer le terrain et ils croient savoir, par l'expérience de l'histoire, qu'il sera toujours possible à un gouvernement socialiste de mettre à la raison les révoltés. Ne conserve-t-on pas d'ailleurs soigneusement les lois faites contre les anarchistes dans une heure d'affolement? On les stigmatise de temps en temps du nom de *lois scélérates* ; mais elles peuvent servir à protéger les capitalistes-socialistes (2).

B. — 1° Il ne serait plus vrai de dire que toute l'organisation du prolétariat soit contenue dans le syndicalisme révolutionnaire. Puisque la grève générale syndicaliste ne serait plus toute la révolution, il faut des organismes à côté des syndicats ; de plus, comme la grève ne saurait être qu'un détail savamment combiné avec beaucoup d'autres incidents qu'il faut savoir déchaîner à l'heure propice, les syndicats devraient recevoir l'impulsion des comités politiques, ou tout au moins marcher en parfait accord avec ces comités qui représentent l'intelligence supérieure du mouvement socialiste. En Italie,

---

(1) Le correspondant des *Débats* racontait dans le numéro du 25 novembre 1906 que des députés de la Douma avaient félicité un journaliste japonais des victoires de ses compatriotes. Cf. *Débats*, 25 décembre 1907.

(2) On peut se demander aussi dans quelle mesure les anciens ennemis de la justice militaire tiennent à la disparition des conseils de guerre. Pendant longtemps les nationalistes ont pu soutenir, avec une apparence de raison, qu'on les conservait pour ne pas être obligé de renvoyer Dreyfus devant une Cour d'assises au cas où la Cour de cassation ordonnerait un troisième jugement ; un conseil de guerre peut être plus facile à composer qu'un jury.

Ferri a symbolisé cet accord d'une manière assez drôle en disant que le socialisme a besoin de deux jambes; cette figure a été empruntée à Lessing qui ne se doutait guère qu'elle pût devenir un principe de sociologie. Dans la deuxième scène de *Minna de Barnhelm*, l'aubergiste dit à Just qu'on ne peut rester sur un verre d'eau-de-vie, de même qu'on ne va pas bien avec une jambe; il ajoute encore que les bonnes choses sont tierces et qu'une corde à quatre tours n'en est que plus solide. J'ignore si la sociologie a tiré quelque parti de ces derniers aphorismes, qui valent bien celui dont Ferri abuse.

2° Si la grève générale syndicaliste évoque l'idée d'une ère de haut progrès économique, la grève générale politique évoque plutôt celle d'une dégénérescence. L'expérience montre que les classes en voie de décadence se laissent prendre plus facilement aux harangues fallacieuses des politiciens que les classes en voie de progrès, en sorte que la perspicacité politique des hommes semble être en rapport étroit avec les conditions qui règlent leur existence. Les classes prospères peuvent commettre souvent de très grosses imprudences, parce qu'elles ont trop confiance dans leur force, qu'elles regardent l'avenir avec trop de hardiesse et qu'elles sont dominées, pour un instant, par quelques délires de gloire. Les classes affaiblies se tournent régulièrement vers les gens qui leur promettent la protection de l'Etat, sans chercher à comprendre comment cette protection pourrait mettre d'accord leurs intérêts discordants ; elles entrent volontiers dans toute coalition qui a pour but de conquérir les faveurs gouvernementales ; elles accordent toute leur admiration aux charlatans qui parlent avec aplomb. Le socialisme a beaucoup de précautions à prendre pour ne pas tomber au rang d'un antisémitisme à grandes phrases (1) et les conseils d'Engels n'ont pas été toujours suivis sur ce point.

---

(1) Engels, *La question agraire et le socialisme*, dans le *Mouvement socialiste*, 15 octobre 1900, p. 462. Cf. pp. 458-459 et p. 463.

La grève générale politique suppose que des groupes sociaux, très divers, aient une égale foi dans la force magique de l'État; cette foi ne manque jamais chez les groupes en décadence et elle permet aux bavards de se donner pour des gens ayant une compétence universelle. Elle trouverait de très utiles auxiliaires dans la niaiserie des philanthropes ; et cette niaiserie est toujours un fruit de la dégénérescence des classes riches. Elle réussirait d'autant mieux qu'elle aurait devant elle des capitalistes lâches et découragés.

3° L'on ne saurait plus maintenant se désintéresser des plans relatifs à la société future ; ces plans que le marxisme tournait en ridicule et que la grève générale syndicaliste écartait, deviennent un élément essentiel du nouveau système. La grève générale politique ne saurait être proclamée que le jour où l'on aurait acquis la certitude qu'on a sous la main des cadres complets pour régler l'organisation future. C'est ce que Jaurès a voulu faire entendre dans ses articles de 1901, quand il a dit que la société moderne « reculera devant une entreprise aussi indéterminée et aussi creuse [que la grève syndicaliste] comme on recule devant le vide » (1).

Il ne manque pas de jeunes avocassons sans avenir qui ont rempli de gros cahiers avec leurs projets détaillés d'organisation sociale. Si nous n'avons pas encore le bréviaire de la révolution que Lucien Herr avait annoncé en 1900, nous savons tout au moins qu'il y a déjà des règlements tout préparés pour assurer le service de la comptabilité dans la société collectiviste et Tarbouriech a même étudié des modèles de paperasses à recommander à la bureaucratie future (2). Jaurès ne cesse de faire appel aux lumières qui sont obligées de rester sous le

---

(1) Jaurès, *Etudes socialistes*, p. 107.
(2) On trouve beaucoup de ces choses follement sérieuses dans la *Cité future* de Tarbouriech. — Des personnes qui se disent bien informées, assurent qu'Arthur Fontaine, Directeur du Travail, a dans son portefeuille des solutions étonnantes de la question sociale et qu'il les révélera le jour où il sera à la retraite. Nos successeurs le béniront de leur avoir ainsi réservé des plaisirs que nous n'aurons pas connus.

boisseau capitaliste, et il ne doute pas que la révolution dépend bien moins des conditions auxquelles pensait Marx, que des élucubrations de génies méconnus.

C. — J'ai appelé l'attention sur ce qu'a d'effrayant la révolution conçue à la manière de Marx et des syndicalistes, et j'ai dit qu'il importe beaucoup de lui conserver son caractère de transformation absolue et irréformable, parce qu'il contribue puissamment à donner au socialisme sa haute valeur éducatrice. Cette gravité de l'œuvre poursuivie par le prolétariat ne saurait convenir à la clientèle jouisseuse de nos politiciens ; ceux-ci veulent rassurer la bourgeoisie et lui promettent de ne pas laisser le peuple s'abandonner à ses instincts anarchiques. Ils lui expliquent qu'on ne songe nullement à supprimer la grande machine de l'État, en sorte que les socialistes sages désirent deux choses : s'emparer de cette machine pour en perfectionner les rouages et les faire fonctionner au mieux des intérêts de leurs amis, — et rendre plus stable le gouvernement, ce qui sera fort avantageux pour tous les hommes d'affaires. Tocqueville avait observé que, depuis le commencement du XIXe siècle, les institutions administratives de la France ayant très peu changé, les révolutions n'ont plus produit de très grands bouleversements (1). Les financiers socialistes n'ont pas lu Tocqueville, mais ils comprennent, d'instinct, que la conservation d'un État bien centralisé, bien autoritaire, bien démocratique, offre d'immenses ressources pour eux et les met à l'abri de la révolution prolétarienne. Les transformations que pourront réaliser leurs amis, les socialistes parlementaires, seront toujours assez limitées, et il sera toujours possible, grâce à l'État, de corriger les imprudences commises.

La grève générale des syndicalistes éloigne du socialisme les financiers en quête d'aventures ; la grève

---

(1) Tocqueville, *L'Ancien régime et la Révolution*, p. 330.

politique leur sourit assez, parce qu'elle serait faite dans des circonstances propices au pouvoir des politiciens — et par suite aux opérations de leurs alliés de la finance (1).

Marx suppose, tout comme les syndicalistes, que la révolution sera absolue et irréformable, parce qu'elle aura pour effet de remettre les forces productives aux mains d'*hommes libres*, c'est-à-dire d'hommes qui soient capables de se conduire dans l'atelier créé par le capitalisme, sans avoir besoin de maîtres. Cette conception ne saurait nullement convenir aux financiers et aux politiciens qu'ils soutiennent ; car les uns et les autres ne sont propres qu'à exercer la noble profession de maîtres. Aussi, dans toutes les études que l'on fait sur le *socialisme sage*, est-on amené à reconnaître que celui-ci suppose la société divisée en deux groupes : l'un forme une élite organisée en parti politique, qui se donne pour mission de penser à la place d'une masse non pensante, et qui se croit admirable parce qu'elle veut bien lui faire part de ses lumières supérieures (2) ; — l'autre est l'ensemble des producteurs. L'élite politicienne n'a pas d'autre profession que celle d'employer son intelligence et elle trouve très conforme aux principes de la Justice immanente (dont elle est propriétaire), que le prolétariat travaille à la nourrir et à lui faire une vie qui ne rappelle pas trop celle des ascètes.

---

(1) Dans l'*Avant-Garde* du 29 octobre 1905, on lit un rapport de Lucien Rolland au conseil national du parti socialiste unifié sur l'élection de Louis Dreyfus, spéculateur en grains et actionnaire de *l'Humanité*, à Florac. « J'eus l'immense douleur, dit Rolland, d'entendre un des *rois de l'époque* se réclamer de notre Internationale, de notre rouge drapeau, de nos principes, crier : Vive la République sociale ! » Les personnes qui ne connaîtront cette élection que par le *rapport officiel* publié dans le *Socialiste* du 28 octobre 1905, en auront une idée singulièrement fausse. Se défier des documents officiels socialistes. Je ne crois pas que, durant l'affaire Dreyfus, les amis de l'État-major aient jamais tant maquillé la vérité que le firent les socialistes officiels en cette occasion.

(2) Les *intellectuels* ne sont pas, comme on le dit souvent, les hommes qui pensent : ce sont les gens qui *font profession de penser* et qui prélèvent un *salaire aristocratique* en raison de la noblesse de cette profession.

Cette division est si évidente qu'on ne songe généralement pas à la dissimuler : les officiels du socialisme parlent constamment du Parti comme d'un organisme possédant une vie propre. Au congrès socialiste international de 1900, on a mis en garde le Parti contre le danger que pouvait lui faire courir une politique capable de trop le séparer du prolétariat; il faut qu'il inspire confiance aux masses, s'il veut les avoir derrière lui au jour du grand combat (1). Le grand reproche que Marx adressait à ses adversaires de l'Alliance, était justement cette séparation des dirigeants et des dirigés qui avait pour effet de restaurer l'État (2) et qui est aujourd'hui si marquée en Allemagne... et ailleurs.

---

(1) Par exemple Vaillant dit : « Puisque nous avons à livrer cette grande bataille, croyez-vous que nous puissions la gagner si nous n'avons pas le prolétariat derrière nous ? Il faut bien que nous l'ayons; et nous ne l'aurons pas si nous l'avons découragé, si nous lui avons montré que le Parti socialiste ne représente plus ses intérêts. » (*Cahiers de la Quinzaine*, 16ᵉ de la IIᵉ série, p. 159.) Ce fascicule renferme le compte rendu sténographique du congrès.

(2) *L'Alliance de la démocratie socialiste et l'Association internationale des travailleurs*, p. 14.

III

A. — Nous allons maintenant entrer plus avant dans l'analyse des idées qui se rattachent à la grève politique et tout d'abord examiner ce que devient la notion de classe.

1º Les classes ne pourront plus être définies par la place que leurs membres occupent dans la production capitaliste ; on revient à l'ancienne distinction des groupes riches et des groupes pauvres ; c'est de cette manière que les classes apparurent aux anciens socialistes, qui cherchaient le moyen de réformer les iniquités de la distribution actuelle des richesses. Les catholiques sociaux se placent sur le même terrain et veulent améliorer le sort des pauvres, non seulement par la charité, mais par une foule d'institutions propres à atténuer les douleurs causées par l'économie capitaliste. Il paraît qu'encore aujourd'hui c'est à ce point de vue que les choses sont considérées dans le monde qui admire Jaurès comme un prophète ; on m'a raconté que celui-ci a cherché à convertir Buisson au socialisme en faisant appel à son bon cœur et que ces deux augures eurent une discussion fort cocasse sur la manière de *corriger les fautes* de la société.

La masse croit qu'elle souffre parce qu'elle subit une conséquence d'un passé qui était plein de violences, d'ignorance et de méchanceté ; elle a confiance dans le *génie de ses chefs* pour la rendre moins malheureuse ; à une hiérarchie malfaisante, elle croit que la démocratie substituerait, si elle était libre, une hiérarchie bienfaisante. — Les chefs qui entretiennent leurs hommes dans cette douce illusion voient le monde à un tout autre point de vue ; l'organisation sociale actuelle les révolte dans la mesure où elle crée des obstacles à leur ambition ; ce sont moins les classes qui leur font horreur que les positions acquises par leurs aînés ; le jour où ils ont suffisamment pénétré dans les sanctuaires de l'État, dans les salons, dans les lieux de plaisir, ils cessent généralement d'être révolutionnaires et parlent savamment de l'évolution.

2° Le sentiment de révolte que l'on rencontre dans les classes pauvres se colorera dès lors d'une atroce jalousie. Nos journaux démocratiques entretiennent cette passion avec beaucoup d'art, dans la pensée que c'est le meilleur moyen d'abrutir leur clientèle et de se l'attacher ; ils exploitent les scandales qui surgissent dans les classes riches ; ils entraînent leurs lecteurs à éprouver un plaisir sauvage à voir la honte pénétrer au foyer des grands de la terre. Avec une impudence qui ne laisse pas que d'étonner parfois, ils prétendent servir ainsi la cause de la morale superfine qui leur tiendrait autant à cœur, à ce qu'ils disent, que le bien-être des classes pauvres, et que leur liberté ! Mais il est probable que leurs intérêts sont les seuls mobiles de leurs actions (1).

La jalousie est un sentiment qui semble être surtout propre aux êtres passifs ; les chefs ont des sentiments actifs, et la jalousie se transforme chez eux en une soif d'arriver, coûte que coûte, aux positions les plus enviées, en employant tous les moyens qui permettent d'écarter les gens qui gênent leur marche en avant. Dans la politique il n'y a pas plus de scrupules que dans les sports : l'expérience apprend tous les jours avec quelle impudence les concurrents dans les courses de tout genre corrigent les hasards défavorables.

3° La *masse commandée* n'a qu'une notion très vague

---

(1) Je note ici, en passant, que le *Petit Parisien*, dont l'importance est si grande comme organe de la politique de réformes sociales, s'est passionné pour les tribulations de la princesse de Saxe et du charmant précepteur Giron ; ce journal, très préoccupé de moraliser le peuple, ne peut comprendre que le mari trompé s'obstine à ne pas reprendre sa femme. Le 14 septembre 1906 il disait qu'elle « brisa avec la morale vulgaire » ; on peut conclure de là que la morale du *Petit Parisien* ne doit pas être banale !

et prodigieusement naïve des moyens qui pourraient servir à améliorer son sort ; les démagogues lui font croire facilement que le meilleur moyen consiste à employer la force de l'État pour *embêter* les riches ; on passe ainsi de la jalousie à la vengeance, et on sait que la vengeance est un sentiment d'une puissance extraordinaire, surtout chez les êtres faibles. L'histoire des cités grecques et des républiques italiennes du Moyen Age est pleine de lois fiscales qui étaient fort oppressives pour les riches et qui n'ont pas médiocrement contribué à la ruine de ces gouvernements. Au XVe siècle, Ænéas Sylvius (le futur pape Pie II) notait avec étonnement l'extraordinaire prospérité des villes commerçantes d'Allemagne et la grande liberté dont y jouissaient les bourgeois, qui en Italie étaient persécutés (1). Si on regardait de près la politique sociale contemporaine, on trouverait qu'elle est, elle aussi, empreinte des idées de jalousie et de vengeance : beaucoup de réglementations ont plutôt pour but de donner des moyens d'embêter les patrons, que d'améliorer la situation des ouvriers ; quand les cléricaux sont les plus faibles dans un pays, ils ne manquent jamais de recommander des mesures de sévère réglementation pour se venger de patrons francs-maçons (2).

Les chefs trouvent des avantages de toute sorte dans ces procédés ; il font peur aux riches et les exploitent à leur profit personnel ; ils crient plus fort que personne contre les privilèges de la fortune et savent se donner toutes les jouissances que procure celle-ci ; en utilisant les mauvais instincts et la sottise de leurs hommes, ils réalisent ce curieux paradoxe de faire applaudir par le peuple l'inégalité des conditions au nom de l'égalité

---

(1) Janssen, *L'Allemagne et la Réforme*, trad. franç, tome I, p. 361.
(2) L'application des lois sociales donne lieu, en France du moins, à de très singulières inégalités de traitement ; les poursuites judiciaires dépendent de conditions politiques... ou financières. On se rappelle l'aventure de ce grand couturier qui fut décoré par Millerand, et contre lequel avaient été dressés tant de procès-verbaux.

démocratique. Il serait impossible de comprendre les succès des démagogues, depuis les temps d'Athènes jusqu'à la New-York contemporaine, si on ne tenait compte de la force extraordinaire que possède l'idée de vengeance pour oblitérer tout raisonnement.

Je ne crois pas qu'il y ait de moyens propres à faire disparaître cette influence funeste des démagogues, autres que ceux que peut employer le socialisme en propageant la notion de grève générale prolétarienne ; il éveille au fond de l'âme un sentiment du sublime en rapport avec les conditions d'une lutte gigantesque et il fait tomber au dernier rang le besoin de satisfaire la jalousie par la méchanceté ; il fait apparaître au premier rang l'orgueil de l'homme libre et ainsi met l'ouvrier à l'abri du charlatanisme des chefs ambitieux et avides de jouissances.

B. — Les grandes différences qui existent entre les deux grèves générales (ou les deux socialismes) deviennent encore plus claires quand on rapproche les luttes sociales et la guerre : celle-ci est, en effet, susceptible de donner aussi naissance à deux systèmes opposés, en sorte que l'on peut dire sur la guerre les choses les plus contradictoires, en s'appuyant également sur des faits incontestables.

On peut la considérer du côté noble, c'est-à-dire comme l'ont considérée les poètes célébrant les armées qui ont été particulièrement illustres ; en procédant de cette manière, nous y trouvons :

1° L'idée que la profession des armes ne peut être comparée à aucune autre, — qu'elle met l'homme qui s'y livre dans une catégorie supérieure aux conditions communes de la vie,— que l'histoire repose tout entière sur les aventures des gens de guerre, en sorte que l'économie n'existe que pour les entretenir ;

2° Le sentiment de la gloire que Renan a si justement regardé comme une des créations les plus singulières et les plus puissantes du génie humain, et qui s'est trouvé être une valeur incomparable dans l'histoire (1) ;

3° Le désir ardent de se mesurer dans les grandes batailles, de subir l'épreuve en raison de laquelle le métier des armes revendique sa supériorité, et de conquérir la gloire au péril de ses jours.

Je n'ai pas besoin d'appeler longuement l'attention des lecteurs sur ces caractères pour leur faire comprendre le rôle que cette conception de la guerre a eu dans l'ancienne Grèce. Toute l'histoire classique est dominée par la guerre conçue héroïquement ; les institutions des républiques grecques eurent, à l'origine, pour base l'organisation d'armées de citoyens ; l'art grec atteignit son apogée dans les citadelles ; les philosophes ne concevaient d'autre éducation que celle qui peut entretenir une tradition héroïque dans la jeunesse et s'ils s'attachaient à réglementer la musique, c'est qu'ils ne voulaient pas laisser se développer des sentiments étrangers à cette discipline ; les utopies sociales furent faites en vue de maintenir un noyau de guerriers homériques dans les cités ; etc. De notre temps les guerres de la Liberté n'ont guère été moins fécondes en idées que celles des anciens Grecs.

Il y a un autre aspect de la guerre qui n'a plus aucun caractère de noblesse et sur lequel insistent toujours les pacifistes (2). La guerre n'a plus ses fins en elle-même ; elle a pour objet de permettre aux hommes politiques de satisfaire leurs ambitions ; il faut conquérir sur l'étranger pour se procurer de grands avantages matériels et immédiats ; il faut aussi que la victoire donne au parti qui a dirigé le pays pendant les temps de succès, une telle prépondérance qu'il puisse se permettre de distribuer beaucoup de faveurs à ses adhérents ; on espère enfin que le prestige du triomphe enivre tellement les

---

(1) Renan, *Histoire du peuple d'Israël*, tome IV, pp. 199-200.
(2) La distinction des deux aspects de la guerre est la base du livre de Proudhon sur *La guerre et la paix*.

citoyens qu'ils cessent de bien apprécier les sacrifices qu'on leur demande et qu'ils se laissent aller à des conceptions enthousiastes de l'avenir. Sous l'influence de cet état d'esprit, le peuple permet facilement à son gouvernement de développer son organisme d'une manière abusive, en sorte que toute conquête au dehors peut être considérée comme ayant pour corollaire une conquête à l'intérieur, faite par le parti qui détient le pouvoir.

La grève générale syndicaliste offre les plus grandes analogies avec le premier système de guerre : le prolétariat s'organise pour la bataille, en se séparant bien des autres parties de la nation, en se regardant comme le grand moteur de l'histoire, en subordonnant toute considération sociale à celle du combat ; — il a le sentiment très net de la gloire qui doit s'attacher à son rôle historique et de l'héroïsme de son attitude militante ; — il aspire à l'épreuve décisive dans laquelle il donnera toute la mesure de sa valeur. Ne poursuivant point une conquête, il n'a point à faire des plans pour utiliser ses victoires : il compte expulser les capitalistes du domaine productif et reprendre ensuite sa place dans l'atelier créé par le capitalisme.

Cette grève générale marque, d'une manière très claire, son indifférence pour la conquête, en affirmant qu'elle se propose de supprimer l'État ; l'État a été, en effet, l'organisateur de la guerre de conquête, le dispensateur des fruits, et la raison d'être des groupes dominateurs qui profitent de toutes les entreprises dont l'ensemble de la société supporte les charges.

Les politiciens se placent à l'autre point de vue ; ils raisonnent sur les conflits sociaux exactement de la même manière que les diplomates raisonnent sur les affaires internationales ; tout l'appareil proprement guerrier des conflits ne les intéresse que médiocrement ; ils ne voient dans les combattants que des instruments. Le prolétariat est leur armée, qu'ils aiment de l'amour qu'un administrateur colonial peut avoir pour les bandes qui lui permettent de soumettre beaucoup de nègres à ses caprices ; ils s'occupent de l'entraîner parce qu'ils sont pressés de gagner bien vite les grandes batailles qui doivent leur livrer l'État; ils entretiennent l'ardeur de leurs hommes comme on a toujours entretenu l'ardeur des troupes de mercenaires, par des exhortations au prochain pillage, par des appels à la haine et aussi par les menues faveurs que leur permet déjà de distribuer l'occupation de quelques places politiques. Mais le prolétariat est pour eux de la *chair à canon* et pas autre chose, comme Marx le disait en 1873 (1).

Le renforcement de l'État est à la base de toutes leurs conceptions ; dans leurs organisations actuelles les politiciens préparent déjà les cadres d'un pouvoir fort, centralisé, discipliné, qui ne sera pas troublé par les critiques d'une opposition, qui saura imposer le silence et qui imposera ses mensonges.

C. — Il est très souvent question dans la littérature socialiste d'une future *dictature du prolétariat* sur laquelle on n'aime pas beaucoup à donner des explications ; quelquefois on perfectionne cette formule et on ajoute l'épithète *impersonnelle* au substantif *dictature*, sans que ce progrès éclaire beaucoup la question. Bernstein signalait, il y a quelques années, que cette dictature serait probablement celle « d'orateurs de clubs et de littérateurs » (2) et il estimait que les socialistes de 1848

---

(1) *L'Alliance de la démocratie socialiste*, p. 15. Marx reprochait à ses adversaires de s'inspirer des pratiques bonapartistes.

(2) La pensée de Bernstein se reporte évidemment ici à un article célèbre de Proudhon, dont il cite d'ailleurs un fragment à la page 47 de son livre. Cet article se termine par des imprécations contre les intellectuels : « Alors vous saurez ce qu'est une révolution provoquée par des avocats, accomplie par des artistes, conduite par des romanciers et des poètes. Néron jadis fut artiste, artiste lyrique et dramatique, amant passionné de l'idéal, adorateur de l'antique, collecteur de médailles, touriste, poète, orateur, bretteur, sophiste, un don Juan, un Lovelace, un gentilhomme plein d'esprit, de fantaisie, de sympathie, en qui regorgeait la vie et la volupté. C'est pour cela qu'il fut Néron. » (*Représentant du peuple*, 29 avril 1848.)

avaient eu en vue, en parlant de cette dictature, une imitation de 1793, « un pouvoir central dictatorial et révolutionnaire, soutenu par la dictature terroriste des clubs révolutionnaires » ; il était effrayé par cette perspective et il assurait que tous les ouvriers avec lesquels il avait eu occasion de s'entretenir, se méfiaient beaucoup de l'avenir (1). De là il concluait à la nécessité de baser la politique et la propagande socialistes sur une conception plus évolutionniste de la société moderne. Son analyse me semble insuffisante.

Dans la dictature du prolétariat, nous pouvons, tout d'abord, signaler un souvenir de l'Ancien Régime ; les socialistes ont, pendant très longtemps, été dominés par l'idée qu'il faut assimiler le capitalisme au régime féodal ; je ne connais guère d'idée plus fausse et plus dangereuse ; ils s'imaginaient que la féodalité nouvelle disparaîtrait sous l'influence de forces analogues à celles qui ont ruiné le régime féodal. Celui-ci succomba sous les coups d'un pouvoir fort, centralisé et pénétré de la conviction qu'il avait reçu de Dieu la mission d'employer des mesures exceptionnelles contre le mal ; les rois du nouveau modèle (2), qui établirent le droit monarchique moderne, furent de terribles despotes qui manquèrent totalement de scrupules ; mais les historiens les ont absous de leurs violences, parce qu'ils ont écrit en des temps où l'anarchie féodale, les mœurs barbares des anciens nobles et leur manque de culture, joints à un défaut de respect pour les idéologues du passé (3), paraissaient des crimes contre lesquels la force royale avait eu le devoir d'agir avec vigueur. Il est à supposer que c'est en vue de

---

(1) Bernstein, *Socialisme théorique et socialdémocratie pratique*, p. 298. et p. 226.

(2) Gervinus, *Introduction à l'histoire du XIXᵉ siècle*, trad. franç., p. 27.

(3) L'histoire de la papauté embarrasse beaucoup les écrivains modernes : quelques-uns lui sont foncièrement hostiles en raison de leur haine pour le christianisme, mais beaucoup sont entraînés à absoudre les plus grandes fautes de la politique papale au Moyen Age, en raison de la sympathie naturelle qui les entraîne à admirer toutes les tentatives faites par des idéologues pour tyranniser le monde.

traiter avec une vigueur toute royale les chefs du capitalisme que l'on parle aujourd'hui d'une dictature du prolétariat.

Plus tard la royauté se relâcha de son despotisme et alors intervint le gouvernement constitutionnel ; on admet aussi que la dictature du prolétariat devra s'atténuer à la longue et disparaître pour faire place finalement à une *société anarchique,* mais on oublie de nous expliquer comment cela pourra se produire. Le despotisme royal n'est pas tombé tout seul ou par la bonté des souverains; il faudrait être bien naïf pour supposer que les gens qui profiteraient de la dictature démagogique, en abandonneraient facilement les avantages.

Ce que Bernstein a bien reconnu, c'est que la dictature du prolétariat correspond à une division de la société en maîtres et en asservis; mais il est curieux qu'il n'ait pas aperçu que l'idée de grève politique (qu'il accepte aujourd'hui dans une certaine mesure) se rattache, de la manière la plus étroite, à cette dictature des politiciens qu'il redoute. Les hommes qui auraient pu organiser le prolétariat sous la forme d'une armée, toujours prête à obéir à leurs ordres, seraient les généraux qui établiraient l'état de siège dans la société conquise; nous aurions donc au lendemain d'une révolution la dictature exercée par l'ensemble des politiciens qui ont déjà formé un groupe compact dans le monde actuel.

J'ai déjà rappelé ce que Marx disait des gens qui restaurent l'État, en créant un embryon de société future de maîtres dans la société contemporaine. L'histoire de la Révolution française nous montre comment les choses se passent. Les révolutionnaires adoptent des dispositions telles que leur personnel administratif soit prêt à prendre l'autorité dès que l'ancien personnel abandonne la place, de sorte qu'il n'y ait aucune solution de continuité dans la domination. Rien n'égale l'admiration de Jaurès pour ces opérations, qu'il rencontre au cours de son *Histoire socialiste,* dont il ne comprend point parfaitement le sens, mais dont il devine l'analogie avec ses propres conceptions de révolution sociale. La veulerie des hommes de ce temps fut si grande que parfois la substitution du nouveau personnel à l'ancien prenait des allures bouffonnes; nous trouvons toujours un État surnuméraire (un *État postiche*, pour employer une expression de ce temps), qui est organisé d'avance à côté de l'État légal, qui se regarde comme un pouvoir légitime avant de devenir un pouvoir légal, et qui est tout prêt à profiter du moindre incident pour prendre le gouvernement que lâchent les mains débiles des autorités constituées (1).

L'adoption du drapeau rouge constitue un des épisodes les plus singuliers et les plus caractéristiques de cette époque. Cet insigne était employé, en temps de troubles, pour prévenir que la loi martiale allait être appliquée; le 10 août 1792 il devint le symbole révolutionnaire en vue de proclamer « la loi martiale du peuple contre les rebelles du pouvoir exécutif ». Jaurès commente ce fait en ces termes : « C'est nous, le peuple, qui sommes le droit... Nous ne sommes pas des révoltés. Les révoltés sont aux Tuileries, et, contre les factieux de la Cour et du modérantisme, nous retournons le drapeau des répressions légales » (2). Ainsi les insurgés commencent par proclamer qu'ils détiennent le pouvoir

---

(1) Une des comédies cocasses de la Révolution est celle que raconte Jaurès dans la *Convention*, pp. 1386-1388. Au mois de mai 1793 s'était établi à l'Evêché un comité insurrectionnel, qui forme un État postiche et qui, le 31 mai, se rend à l'Hôtel de Ville et déclare que le peuple de Paris retire les pouvoirs de toutes les autorités constituées ; le Conseil général de la Commune n'ayant aucun moyen de défense « n'avait plus qu'à céder », mais il le fit en se donnant des grands airs tragiques : discours pompeux, embrassades générales, « pour attester qu'il n'y a ni dépit d'amour-propre chez les uns, ni orgueil de domination chez les autres », et puis «[un serment civique fort, modéré et grave » ; enfin la bouffonnerie se termine par un arrêté réintégrant dans ses fonctions le Conseil qu'on vient de dissoudre. Jaurès a ici des mots charmants : le comité révolutionnaire « déliait [l'autorité légale] de toutes les entraves de la légalité ». Cette belle réflexion est la reproduction du fameux mot des bonapartistes : « Sortir de la légalité pour rentrer dans le droit ».

(2) Jaurès, *Législative*, p. 1288.

légitime ; ils combattent un État n'ayant qu'une apparence de légitimité et ils prennent le drapeau rouge pour symboliser le rétablissement de l'ordre véritable par la force; vainqueurs, ils traiteront les vaincus de conspirateurs et demanderont qu'on punisse leurs complots. La véritable conclusion de toute cette belle idéologie devait être le massacre des prisonniers en septembre.

Tout cela est parfaitement simple et la grève générale politique se développerait en produisant des événements tout pareils. Pour que cette grève réussisse, il faut que le prolétariat soit largement entré dans des syndicats recevant l'impulsion des comités politiques, qu'il existe ainsi une organisation complète dépendant des hommes qui vont prendre le gouvernement et qu'il y ait à faire une simple transmutation dans le personnel de l'État. L'organisation de l'*Etat postiche* devrait être plus complète qu'elle ne le fut à l'époque de la Révolution, parce que la conquête de l'État ne semble pas aussi facile à faire qu'autrefois; mais le principe serait le même; on pourrait même supposer que la transmission de l'autorité s'opérant aujourd'hui avec plus de régularité, grâce aux ressources nouvelles que procure le régime parlementaire, et le prolétariat étant parfaitement encadré dans des syndicats officiels, nous verrions la révolution sociale aboutir à une merveilleuse servitude.

IV

L'étude de la grève politique nous conduit à mieux comprendre une distinction qu'il faut avoir toujours présente à l'esprit quand on réfléchit sur les questions sociales contemporaines. Tantôt on emploie les termes *force* et *violence* en parlant des actes de l'autorité, tantôt en parlant des actes de révolte. Il est clair que les deux cas donnent lieu à des conséquences fort différentes. Je suis d'avis qu'il y aurait grand avantage à adopter une terminologie qui ne donnerait lieu à aucune ambiguïté et qu'il faudrait réserver le terme *violence* pour la deuxième acception ; nous dirons donc que la force a pour objet d'imposer l'organisation d'un certain ordre social dans lequel une minorité gouverne, tandis que la violence tend à la destruction de cet ordre. La bourgeoisie a employé la force depuis le début des temps modernes, tandis que le prolétariat réagit maintenant contre elle et contre l'État par la violence.

Depuis longtemps, j'étais convaincu qu'il importerait beaucoup d'approfondir la théorie des puissances sociales : mais je n'avais pu apercevoir la distinction capitale, dont il est question ici, avant d'avoir réfléchi sur la grève générale. Il ne me semble pas d'ailleurs que Marx ait jamais examiné d'autres puissances sociales que la force. Dans les *Saggi di critica del marxismo*, j'avais cherché, il y a quelques années, à résumer les thèses marxistes sur l'adaptation de l'homme aux conditions du capitalisme et j'avais présenté ces thèses de la manière suivante, aux pages 38-40 :

« 1° Il y a un système en quelque sorte mécanique, dans lequel l'homme semble soumis à de vraies *lois naturelles* ; les économistes classiques placent à l'origine cet automatisme qui est le dernier produit du régime capitaliste. « Il se forme, dit Marx (1), une classe de plus en plus nombreuses de travailleurs qui, grâce à l'éducation, la tradition, l'habitude, subissent les exigences du régime aussi spontanément que le changement des saisons. » L'intervention d'une volonté intelligente dans la coercition apparaîtrait comme une exception.

« 2° Il y a un régime d'émulation et de grande concurrence, qui entraîne les hommes à écarter les obstacles traditionnels, à chercher constamment du nouveau et à imaginer des conditions de vie qui leur semblent meilleures. C'est dans cette tâche révolutionnaire que la bourgeoisie excelle selon Marx.

« 3° Il y a le régime de la violence qui a un rôle très important dans l'histoire et qui revêt plusieurs formes distinctes :

« *a*) Au plus bas degré nous avons la violence dispersée, qui ressemble à la concurrence vitale, qui agit par la médiation des forces économiques et qui opère une expropriation lente mais certaine ; une telle violence se manifeste surtout avec l'aide de régimes fiscaux (2).

« *b*) Vient ensuite la force concentrée et organisée de l'État qui agit directement sur le travail, pour *régler le salaire*, c'est-à-dire pour le déprimer au niveau convenable, pour prolonger la journée du travail et maintenir le travailleur lui-même au degré de dépendance voulu ; c'est là un moment essentiel de l'accumulation capitaliste (3).

« *c*) Nous avons enfin la violence proprement dite qui occupe une si grande place dans l'histoire de l'accumulation primitive et qui constitue l'objet principal de l'histoire. »

---

(1) *Capital*, tome I, p. 327, col. 1.
(2) Marx fait observer qu'en Hollande, l'impôt fut employé pour faire renchérir artificiellement les objets de première nécessité ; ce fut l'application d'un principe de gouvernement : ce régime exerça une action délétère sur la classe ouvrière et ruina le paysan, l'artisan et les autres éléments de la classe moyenne ; mais il assurait une parfaite soumission de l'ouvrier au patron des manufactures. (*Capital*, tome I, p. 338, col. 2.)
(3) *Capital*, tome I, p. 327, col. 1.

Quelques observations complémentaires ne seront pas inutiles ici.

Il faut, tout d'abord, observer que ces divers moments sont placés sur une échelle logique, en partant des états qui rappellent le plus un organisme et dans lesquels n'apparaît aucune volonté distincte, pour aller vers les états où des volontés mettent leurs plans réfléchis en évidence : mais l'ordre historique est tout le contraire de celui-là.

A l'origine de l'accumulation capitaliste, nous trouvons des faits historiques bien distincts, qui apparaissent chacun en son temps, avec ses caractères propres et dans des conditions assez marquées pour être inscrits dans les chroniques. C'est ainsi que l'on rencontre l'expropriation des paysans et la suppression de l'ancienne législation qui avait constitué « le servage et la hiérarchie industrielle. » Marx ajoute : « L'histoire de cette expropriation n'est pas matière à conjectures, elle est inscrite dans les annales de l'humanité en lettres de sang et de feu indélébiles » (2).

Plus loin, Marx nous fait voir comment l'aurore des temps modernes fut marquée par la conquête de l'Amérique, l'esclavage des nègres et les guerres coloniales : « Les diverses méthodes d'accumulation primitive que l'ère capitaliste fit éclore, se partagent d'abord, par ordre plus ou moins chronologique, entre le Portugal, l'Espagne la France et l'Angleterre, jusqu'à ce que celle-ci les combine toutes, au dernier tiers du XVIIe siècle, dans un ensemble systématique, embrassant à la fois le régime colonial, le crédit public, la finance moderne et le système protectionniste. Quelques-unes de ces méthodes reposent sur l'emploi de la force brutale ; mais toutes, sans exception, exploitent le pouvoir de l'État, la force concentrée et organisée de la société, afin de précipiter violemment le passage de l'ordre économique féodal à l'ordre économique capitaliste, et d'abréger les phrases de

---

(2) *Capital*, tome I, p. 315.

transition ». C'est à cette occasion qu'il compare la force à une accoucheuse et dit qu'elle multiplie le mouvement social (1).

Ainsi nous voyons des puissances économiques se mêler d'une manière étroite à la puissance politique et finalement le capitalisme se perfectionner à ce point qu'il n'ait plus besoin de faire un appel direct à la force publique, sauf dans des cas très exceptionnels. « Dans le cours ordinaire des choses, le travailleur peut être abandonné à l'action des *lois naturelles* de la société, c'est-à-dire à la dépendance du capital, engendrée, garantie et perpétuée par le mécanisme même de la production » (2).

Lorsqu'on est parvenu au dernier terme historique, l'action de volontés distinctes disparaît et l'ensemble de la société ressemble à un corps organisé, fonctionnant tout seul ; les observateurs peuvent alors fonder une science économique qui leur paraît aussi certaine que les sciences de la nature physique. L'erreur de beaucoup d'économistes a consisté à ne pas voir que ce régime, qui leur semblait naturel ou primitif (3), est le résultat d'une série de transformations qui auraient pu ne pas se produire et dont la combinaison reste toujours fort instable, car elle pourrait être détruite par la force, comme elle a été créée par l'intervention de celle-ci ; — la littérature économique contemporaine est, d'ailleurs, pleine de plaintes relatives aux interventions de l'Etat qui troublent les *lois naturelles*.

---

(1) *Capital*, tome I, p. 336, col. 1. — Le texte allemand porte que la force est *œkonomische Potenz* (*Kapital*, 4° édition, p. 716) ; le texte français porte que la force est un *agent économique*. Fourier appelle *puissancielles* les progressions géométriques (*Nouveau monde industriel et sociétaire*, p. 376). Marx a évidemment employé le mot *Potenz* dans le sens de multiplicateur ; Cf. dans le *Capital*, p. 176, col. 1. le terme : *travail puissancié* pour travail d'une productivité multipliée.

(2) *Capital*, tome I, p. 327, col. 1.

(3) *Naturel*, au sens marxiste, est ce qui ressemble à un mouvement physique, ce qui s'oppose à la création d'une volonté intelligente ; — pour les déistes du xviii° siècle, *naturel* était ce qui avait été créé par Dieu et était à la fois primitif et excellent ; c'est encore le point de vue de G. de Molinari.

Aujourd'hui les économistes sont peu disposés à croire que le respect de ces *lois naturelles* s'impose en raison du respect dû à la Nature : ils voient bien qu'on est parvenu tardivement au régime capitaliste, mais ils estiment qu'on y est parvenu par un progrès qui devrait enchanter l'âme des hommes éclairés. Ce progrès se traduit, en effet, par trois faits remarquables : il est devenu possible de constituer une science de l'économie ; — le droit peut atteindre ses formules les plus simples, les plus sûres, les plus belles, puisque le droit des obligations domine tout capitalisme avancé ; — les caprices des maîtres de l'Etat ne sont plus aussi apparents et ainsi on marcherait vers la liberté. Tout retour au passé leur semble être un attentat contre la science, le droit et la dignité humaine.

Le socialisme considère cette évolution comme étant une histoire de la force bourgeoise et il ne voit que des modalités là où les économistes croient découvrir des hétérogénéités : que la force se présente sous l'aspect d'actes historiques de coercition ou d'oppression fiscale, ou de conquête, ou de législation du travail, ou encore qu'elle soit tout enveloppée dans l'économie, il s'agit toujours de la force bourgeoise travaillant, avec plus ou moins d'adresse, à produire l'ordre capitaliste.

Marx s'est attaché, avec beaucoup de minutie, à décrire les phénomènes de cette évolution ; mais il est très sobre de détails sur l'organisation du prolétariat. Cette lacune de son œuvre a été souvent expliquée ; il trouvait en Angleterre, sur l'histoire du capitalisme, une masse énorme de matériaux assez bien classés et déjà soumis à des discussions économiques ; il pouvait donc approfondir les diverses particularités de l'évolution bourgeoise ; mais il n'avait pas beaucoup d'éléments pour raisonner sur l'organisation du prolétariat ; il devait donc se contenter d'expliquer en formules très abstraites l'idée qu'il se faisait du chemin que celui-ci avait à parcourir pour atteindre l'heure de la lutte révolutionnaire. Cette insuffisance de l'œuvre de

Marx a eu pour conséquence de faire dévier le marxisme de sa véritable nature.

Les gens qui se piquaient d'orthodoxie marxiste n'ont voulu ajouter rien d'essentiel à ce qu'avait écrit leur maître et ils ont cru qu'ils devaient utiliser, pour raisonner sur le prolétariat, ce qu'ils avaient appris dans l'histoire de la bourgeoisie. Ils n'ont donc pas soupçonné qu'il y avait une différence à établir entre la *force* qui marche vers l'autorité et cherche à réaliser une obéissance automatique, et la *violence* qui veut briser cette autorité. Suivant eux, le prolétariat doit acquérir la force comme la bourgeoisie l'a acquise, s'en servir comme elle s'en est servie et aboutir à un État socialiste remplaçant l'État bourgeois.

L'État ayant joué autrefois un rôle de premier ordre dans les révolutions qui supprimèrent l'ancienne économie, c'est encore l'État qui devra supprimer le capitalisme. Les travailleurs doivent donc tout sacrifier à un seul but : amener au pouvoir des hommes qui lui promettent solennellement de ruiner le capitalisme au profit du peuple ; c'est ainsi que se forme un parti socialiste parlementaire. D'anciens militants socialistes pourvus d'emplois modestes, des bourgeois lettrés, légers et avides de bruit, et des spéculateurs de la Bourse imaginent qu'un âge d'or pourrait naître pour eux à la suite d'une révolution sage, bien sage, qui ne toucherait pas gravement l'État traditionnel. Ces futurs maîtres du monde rêvent tout naturellement de reproduire l'histoire de la force bourgeoise et ils s'organisent pour être en mesure de tirer le plus possible de profit de cette révolution. Un groupe considérable de clients pourrait prendre rang dans la hiérarchie nouvelle, et ce que Paul Leroy-Beaulieu nomme le « Quatrième État » deviendrait vraiment une basse-bourgeoisie (1).

---

(1) Dans un article du *Radical* (2 janvier 1906), Ferdinand Buisson expose que les catégories de travailleurs actuellement les plus favorisées continueront à s'élever au-dessus des autres ; les ouvriers des mines, de

Tout l'avenir de la démocratie pourrait bien dépendre de cette basse-bourgeoisie, qui espère utiliser, pour son plus grand avantage personnel, la force des organisations vraiment prolétariennes (1). Les politiciens croient qu'elle aura toujours des tendances pacifiques, qu'elle est susceptible d'être bien disciplinée et que les chefs de si sages syndicats comprenant comme eux l'action de l'État, cette classe formera une clientèle excellente. Ils voudraient qu'elle leur servît à gouverner le prolétariat : c'est pourquoi Ferdinand Buisson et Jaurès sont partisans des syndicats des petits fonctionnaires, qui, en entrant dans les Bourses du Travail, inspireraient au prolétariat leur attitude éteinte et pacifique.

La grève générale politique concentre toute cette conception dans un tableau d'une intelligence facile ; elle nous montre comment l'État ne perdrait rien de sa force, comment la transmission se ferait de privilégiés à privilégiés, comment le peuple des producteurs arriverait à changer de maîtres. Ces maîtres seraient très probablement moins habiles que ceux d'aujourd'hui ; ils feraient de plus beaux discours que les capitalistes ; mais tout porte à croire qu'ils seraient beaucoup plus durs et plus insolents que leurs prédécesseurs.

La *nouvelle école* raisonne tout autrement ; elle ne peut accepter l'idée que le prolétariat ait pour mission historique d'imiter la bourgeoisie ; elle ne conçoit pas qu'une révolution aussi prodigieuse que celle qui supprimerait le capitalisme, puisse être tentée pour un

---

la voie ferrée, des manufactures de l'État ou des services municipaux, qui sont bien organisés, forment une « aristocratie ouvrière » qui réussit d'autant plus facilement qu'elle a à discuter avec des collectivités qui font « profession de reconnaître les droits de l'homme, la souveraineté nationale, l'autorité du suffrage universel ». Sous ce galimatias on trouve tout simplement la reconnaissance de l'appui demandé par des clients à des politiciens.

(1) « Une partie de la nation *s'agrège au prolétariat* pour demander des droits », dit Maxime Leroy dans un livre consacré à défendre les syndicats de fonctionnaires. (*Les transformations de la puissance publique*, p. 216).

minime et douteux résultat, pour un changement de maîtres, pour la satisfaction d'idéologues, de politiciens et spéculateurs, tous adorateurs et exploiteurs de l'État. Elles ne veut pas s'en tenir aux formules de Marx : si celui-ci n'a point fait d'autre théorie que celle de la force bourgeoise, ce n'est point à ses yeux une raison pour s'en tenir rigoureusement à l'imitation de la force bourgeoise.

Au cours de sa carrière révolutionnaire, Marx n'a pas été toujours bien inspiré et trop souvent il a suivi des inspirations qui appartiennent au passé; dans ses écrits, il lui est même arrivé d'introduire quantité de vieilleries provenant des utopistes. La *nouvelle école* ne se croit nullement tenue d'admirer les illusions, les fautes, les erreurs de celui qui a tant fait pour élaborer les idées révolutionnaires ; elle s'efforce d'établir une séparation entre ce qui dépare l'œuvre de Marx et ce qui doit immortaliser son nom ; elle prend ainsi le contrepied des socialistes officiels qui veulent surtout admirer dans Marx ce qui n'est pas marxiste. Nous n'attacherons donc aucune importance aux textes nombreux qu'on peut nous opposer pour nous montrer que Marx a souvent compris l'histoire comme les politiciens.

Nous savons maintenant quelle est la raison de son attitude ; il ne connaissait pas la distinction qui nous apparaît aujourd'hui si claire entre la force bourgeoise et la violence prolétarienne, parce qu'il n'a point vécu dans des milieux qui eussent acquis une conception satisfaisante de la grève générale (1). Aujourd'hui nous possédons assez d'éléments pour comprendre aussi bien la grève syndicaliste que la grève politique; nous savons en quoi le mouvement prolétarien se différencie des anciens mouvements bourgeois; nous trouvons dans l'attitude des révolutionnaires en présence de l'État

---

(1) Les insuffisances et les erreurs que renferme l'œuvre de Marx, en tout ce qui touche à l'organisation révolutionnaire du prolétariat, peuvent être signalées comme des illustrations mémorables de cette loi qui nous empêche de *penser* autre chose que ce qui a des bases réelles dans la vie. Ne confondons pas *pensée* et *imagination*.

le moyen de distinguer des notions qui étaient encore bien confuses dans l'esprit de Marx.

La méthode qui nous a servi à marquer la différence qui existe entre la force bourgeoise et la violence prolétarienne, peut servir aussi à résoudre beaucoup de questions qui se présentent au cours des recherches relatives à l'organisation du prolétariat. En rapprochant les essais d'organisation de la grève syndicaliste et ceux de la grève politique, on peut souvent juger ce qui est bon et ce qui est mauvais, c'est-à-dire ce qui est spécifiquement socialiste et ce qui a des tendances bourgeoises.

L'éducation populaire, par exemple, semble être entièrement dirigée dans un esprit bourgeois ; tout l'effort historique du capitalisme a été de conduire les masses à se laisser gouverner par les conditions de l'économie capitaliste, en sorte que la société devînt un organisme ; tout l'effort révolutionnaire tend à créer des *hommes libres ;* mais les gouvernements démocratiques se donnent pour mission de réaliser l'*unité morale* de la France. Cette unité morale, c'est la discipline automatique des producteurs qui seraient heureux de travailler pour la gloire de leurs chefs intellectuels.

On peut encore dire que le grand danger qui menace le syndicalisme serait toute tentative d'imiter la démocratie ; il vaut mieux pour lui savoir se contenter, pendant un temps, d'organisations faibles et chaotiques que de tomber sous la domination de syndicats qui copieraient des formes politiques de la bourgeoisie.
Les syndicalistes révolutionnaires ne s'y sont jamais trompés, parce que ceux qui cherchent à les diriger dans la voie simili-bourgeoise sont des adversaires de la grève générale syndicaliste et se sont ainsi dénoncés eux-mêmes comme des ennemis.

CHAPITRE VI

La moralité de la violence

I. — Observations de P. Bureau et de P. de Rousiers. — L'ère des martyrs. — Possibilité de maintenir la scission avec peu de violences grâce à un mythe catastrophique.
II. — Anciennes habitudes de brutalité dans les écoles et les ateliers. — Les classes dangereuses. — Indulgence pour les crimes de ruse. — Les délateurs.
III. — La loi de 1884 faite pour intimider les conservateurs. — Rôle de Millerand dans le ministère Waldeck-Rousseau. — Raison des idées actuelles sur l'arbitrage.
IV. — Recherche du sublime dans la morale. — Proudhon. — Pas de genèse morale dans le trade-unionisme. — Le sublime en Allemagne et la notion catastrophique.

I

Les codes prennent tant de précautions contre la violence et l'éducation est dirigée en vue d'atténuer tellement nos tendances à la violence que nous sommes conduits instinctivement à penser que tout acte de violence est une manifestation d'une régression vers la barbarie. Si l'on a si souvent opposé les sociétés industrielles aux sociétés militaires, c'est que l'on a considéré la paix comme étant le premier des biens et la condition essentielle de tout progrès matériel : ce dernier point de vue nous explique pourquoi, depuis le XVIIIe siècle et presque sans interruption, les économistes ont été partisans de pouvoirs forts et assez peu soucieux des libertés politiques. Condorcet adresse ce reproche aux élèves de Quesnay ; et Napoléon III n'eut peut-être pas de plus grand admirateur que Michel Chevalier (1).

---

(1) Un jour Michel Chevalier entra rayonnant dans la salle de rédaction du *Journal des Débats* : « Ses premiers mots furent : J'ai conquis la liberté ! On était plein d'attente, on demanda des explications. Il s'agissait de la liberté de la boucherie. » (Renan, *Feuilles détachées*, p. 149.)

On peut se demander s'il n'y a pas quelque peu de niaiserie dans l'admiration que nos contemporains ont pour la douceur; je vois, en effet, que quelques auteurs, remarquables par leur perspicacité et leurs hautes préoccupations morales, ne semblent pas autant redouter la violence que nos professeurs officiels.

P. Bureau a été extrêmement frappé de rencontrer en Norwège une population rurale qui est demeurée très profondément chrétienne : les paysans n'en portent pas moins un poignard à la ceinture ; quand une querelle se termine à coups de couteau, l'enquête de la police n'aboutit pas, en général, faute de témoins disposés à déposer. — L'auteur ajoute : « Le caractère amolli et efféminé des hommes est plus redoutable que leur sentiment, même exagéré et brutal, de l'indépendance, et un coup de couteau donné par un homme ho nête en ses mœurs, mais violent, est un mal social moins grave et plus facilement guérissable que les débordements de la luxure de jeunes gens réputés plus civilisés » (1).

J'emprunte un second exemple à P. de Rousiers, qui est, tout comme P. Bureau, un catholique fervent et préoccupé de morale. Il raconte comment, vers 1860, le pays de Denver, grand centre minier des Montagnes-Rocheuses, fut purgé des bandits qui l'infestaient ; la magistrature américaine étant impuissante, de courageux citoyens se mirent à l'œuvre : « La loi de Lynch était fréquemment appliquée ; un homme convaincu de meurtre ou de vol pouvait se voir arrêter, juger, et... pendre, en moins d'un quart d'heure, pour peu qu'un comité de vigilance énergique s'emparât de lui... L'Américain honnête a l'excellente habitude de ne pas se laisser écraser, sous prétexte qu'il est honnête ; un homme d'ordre n'est pas nécessairement un trembleur, comme cela arrive trop souvent chez nous ; au contraire, il considère que son intérêt doit passer avant celui d'un repris de justice ou d'un joueur. De plus, il

---

(1) P. Bureau, *Le paysan des fjords de Norvège*, pp. 114-115.

possède l'énergie nécessaire pour résister, et le genre de vie qu'il mène le rend apte à résister efficacement, même à prendre l'initiative et la responsabilité d'une mesure grave, quand les circonstances l'exigent..... Un tel homme, placé dans un pays neuf et plein de ressources voulant profiter des richesses qu'il renferme et conquérir par son travail une situation élevée, n'hésitera pas à supprimer, au nom des intérêts supérieurs qu'il représente, les bandits qui compromettent l'avenir de ce pays. Voilà pourquoi tant de cadavres se balançaient à Denver, il y a vingt-cinq ans, au-dessus du petit pont jeté sur le Cherry-Creek » (1).

C'est bien là chez P. de Rousiers une opinion réfléchie, car il revient encore, ailleurs, sur cette question. « Je sais, dit-il, que la loi de Lynch est généralement considérée en France comme un symptôme de barbarie... mais si les honnêtes gens d'Europe pensent ainsi, les honnêtes gens d'Amérique pensent tout autrement » (2). Il approuve hautement le comité de vigilance de la Nouvelle-Orléans qui en 1890 pendit, « à la grande satisfaction de tous les honnêtes gens », des *maffiosi* acquittés par le jury (3).

Il ne semble pas qu'au temps où la *vendetta* fonctionnait régulièrement en Corse, pour compléter ou corriger l'action d'une justice trop boiteuse, la population eût une moindre moralité qu'aujourd'hui. Avant la conquête française, la Kabylie ne connaissait pas d'autre mode de répression que la vengeance privée et les Kabyles n'étaient pas de mauvaises gens.

On concédera aux partisans de la douceur que la violence peut gêner le progrès économique et même qu'elle peut être dangereuse pour la moralité, lorsqu'elle dépasse une certaine limite. Cette concession ne peut point être opposée à la doctrine exposée ici, parce que

---

(1) De Rousiers, *La vie américaine, Ranches, fermes et usines*, pp. 224-225.
(2) De Rousiers, *La vie américaine, L'éducation et la société*, p. 218.
(3) De Rousiers, *loc. cit.*, p. 221.

je considère la violence seulement au point de vue de ses conséquences idéologiques. Il est certain que pour amener les travailleurs à regarder les conflits économiques comme des images affaiblies de la grande bataille qui décidera de l'avenir, il n'est point nécessaire qu'il y ait un grand développement de la brutalité et que le sang soit versé à flots. Si une classe capitaliste est énergique, elle affirme constamment sa volonté de se défendre, son attitude franchement et loyalement réactionnaire contribue, au moins autant que la violence prolétarienne, à marquer la scission des classes qui est la base de tout le socialisme.

Nous pouvons utiliser ici la grande expérience historique fournie par les persécutions que le christianisme eut à subir durant les trois premiers siècles. Les auteurs modernes ont été si frappés par le langage des Pères de l'Église et par les détails donnés dans les Actes des martyrs, qu'ils se sont représenté généralement les chrétiens comme des proscrits dont le sang ne cessait de couler avec abondance. La scission fut extraordinairement marquée entre le monde païen et le monde chrétien; sans cette scission, jamais celui-ci n'aurait pu acquérir sa pleine personnalité; mais cette scission a pu se maintenir sans que les choses se soient passées comme on le pensait autrefois.

Personne ne croit plus que les chrétiens se réfugiaient dans des carrières souterraines pour échapper aux perquisitions de la police; les catacombes furent creusées, à très grand frais, par des communautés disposant d'importantes ressources, sous des terrains qui appartenaient, en général, à de puissantes familles, protectrices du nouveau culte. Personne ne met plus en doute qu'avant la fin du premier siècle, le christianisme avait des adhérents au sein de l'aristocratie romaine; « dans la très ancienne catacombe de Priscille, on a retrouvé la sépulture de la lignée chrétienne des Acilii, du Ier au IVe siècle » (1). Il semble qu'il faille abandonner aussi l'opinion ancienne relative au grand nombre de martyrs.

Renan admettait encore que la littérature des martyrs devait être prise au sérieux : « Les détails des Actes des martyrs, disait-il, peuvent être faux pour la plus grande partie, l'effroyable tableau qu'ils déroulent devant nous n'en fut pas moins une réalité. On s'est souvent fait de trompeuses images de cette lutte terrible... on n'en a pas exagéré la gravité » (2). Les recherches de Harnack conduisent à une tout autre conclusion ; il n'y aurait aucune mesure entre le langage des auteurs chrétiens et l'importance matérielle des persécutions ; il y aurait eu très peu de martyrs avant le milieu du IIIe siècle. Tertullien est l'écrivain qui a le plus fortement marqué l'horreur que la nouvelle religion éprouvait pour ses persécuteurs, et cependant voici ce que Harnack dit : « Un regard jeté à l'aide des ouvrages de Tertullien sur Carthage et l'Afrique du nord, montre qu'avant l'an 180 il n'y eut dans ces régions aucun martyr et que depuis lors jusqu'à la mort de Tertullien (après 220) elles n'en comptèrent, même en y joignant la Numidie et les Mauritanies, guère plus de deux douzaines » (3). Il faut songer qu'à cette époque il y avait en Afrique un assez grand nombre de montanistes qui exaltaient beaucoup la gloire du martyre et n'admettaient point que l'on eût le droit de fuir la persécution.

P. Allard a combattu la thèse de Harnack par des arguments qui me semblent assez faibles (4) ; il ne parvient point à comprendre l'énorme distance qui peut exister entre l'idéologie des persécutés et la réalité. « Les chrétiens, dit le professeur allemand (5), pouvaient se plaindre d'être comme des troupeaux pour-

---

(1) P. Allard, *Dix leçons sur le martyre*, p. 171.
(2) Renan, *Église chrétienne*, p. 317.
(3) P. Allard, *op. cit.*, p. 137.
(4) *Revue des questions historiques*, juillet 1905.
(5) P. Allard, *op. cit.*, p. 142. Cf. ce que j'ai dit dans *Le système historique de Renan*, pp. 312-315.

suivis, et pourtant cela n'avait pas lieu d'ordinaire ; ils pouvaient se considérer comme des modèles d'héroïsme, et cependant étaient rarement mis à l'épreuve ; » et j'appelle l'attention sur cette fin de la phrase : « Ils pouvaient se placer au-dessus des grandeurs du monde et, en fait, s'accommodaient toujours plus à lui. » Il y a, en effet, quelque chose de paradoxal, au premier abord, dans la situation de l'Église, qui avait des fidèles dans les hautes classes, obligés de vivre en faisant beaucoup de concessions aux usages, et qui cependant pouvait maintenir une idéologie de la scission. Les inscriptions de la catacombe de Priscille nous montrent « la perpétuité de la foi dans une série de générations d'Acilii, dans lesquelles se rencontrent non seulement des consuls et des magistrats de l'ordre le plus élevé, mais des prêtres, des prêtresses, même des enfants, membres des illustres collèges idolâtriques, réservés par privilège aux patriciens et à leurs fils » (1). Si l'idéologie chrétienne avait été rigoureusement déterminée par les faits matériels, un tel paradoxe eût été impossible.

La statistique des persécutions ne joue donc pas ici un grand rôle ; des circonstances notables, qui se produisaient au cours des scènes de martyre, avaient beaucoup plus d'importance que la fréquence des supplices. C'est en raison de faits assez rares, mais très héroïques, que l'idéologie s'est construite : les martyrs n'avaient pas besoin d'être nombreux pour prouver, par l'épreuve, la vérité absolue de la nouvelle religion et l'erreur absolue de l'ancienne, pour établir ainsi qu'il y avait deux voies incompatibles entre elles, pour faire comprendre que le règne du mal aurait un terme. « On peut, dit Harnack, malgré le petit nombre des martyrs, estimer à sa juste valeur le courage qu'il fallait pour devenir chrétien et vivre en chrétien ; on doit avant tout louer la conviction du martyr qu'un mot ou un geste

---

(1) P. Allard, *op. cit.*, p. 206.

pouvait rendre indemne et qui préférait la mort à l'impunité. » Les contemporains, qui voyaient dans le martyre une épreuve judiciaire constituant un témoignage en l'honneur du Christ (1), tiraient de ces faits de tout autres conclusions que celles que peut en tirer un historien moderne qui raisonne avec nos idées modernes ; jamais idéologie n'a pu être aussi éloignée des faits que celle-là.

L'administration romaine était extrêmement dure pour tout homme qui lui semblait susceptible de troubler la tranquillité publique et surtout pour tout accusé qui bravait sa majesté. En frappant, de temps à autre, quelques chrétiens qui lui étaient dénoncés (pour des raisons demeurées généralement inconnaissables aux modernes), elle ne croyait pas faire un acte qui fût destiné à occuper jamais la postérité, et il semble que le grand public n'y prenait pas beaucoup garde lui-même ; c'est ce qui explique pourquoi les persécutions ne laissèrent presque pas de traces dans la littérature païenne. Les païens n'avaient pas de raison pour attacher au martyre l'extraordinaire importance que lui attribuaient les fidèles et les gens qui leur étaient déjà sympathiques.

Cette idéologie ne se serait certainement pas formée d'une manière aussi paradoxale, si on n'avait cru fermement aux catastrophes décrites par les nombreuses apocalypses qui furent composées à la fin du Ier siècle et au commencement du IIe ; on était persuadé que le monde allait être livré complètement au règne du mal et que le Christ viendrait ensuite donner la victoire définitive à ses élus. Tout incident de persécution empruntait à la mythologie de l'Antéchrist quelque chose de son caractère effroyablement dramatique ; au lieu d'être apprécié en raison de son importance matérielle, comme un malheur frappant quelques individus, une leçon pour la communauté ou une entrave temporaire

---

(1) G. Sorel, *Système historique de Renan*, pp. 335-336.

apportée à la propagande, il était un élément de la guerre engagée par *Satan, prince de ce monde*, qui allait bientôt révéler son Antéchrist. Ainsi la scission découlait, à la fois, des persécutions et d'une attente fiévreuse d'une bataille décisive. Lorsque le christianisme fut suffisamment développé, la littérature des apocalypses cessa d'être beaucoup cultivée, encore que l'idée qui en faisait le fond continuât à exercer son influence ; les Actes des martyrs furent rédigés de manière à provoquer les sentiments qu'engendraient les apocalypses et on peut dire qu'ils les remplacèrent (1) : parfois on trouve consignée, dans la littérature des persécutions, d'une manière aussi claire que dans les apocalypses, l'horreur que les fidèles éprouvaient pour les ministres de Satan qui les poursuivaient (2).

Nous pouvons donc concevoir que le socialisme soit parfaitement révolutionnaire encore qu'il n'y ait que des conflits courts et peu nombreux, pourvu que ceux-ci aient une force suffisante pour pouvoir s'allier à l'idée de la grève générale : tous les événements apparaîtront alors sous une forme amplifiée et, les notions catastrophiques se maintenant, la scission sera parfaite. Ainsi se trouve écartée l'objection que l'on adresse souvent aux révolutionnaires : la civilisation n'est point menacée de succomber sous les conséquences d'un développement de la brutalité, puisque l'idée de grève générale permet d'alimenter la notion de lutte de classe au moyen d'incidents qui paraîtraient médiocres aux historiens bourgeois.

Lorsque les classes gouvernantes, n'osant plus gou-

---

(1) Il est probable que la première génération chrétienne n'eut pas une complète intelligence de la possibilité de remplacer les apocalypses imitées de la littérature juive par les Actes des martyrs ; on s'expliquerait ainsi pourquoi nous ne possédons point de récits antérieurs à l'an 155 (lettre des Smyrniotes racontant la mort de saint Polycarpe) et pourquoi le souvenir d'un certain nombre de très anciens martyrs romains a pu être perdu.

(2) Renan, *Marc-Aurèle*, p. 500.

verner, ont honte de leur situation privilégiée, s'acharnent à faire des avances à leurs ennemis et proclament leur horreur pour toute scission dans la société, il devient beaucoup plus difficile de maintenir dans le prolétariat cette idée de scission sans laquelle il serait impossible au socialisme de remplir son rôle historique. Tant mieux, déclarent les *braves gens ;* nous pouvons donc espérer que l'avenir du monde ne sera pas livré aux gens grossiers qui ne respectent pas même l'État, qui se moquent des hautes idéologies bourgeoises et qui n'ont pas plus d'admiration pour les professionnels de la pensée élevée que pour les curés. Faisons donc tous les jours davantage pour les déshérités, disent ces messieurs ; montrons-nous plus chrétiens ou plus philanthropes, ou plus démocrates (suivant le tempérament de chacun) ; unissons-nous pour l'accomplissement du *devoir social*, et nous aurons raison de ces affreux socialistes qui croient possible de ruiner le prestige des intellectuels, après que les intellectuels ont ruiné celui de l'Église. En fait ces combinaisons savantes et morales ont échoué ; la raison n'en est pas difficile à voir.

Le beau raisonnement de ces messieurs, des pontifes du devoir social, suppose que la violence ne pourra plus augmenter, ou même qu'elle diminuera au fur et à mesure que les intellectuels feront plus de politesses, de platitudes et de grimaces en l'honneur de l'union des classes. Malheureusement pour ces grands penseurs, les choses se passent tout autrement : il se trouve que la violence ne cesse de s'accroître au fur et à mesure qu'elle devrait diminuer d'après les principes de la haute sociologie. Il y a, en effet, de misérables socialistes qui profitent de la lâcheté bourgeoise pour entraîner les masses dans un mouvement qui, tous les jours, devient moins semblable à celui qui devrait résulter des sacrifices consentis par la bourgeoisie en vue d'obtenir la paix. Pour un peu, les sociologues déclareraient que les socialistes trichent et emploient des procédés déloyaux, tant les faits répondent mal à leurs prévisions.

Il était cependant facile de comprendre que les socialistes ne se laisseraient pas vaincre sans avoir employé toutes les ressources que pouvait leur fournir la situation. Des gens qui ont voué leur vie à une cause qu'ils identifient à celle de la rénovation du monde, ne pouvaient hésiter à user de toutes les armes pour développer d'autant plus l'esprit de lutte de classe que l'on faisait plus d'efforts pour le faire disparaître. Les rapports sociaux existants se prêtent à une infinité d'incidents de violence et l'on n'a pas manqué d'engager les travailleurs à ne pas reculer devant la brutalité quand celle-ci peut leur rendre service. Les bourgeois philanthropes faisant fête aux syndiqués qui voulaient bien consentir à venir discuter avec eux, dans l'espoir que ces ouvriers, fiers de leurs fréquentations aristocratiques, donneraient des conseils pacifiques à leurs camarades, des soupçons de trahison devaient naître assez rapidement contre les partisans des réformes sociales. Enfin, et c'est le fait le plus remarquable de cette histoire, l'antipatriotisme devient un élément essentiel du programme syndicaliste (1).

L'introduction de l'antipatriotisme dans le mouvement ouvrier est d'autant plus remarquable qu'elle s'est produite au moment où le gouvernement était en train de faire passer dans la pratique les théories solidaristes. Léon Bourgeois a beau faire ses grâces les plus aimables au prolétariat; vainement il l'assure que la société capitaliste est une grande famille et que le pauvre a une créance sur la richesse générale; il peut soutenir que toute la législation contemporaine s'oriente vers les applications de la solidarité; le prolétariat lui répond en niant, de la manière la plus grossière,

---

(1) Comme nous considérons toutes choses du point de vue historique, il importe peu de savoir quelles raisons se donnèrent les premiers apôtres de l'antipatriotisme ; les raisons de ce genre ne sont, presque jamais, les bonnes; l'essentiel est que pour la très grande majorité des syndicalistes révolutionnaires, l'antipatriotisme apparaisse comme inséparable de leur action syndicaliste.

le pacte social, par la négation du devoir patriotique. Au moment où il semblait que l'on avait trouvé le moyen de supprimer la lutte de classe, voilà donc qu'elle renaît sous une forme particulièrement déplaisante (1).

Ainsi tous les *braves gens* arrivent à des résultats qui sont en pleine contradiction avec leurs efforts ; c'est à désespérer de la sociologie ! S'ils avaient le sens commun et s'ils avaient vraiment le désir de protéger la société contre un accroissement de la brutalité, ils n'acculeraient pas les socialistes à la nécessité de la tactique qui s'impose aujourd'hui à eux ; ils resteraient tranquilles au lieu de se dévouer pour le devoir social ; et ils béniraient les propagandistes de la grève générale qui, en fait, travaillent à *rendre le maintien du socialisme compatible avec le moins de brutalité possible*. Mais les *braves gens* n'ont pas le sens commun ; et il faudra qu'ils subissent encore bien des horions, bien des humiliations et bien des pertes d'argent avant qu'ils se décident à laisser le socialisme suivre sa voie.

(1) Cette propagande a produit des résultats qui ont dépassé de beaucoup les espérances de ses promoteurs, et qui seraient inexplicables sans l'idée révolutionnaire.

II

Nous allons maintenant approfondir davantage nos recherches et nous demander sur quels motifs se fonde la profonde aversion que montrent les moralistes quand ils se trouvent en face des actes de violence; une énumération très sommaire des quelques changements très curieux, qui sont survenus dans les mœurs des classes ouvrières, est d'abord indispensable.

A. — J'observe, en premier lieu, que rien n'est plus remarquable que le changement qui s'est produit dans la manière d'élever les enfants; jadis, on croyait que la férule était l'outil le plus nécessaire pour le maître d'école ; aujourd'hui, les peines corporelles ont disparu de notre enseignement public. Je crois que la concurrence que celui-ci avait à soutenir contre l'enseignement congréganiste a eu une très grande part dans ce progrès : les Frères appliquaient, avec une rigueur extrême, les vieux principes de la pédagogie cléricale ; et on sait que celle-ci a toujours comporté beaucoup de coups et de peines excessives, en vue de dompter le démon qui suggère à l'enfant beaucoup de mauvaises habitudes (1). L'administration fut assez intelligente pour opposer à cette éducation barbare une éducation plus douce qui lui concilia beaucoup de sympathies ; il ne me paraît pas douteux que la dureté des châtiments cléricaux n'ait été pour beaucoup dans le déchaînement des haines actuelles contre lesquelles se débat si péniblement l'Église. En 1901, j'écrivais : « Si [l'Église] était bien inspirée, elle supprimerait complètement les œuvres consacrées à l'en-

---

(1) Y. Guyot, *La Morale*, p. 212-215. Cf. Alphonse Daudet, *Numa Roumestan*, chap. IV.

fance ; elle supprimerait écoles et ouvroirs ; elle ferait ainsi disparaître la source principale où s'alimente l'anticléricalisme ; — loin de vouloir entrer dans cette voie, elle paraît vouloir développer, de plus en plus, ces établissements, et ainsi elle assure encore de beaux jours à la haine du peuple contre le clergé » (1). — Ce qui s'est passé depuis 1901 dépasse encore mes prévisions.

Jadis existaient des habitudes de très grande brutalité dans les usines et surtout dans celles où il fallait employer des hommes d'une force supérieure auxquels on donnait le nom de « grosses culottes » ; ils avaient fini par se faire charger de l'embauchage, parce que « tout individu embauché par d'autres était sujet à une infinité de misères et même d'insultes » ; celui qui voulait entrer dans *leur* atelier devait leur payer à boire et le lendemain il lui fallait régaler les camarades. « Le fameux *quand est-ce* marche ; chacun y prend son allumette... Le *quand est-ce* est le condensateur des économies ; dans un atelier où l'on a l'habitude du *quand est-ce*, il faut y passer ou gare à vous. » Denis Poulot, auquel j'emprunte ces détails, observe que les machines ont supprimé le prestige des *grosses culottes*, qui n'étaient plus guère qu'un souvenir au moment où il écrivait, en 1870 (2).

Les mœurs des compagnonnages furent longtemps fort remarquables par leur brutalité ; avant 1840, il y avait constamment des bagarres, souvent sanglantes, entre les groupes de rites différents ; Martin Saint-Léon a donné, dans son livre sur le compagnonnage, des extraits de chansons vraiment barbares (3) ; les réceptions étaient pleines d'épreuves très dures; les jeunes gens étaient traités comme de vrais parias

---

(1) G. Sorel, *Essai sur l'Eglise et l'Etat*, p. 63.
(2) Denis Poulot, *Le sublime*, pp. 150-153. Je cite d'après l'édition de 1887. Cet auteur dit que les *grosses culottes* ont beaucoup gêné le progrès dans les forges.
(3) Martin Saint-Léon, *Le compagnonnage*, pp. 115, 125, 270-273, 277.

dans les Devoirs de Jacques et de Soubise : « On a vu, raconte Perdiguier, des compagnons [charpentiers] se nommer le Fléau des renards [des aspirants], la Terreur des renards... En province, le renard travaille rarement dans les villes ; on le chasse, comme on dit, dans les broussailles » (1). Beaucoup de scissions survinrent lorsque la tyrannie des compagnons se trouva en opposition avec les habitudes plus libérales qui dominaient la société. Quand les ouvriers n'eurent plus autant besoin d'un protecteur, surtout pour trouver du travail, ils ne consentirent plus aussi facilement à subir des exigences qui avaient jadis paru avoir peu d'importance par rapport aux avantages du compagnonnage. La lutte pour le travail mit plus d'une fois en présence aspirants et compagnons qui voulaient se réserver des privilèges (2). On pourrait trouver encore d'autres raisons pour expliquer le déclin d'une institution qui, tout en rendant de sérieux services, avait beaucoup contribué à maintenir l'idée de brutalité (3).

Tout le monde estime que la disparition de ces anciennes brutalités est chose excellente ; de cette opinion il était trop facile de passer à l'idée que toute violence est un mal, pour que ce pas ne fût point franchi ; et, en effet, la masse des gens qui sont habitués à ne pas penser, est parvenue à cette conclusion, qui est acceptée aujourd'hui comme un dogme par le *troupeau bêlant* des moralistes. Ils ne se sont pas demandé ce qu'il y a de répréhensible dans la brutalité.

Quand on ne veut pas se contenter de la niaiserie

---

(1) Martin Saint-Léon, *op. cit.*, p. 97. Cf. pp. 91-92, p. 107.

(2) En 1823, les compagnons menuisiers prétendent se réserver La Rochelle, qu'ils avaient abandonnée longtemps comme trop peu importante ; ils ne s'arrêtaient qu'à Nantes et Bordeaux (Martin Saint-Léon, *op. cit.*, p. 103). — *L'union des travailleurs du Tour de France* se forma, en rivalité avec le compagnonnage, de 1830 à 1832, à la suite de refus opposés à quelques demandes assez anodines de réformes présentées par les aspirants (pp. 108-116, 126-131).

(3) Cf. mon article sur le compagnonnage dans les *Etudes socialistes* (Jacques, éditeur ; 1903.)

vulgaire, on s'aperçoit que nos idées sur la disparition de la violence dépendent bien plus d'une transformation très importante qui s'est produite dans le monde criminel que de principes éthiques. C'est ce que je vais essayer de montrer.

B. — Les savants de la bourgeoisie n'aiment pas à s'occuper des classes dangereuses (1) ; c'est une des raisons pour lesquelles toutes leurs dissertations sur l'histoire des mœurs demeurent toujours superficielles ; il n'est pas très difficile de reconnaître que c'est la connaissance de ces classes qui permet seule de pénétrer dans les mystères de la pensée morale des peuples.

Les anciennes classes dangereuses pratiquaient le délit le plus simple, celui qui était le mieux à leur disposition, celui qui est aujourd'hui relégué dans les groupes de jeunes voyous sans expérience et sans jugement. Les délits de brutalité nous semblent être aujourd'hui quelque chose d'anormal à tel point que si la brutalité a été énorme, nous nous demandons souvent si le coupable jouit bien de son bon sens. Cette transformation ne tient évidemment pas à ce que les criminels se sont moralisés, mais à ce qu'ils ont changé leur manière de procéder, en raison des conditions nouvelles de l'économie, comme nous le verrons plus loin. Ce changement a eu la plus grande influence sur la pensée populaire.

Nous savons tous que les associations de malfaiteurs parviennent à maintenir dans leur sein une excellente discipline, grâce à la brutalité ; quand nous voyons maltraiter un enfant, nous supposons instinctivement que ses parents ont des mœurs de criminels ; les procédés qu'employaient les anciens maîtres d'école et que les maisons ecclésiastiques s'obstinent à conserver,

---

(1) Le 30 mars 1906, Monis disait au Sénat : « On ne peut pas écrire dans un texte législatif que la prostitution *existe* en France pour les deux sexes. »

sont ceux des vagabonds qui volent des enfants et qui dressent leurs victimes pour en faire des acrobates adroits ou des mendiants intéressants. Tout ce qui rappelle les mœurs des anciennes classes dangereuses nous est souverainement odieux.

La férocité ancienne tend à être remplacée par la ruse et beaucoup de sociologues estiment que c'est là un progrès sérieux ; quelques philosophes, qui n'ont pas l'habitude de suivre les opinions du troupeau, ne voient pas très bien en quoi cela constitue le progrès au point de vue de la morale : « Si l'on est choqué de la cruauté, de la brutalité des temps passés, dit Hartmann, il ne faut pas oublier que la droiture, la sincérité, le vif sentiment de la justice, le pieux respect devant la sainteté des mœurs caractérisent les anciens peuples (1) ; tandis que nous voyons régner aujourd'hui le mensonge, la fausseté, la perfidie, l'esprit de chicane, le mépris de la propriété, le dédain de la probité instinctive et des mœurs légitimes, dont le prix souvent n'est plus compris. Le vol, le mensonge, la fraude augmentent malgré la répression des lois dans une proportion plus rapide que ne diminuent les délits grossiers et violents. L'égoïsme le plus bas brise sans pudeur les liens sacrés de la famille et de l'amitié, partout où il se trouve en opposition avec eux » (2).

Aujourd'hui, d'ordinaire, on estime que les pertes d'argent sont des accidents que l'on est exposé à rencontrer à tout pas que l'on fait et qui sont facilement réparables, tandis que les accidents corporels ne le sont pas facilement ; on estime donc qu'un délit de ruse est infiniment moins grave qu'un délit de brutalité, et les

---

(1) Hartmann s'appuie ici sur l'autorité du naturaliste anglais Wallace, qui a beaucoup vanté la simplicité des mœurs des Malais ; il y a là sûrement une grosse part d'exagération, encore que d'autres voyageurs aient fait des observations analogues sur quelques tribus de Sumatra. Hartmann veut démontrer qu'il n'y a pas de progrès vers le bonheur, et cette préoccupation le conduit à exagérer le bonheur antique.

(2) Hartmann, *Philosophie de l'inconscient*, trad. franç., tome II, pp. 464-465.

criminels profitent de cette transformation qui s'est produite dans les jugements ; quant aux raisons de cette transformation, elles sont très faciles à trouver.

Notre code pénal avait été rédigé dans un temps où l'on se représentait le citoyen sous les traits d'un propriétaire rural, uniquement préoccupé de gérer son domaine en bon père de famille et de ménager à ses enfants une situation honorable ; les grandes fortunes réalisées dans les affaires, par la politique ou la spéculation, étaient rares et considérées comme de vraies monstruosités ; la défense de l'épargne des classes moyennes était un des grands soucis du législateur. Le régime antérieur avait été encore plus terrible dans la répression des fraudes, puisque la déclaration royale du 5 août 1725 punissait de mort le banqueroutier frauduleux ; on ne peut rien imaginer qui soit plus éloigné de nos mœurs actuelles ! Nous sommes aujourd'hui disposés à croire que des délits de ce genre ne peuvent être généralement commis que grâce à une imprudence des victimes et qu'ils ne méritent que par exception des peines afflictives ; et encore nous contentons-nous de peines légères.

Dans une société riche, occupée de grandes affaires, où chacun est très éveillé pour la défense de ses intérêts comme est la société américaine, les délits de ruse n'ont point les mêmes conséquences que dans une société qui est obligée de s'imposer une rigoureuse parcimonie ; il est, en effet, très rare que ces délits puissent apporter un trouble profond et durable dans l'économie ; c'est ainsi que les Américains supportent, sans trop se plaindre, les excès de leurs politiciens et de leurs financiers. P. de Rousiers compare l'Américain à un capitaine de navire qui, pendant une navigation difficile, n'a pas le temps de surveiller son cuisinier qui le vole. « Quand on vient dire aux Américains que leurs politiciens les volent, ils vous répondent d'ordinaire : Parbleu, je le sais bien! Tant que les affaires marchent, tant que les politiciens ne se trouvent pas en travers de la route, ils échappent, sans trop de peine, aux châtiments qu'ils méritent » (1).

Depuis que l'on gagne facilement de l'argent en Europe, des idées analogues à celles d'Amérique se sont répandues parmi nous. De grands brasseurs d'affaires ont pu échapper à la répression, parce qu'ils avaient été assez habiles, aux heures de leurs succès, pour se créer de nombreuses amitiés dans tous les mondes ; on a fini par trouver qu'il serait bien injuste de condamner des négociants banqueroutiers et des notaires qui se retiraient ruinés après de médiocres catastrophes, alors que les princes de l'escroquerie financière continuaient à mener joyeuse vie. Peu à peu la nouvelle économie a créé une nouvelle indulgence extraordinaire pour tous les délits de ruse dans les pays de haut capitalisme (2).

Dans les pays où subsiste encore aujourd'hui l'ancienne économie familiale, parcimonieuse et ennemie de la spéculation, l'appréciation relative des actes de brutalité et des actes de ruse n'a pas suivi la même évolution qu'en Amérique, qu'en Angleterre, qu'en France; c'est ainsi que l'Allemagne a conservé beaucoup d'usages de l'ancien temps (3) et qu'elle ne ressent point la même horreur que nous pour les punitions brutales; celles-ci ne lui semblent point, comme à nous, propres aux classes les plus dangereuses.

Il n'a pas manqué de philosophes pour protester contre un tel adoucissement des jugements ; d'après ce que nous avons rapporté plus haut de Hartmann, nous devons nous attendre à le rencontrer parmi les protestataires : « Nous sommes déjà, dit-il, près du temps où le vol et le mensonge que la loi condamne, seront méprisés comme

---

(1) De Rousiers, *La vie américaine, L'éducation et la société*, p. 217.
(2) Quelques petits pays ont adopté ces idées par imitation, pour être à la hauteur des grands pays.
(3) Il faut noter qu'en Allemagne il y a tellement de Juifs dans le monde des spéculateurs que les idées américaines éprouvent une difficulté particulière à se répandre. Le spéculateur apparaît au plus grand nombre comme étant un *étranger qui pille la nation*.

des fautes vulgaires, comme une maladresse grossière, par les adroits filous qui savent respecter le texte de la loi, tout en violant le droit d'autrui. J'aurais assurément mieux aimé, pour mon compte, vivre parmi les anciens Germains, au risque d'être tué à l'occasion, que d'être obligé, dans nos cités modernes, de regarder chaque homme comme un escroc ou un coquin, tant que je n'ai pas de preuves évidentes de sa probité. » Hartmann ne tient pas compte de l'économie ; il raisonne à son point de vue tout personnel et ne regarde point ce qui se passe autour de lui ; personne ne voudrait aujourd'hui être exposé à être tué par les anciens Germains ; une escroquerie ou un vol ne sont que des dommages très facilement réparables.

C. — Pour aller, enfin, tout à fait au fond de la pensée contemporaine, il faut examiner de quelle manière le public apprécie les relations qui existent entre l'Etat et les associations criminelles ; de telles relations ont toujours existé ; ces sociétés, après avoir pratiqué la violence, ont fini par pratiquer la ruse, ou, tout au moins, leurs violences sont devenues assez exceptionnelles.

On trouverait aujourd'hui étrange que des magistrats se missent à la tête de bandes armées, comme cela avait lieu à Rome durant les dernières années de la République. Au cours du procès Zola, les antisémites recrutèrent des troupes de manifestants soldés, qui étaient chargés d'exprimer les indignations patriotiques ; le gouvernement de Méline protégeait ces manœuvres qui eurent, pendant quelques mois, un assez grand succès et qui contribuèrent beaucoup à empêcher une loyale revision de la condamnation de Dreyfus.

Je ne crois pas me tromper en disant que cette tactique de l'Église a été la cause principale de toutes les mesures que nous voyons prendre contre le catholicisme depuis 1901 : la bourgeoisie libérale n'aurait jamais accepté ces mesures si elle n'avait été encore sous l'influence de la peur qu'elle avait ressentie durant l'affaire

Dreyfus ; — le grand argument que Clemenceau a employé pour exciter ses troupes au combat contre l'Eglise, était celui de la peur : il ne cessait de dénoncer le péril que la *faction romaine* faisait courir à la République ; — les lois sur les congrégations, sur l'enseignement, sur le régime des Eglises ont été faites en vue d'empêcher le parti catholique de reprendre les allures belliqueuses qu'il avait eues et qu'Anatole France rapprochait si souvent de celles de la Ligue : ce sont des *lois de peur*. Beaucoup de conservateurs ont si bien senti cela qu'ils ont vu, avec déplaisir, les résistances opposées récemment aux inventaires des églises ; il ont estimé que l'emploi des bandes d'*apaches pieux* devait avoir pour résultat de rendre la classe moyenne plus hostile à leur cause (1) ; on n'a pas été peu surpris de voir Brunetière, qui avait été un des admirateurs des apaches antidreyfusards, conseiller la soumission ; c'est que l'expérience l'avait éclairé sur les conséquences de la violence.

Les associations qui opèrent par la ruse ne provoquent point de telles réactions dans le public ; au temps de la République cléricale, la société de saint Vincent-de-Paul était une belle officine de surveillance sur les fonctionnaires de tout ordre et de tout grade ; il ne faut donc pas s'étonner si la franc-maçonnerie a pu rendre au gouvernement radical des services identiques à ceux que la philanthropie catholique avait rendus aux gouvernements antérieurs. L'histoire des affaires récentes de délation a montré, d'une manière très claire, quel était définitivement le point de vue du pays.

Lorsque les nationalistes furent en possession des dossiers constitués par les dignitaires des Loges sur les

---

(1) Dans la séance du Conseil municipal de Paris en date du 26 mars 1906, le préfet de police a dit que la résistance fut organisée par un comité siégeant 86, rue de Richelieu, qui embauchait des *apaches pieux* à raison de 3 à 4 francs par jour. Il a prétendu que 52 curés de Paris lui avaient promis soit de faciliter les inventaires, soit de se contenter d'une résistance passive. Il a accusé les politiciens catholiques d'avoir forcé la main au clergé.

officiers, ils crurent que leurs adversaires étaient perdus ; la panique qui régna durant quelques jours dans le camp radical, parut donner raison à leurs prévisions ; mais bientôt la démocratie n'eut plus que moqueries pour ce qu'elle nomma « la petite vertu » des gens qui dénonçaient à l'opinion les procédés du général André et de ses complices. Henry Bérenger montra, en ces jours difficiles, qu'il connaissait à merveille la moralité de ses contemporains ; il n'hésita pas à approuver ce qu'il appelait « la surveillance légitime exercée par des organisations d'avant-garde sur les castes dirigeantes » ; il dénonça la lâcheté d'un gouvernement qui avait « laissé outrager comme délateurs [ceux] qui ont assumé la rude tâche de faire face à la caste militaire et à l'Eglise romaine, de les enquêter, de les dénoncer » (*Action*, 31 octobre 1904); il couvrit d'injures les rares dreyfusards qui osèrent manifester de l'indignation ; l'attitude de Joseph Reinach lui parut particulièrement scandaleuse ; il lui semblait que celui-ci aurait dû se trouver trop honoré d'être toléré dans la Ligue des Droits de l'homme qui se décidait à mener enfin « le bon combat pour la défense des droits du citoyen, trop longtemps sacrifiée à celle d'*un* homme » (*Action*, 22 décembre 1904). Finalement, on vota une loi d'amnistie pour déclarer qu'on ne voulait plus entendre parler de toutes ces vétilles.

Il y eut en province quelques résistances (1) ; mais furent-elles bien sérieuses ? Je me permets d'en douter quand je consulte le dossier publié par Péguy dans le neuvième numéro de la sixième série de ses *Cahiers de la quinzaine*. Quelques personnages au verbe abondant, sonore et plein de galimatias, se trouvèrent un peu gênés sans doute devant les sourires moqueurs des notables épiciers et des éminents pharmaciens, qui constituent l'élite des sociétés savantes et musicales devant lesquelles ils étaient habitués à pérorer sur la

---

(1) La province n'est pas, en effet, aussi habituée que Paris à l'indulgence pour les ruses et les brigandages pacifiques.

Justice, la Vérité et la Lumière. Ils éprouvèrent le besoin de se donner des allures stoïques.

Est-il rien de plus beau que ce passage d'une lettre du professeur Bouglé, grand docteur ès-sciences sociales, que je trouve à la page 13 : « J'ai été bien heureux d'apprendre que la Ligue allait enfin dire son mot. *Son silence étonne et effraie* » ? Voilà un garçon qui doit avoir l'effroi et l'étonnement bien faciles. Francis de Pressensé eut aussi ses angoisses ; il est spécialiste en ce genre ; mais elles étaient d'une espèce fort distinguée, comme il convient à un gentilhomme socialiste ; il avait peur que la démocratie ne fût menacée d'une nouvelle « guillotine sèche », semblable à celle qui avait fait tant de mal aux démocrates vertueux durant les scandales de Panama (1). Quand il vit que le public acceptait facilement la complicité du gouvernement et d'une association philanthropique transformée en association criminelle, il lança ses foudres vengeresses sur les protestataires. Parmi les plus drôles de ces protestataires je signale un pasteur politicien de Saint-Étienne, nommé L. Comte. Il écrivait, dans cette langue extraordinaire que parlent les membres de la Ligue des Droits de l'homme : « J'espérais que l'affaire nous aurait guéris définitivement de la malaria morale dont nous souffrons et qu'elle aurait nettoyé la conscience républicaine du virus clérical dont elle était imprégnée. Il n'en était rien. Nous sommes plus cléricaux que jamais » (2). En conséquence, cet homme austère demeurait dans la Ligue ! Logique protestante et bourgeoise ! On ne sait jamais si la Ligue ne pourra pas rendre de petits services aux excellents ministres du Saint-Évangile.

---

(1) *Cahiers de la quinzaine*, 9ᵉ de la VIᵉ série, p. 9. F. de Pressensé était, au temps du Panama le principal commis de Hébrard ; on sait que celui-ci fut l'un des principaux bénéficiaires du pillage panamiste; cela ne l'a pas déconsidéré auprès des austères huguenots ; le *Temps* continue à être l'oracle de la démocratie raisonnable et des ministres du Saint-Évangile.

(2) *Cahiers de la quinzaine*, loc cit., p. 13.

J'ai insisté un peu longuement sur ces incidents grotesques, parce qu'ils me semblent propres à caractériser la pensée morale des gens qui ont la prétention de nous diriger. Il est désormais acquis que les associations politico-criminelles qui fonctionnent par la ruse, ont une place reconnue dans une démocratie parvenue à sa maturité. P. de Rousiers croit que l'Amérique arrivera un jour à se guérir des maux qui résultent des manœuvres coupables de ses politiciens. Ostrogorski, après avoir fait une longue et minutieuse enquête sur « la démocratie et l'organisation des partis politiques », croit avoir trouvé des solutions qui permettraient de débarrasser les États modernes de l'exploitation que les partis exercent sur eux. Ce sont là des vœux platoniques ; aucune expérience historique ne permet de supposer que l'on puisse faire fonctionner une démocratie, dans un pays capitaliste, sans les abus criminels que l'on constate aujourd'hui partout. Lorsque Rousseau demandait que la démocratie ne supportât dans son sein aucune association particulière, il raisonnait d'après la connaissance qu'il avait des républiques du Moyen Age ; il savait mieux que ses contemporains cette histoire et était frappé du rôle énorme qu'avaient joué alors les associations politico-criminelles ; il constatait l'impossibilité de concilier la *raison* dans une démocratie avec l'existence de telles forces ; mais l'expérience devait nous apprendre qu'il n'y a pas de moyen de les faire disparaître (1).

(1) Rousseau, posant la question d'une manière abstraite, a paru condamner toute sorte d'association et nos gouvernements se sont appuyés longtemps sur son autorité pour soumettre toute association à l'arbitraire.

III

Les explications précédentes vont nous permettre de comprendre les idées que se forment les démocrates éclairés et les *braves gens* sur le rôle des syndicats ouvriers.

On a très souvent félicité Waldeck-Rousseau d'avoir fait voter, en 1884, la loi sur les syndicats. Pour se rendre compte de ce qu'on attendait de cette loi, il faut se représenter quelle était la situation de la France à cette époque : de grands embarras financiers avaient conduit le gouvernement à signer avec les compagnies de chemins de fer des conventions que les radicaux avaient dénoncées comme étant des actes de brigandage ; la politique coloniale donnait lieu aux plus vives attaques et était foncièrement impopulaire (1) ; le mécontentement qui devait se traduire, quelques années plus tard, sous la forme du boulangisme, était déjà très marqué ; et les élections de 1885 faillirent donner la majorité aux conservateurs. —Waldeck-Rousseau, sans être un très profond voyant, était assez perspicace pour comprendre le danger qui pouvait menacer la République opportuniste et assez cynique pour chercher des moyens de défense dans une organisation politico-criminelle capable de mâter les conservateurs.

Au temps de l'Empire, le gouvernement avait cherché à diriger les sociétés de secours mutuels, de manière à être le maître des employés et d'une partie des artisans ; plus tard, il avait cru possible de trouver dans les asso-

---

(1) Dans sa *Morale* publiée en 1883, Y. Guyot s'élève avec violence contre cette politique : « Malgré les expériences désastreuses [de deux siècles], nous prenons la Tunisie, nous sommes sur le point d'aller en Égypte, nous partons pour le Tonkin, nous rêvons la conquête de l'Afrique centrale. » (p. 339.)

ciations ouvrières une arme capable de ruiner l'autorité du parti libéral sur le peuple et d'effrayer les classes riches qui lui faisaient une opposition acharnée depuis 1863. Waldeck-Rousseau s'inspirait de ces exemples et espérait organiser parmi les ouvriers une hiérarchie placée sous la direction de la police (1).

Dans une circulaire du 25 août 1884, Waldeck-Rousseau expliquait aux préfets qu'ils ne devaient pas s'enfermer dans la fonction trop modeste de gens chargés de faire respecter la loi ; ils devaient stimuler l'esprit d'association, « aplanir sur sa route les difficultés qui ne sauraient manquer de naître de l'inexpérience et du défaut d'habitude de cette liberté » ; leur rôle serait d'autant plus utile et plus grand qu'ils seraient parvenus à inspirer davantage confiance aux ouvriers ; le ministre leur recommandait, en termes diplomatiques, de prendre la direction morale du mouvement syndical (2) : « Bien que l'administration ne tienne de la loi du 21 mars aucun rôle obligatoire dans la poursuite de [la solution des grands problèmes économiques et sociaux], il n'est pas admissible qu'elle demeure indifférente et je pense que c'est un *devoir pour elle d'y participer* en mettant à la disposition de tous les intéressés ses services et son dévouement ». Il faudra agir avec beaucoup de prudence pour ne « pas exciter des méfiances », montrer à ces associations ouvrières à quel point le gouvernement s'intéresse à leur développement, les diriger « quand il s'agira pour elles d'entrer dans la voie des applications ». Les préfets devaient se préparer « à ce rôle de conseiller et de *collaborateur dévoué* par l'étude approfondie de la législation et des organismes similaires existant en France et à l'étranger ».

---

(1) J'ai signalé déjà cela dans l'*Ere nouvelle*, mars 1894, p. 339.
(2) D'après le député socialiste Marius Devèze, le préfet du Gard a pris cette direction du mouvement syndical sous le ministère Combes. (*Etudes socialistes*, p. 323.)—Je trouve dans la *France du Sud-Ouest* (25 janvier 1904) une note annonçant que le préfet de la Manche, délégué par le gouvernement, le sous-préfet, le maire et la municipalité ont inauguré officiellement la Bourse du Travail de Cherbourg.

En 1884, le gouvernement ne prévoyait nullement que les syndicats pussent participer à une grande agitation révolutionnaire et la circulaire parlait avec une certaine ironie du « péril hypothétique d'une fédération antisociale de tous les travailleurs ». Aujourd'hui on serait assez tenté de sourire de la naïveté d'un homme qu'on nous a si souvent présenté comme le *roi des malins;* mais pour se rendre compte de ses illusions, il faut se reporter à ce qu'écrivaient les démocrates à cette époque. En 1887, dans la préface à la troisième édition du *Sublime*, Denis Poulot, industriel expérimenté, ancien maire du XIe arrondissement et gambettiste, disait que les syndicats tueraient les grèves ; il croyait que les révolutionnaires étaient sans influence sérieuse sur les ouvriers organisés et voyait dans l'école primaire un moyen certain de faire disparaître le socialisme ; comme presque tous les opportunistes de ce temps, il était beaucoup plus préoccupé des *noirs* que des *rouges*. Yves Guyot lui-même ne semble pas avoir été beaucoup plus perspicace que Waldeck-Rousseau ; car, dans sa *Morale* (1883), il regarde le collectivisme comme étant seulement un mot ; il dénonce la législation existante qui « a pour but d'empêcher les ouvriers de s'organiser pour vendre leur travail au plus haut prix possible, pour débattre leurs intérêts », et il s'attend à ce que les syndicats aboutiront « à organiser la vente du travail en gros ». Les curés sont très violemment attaqués par lui et la famille Chagot est dénoncée parce qu'elle force les mineurs de Montceau à aller à la messe (1). Tout le monde comptait alors sur l'organisation ouvrière pour détruire l'autorité du parti clérical.

Si Waldeck-Rousseau avait eu l'esprit de prévision un peu développé, il aurait surtout aperçu le parti que les conservateurs ont essayé de tirer de la loi sur les syndicats en vue de restaurer dans les campagnes la *paix*

---

(1) Y. Guyot, *Morale*, p. 293, pp. 183-184, p. 122, p. 148 et p. 320.

sociale sous leur direction. Il y a quelques années on a dénoncé le péril que faisait courir à la République la formation d'un parti agrarien (1) ; le résultat n'a pas répondu aux espérances des promoteurs des syndicats agricoles, mais il aurait pu être sérieux ; pas un instant Waldeck-Rousseau ne s'en est douté ; sa circulaire ne laisse même pas voir qu'il ait soupçonné les services matériels que les nouvelles associations devaient rendre à l'agriculture (2). S'il avait eu l'idée de ce qui pouvait se passer, il aurait pris des précautions dans la rédaction de la loi ; il est certain que ni lui, ni la commission ne comprirent l'importance du mot « agricole », qui fut introduit, par voie d'amendement, à la demande d'Oudet, sénateur du Doubs (3).

Des associations ouvrières dirigées par des démocrates, usant de ruses, de menaces et parfois aussi quelque peu de violence, pouvaient rendre les plus grands services au gouvernement dans sa lutte contre les conservateurs alors si menaçants. Les personnes qui ont récemment transformé Waldeck-Rousseau en Père de la Patrie, ne manqueront pas de se récrier contre une interprétation aussi peu respectueuse de sa politique ; mais cette interprétation ne semblera nullement invraisemblable aux gens qui ont gardé le souvenir du cynisme avec lequel gouvernait alors celui qu'on nous représente aujourd'hui comme un *grand libéral* : on avait l'impression que la France était à la veille de connaître un régime rappelant les folies, la luxure et la brutalité des Césars. D'ailleurs, lorsque des circonstances impré-

---

(1) De Rocquigny, *Les syndicats agricoles et leur œuvre*, p. 42. pp. 391-394.

(2) Cela est d'autant plus remarquable que les syndicats sont représentés dans la circulaire comme pouvant aider l'industrie française à lutter contre la concurrence étrangère.

(3) On crut qu'il s'agissait de permettre aux ouvriers ruraux de se syndiquer ; Tolain déclara, au nom de la Commission, qu'il n'avait jamais songé à les exclure du bénéfice de la nouvelle loi. (De Rocquigny, *op. cit.*, p. 10.) En fait, les syndicats agricoles ont servi d'agences commerciales aux chefs de culture.

vues ramenèrent Waldeck-Rousseau au pouvoir, il s'empressa de reprendre son ancienne politique et chercha à utiliser les syndicats contre ses adversaires.

On ne pouvait plus essayer, en 1899, de conduire les associations ouvrières sous la direction des préfets, comme l'avait prévu la circulaire de 1884 ; mais il y avait d'autres moyens à employer et, en appelant Millerand au ministère, Waldeck-Rousseau crut avoir fait un coup de maître. Puisque Millerand avait su s'imposer comme chef aux socialistes jusque-là divisés en groupes irréconciliables, ne pouvait-il pas devenir le courtier qui ferait manœuvrer discrètement les syndicats en agissant sur leurs chefs ? On mit en œuvre tous les moyens de séduction pour assagir les ouvriers et les amener à avoir confiance dans les agents supérieurs du gouvernement de Défense républicaine.

On ne peut faire autrement que de penser à la politique que Napoléon entendait suivre en signant le Concordat ; il avait reconnu qu'il ne lui serait pas possible d'agir directement sur l'Eglise, comme un Henri VIII. « Faute de cette voie, dit Taine, il en prend une autre qui conduit au même but... Il ne veut pas altérer la croyance de ses peuples; il respecte les choses spirituelles et veut *les dominer sans les toucher*, sans s'en mêler ; il veut les faire cadrer à sa politique, mais sous l'influence des choses temporelles » (1). De même, Millerand fut chargé d'assurer aux ouvriers qu'on ne toucherait pas à leurs convictions socialistes ; on se contenterait de dominer les syndicats et de les faire cadrer à la politique du gouvernement.

Napoléon avait dit : « Vous verrez quel parti je saurai tirer des prêtres » (2). Millerand fut chargé de donner aux chefs des syndicats toutes sortes de satisfactions

---

(1) Taine, *Le régime moderne*, tome II, p. 10.
(2) Taine, *loc. cit.*, p. 11.

d'amour-propre (1), tandis que les préfets avaient pour mission d'amener les patrons à accorder des avantages matériels aux travailleurs : on comptait qu'une politique si napoléonienne devait donner des résultats aussi considérables que celle que l'on suivait avec l'Eglise. Le Directeur des Cultes, Dumay, était parvenu à créer un épiscopat docile, formé de gens que les catholiques ardents nommaient, avec mépris, des *préfets violets* ; en mettant dans les bureaux du ministère un chef de service ayant de l'habileté (2), ne pouvait-on pas espérer former des *préfets rouges ?* Tout cela était assez bien raisonné et correspondait parfaitement au genre de talent de Waldeck-Rousseau, qui fut, toute sa vie, grand partisan du Concordat et aimait à négocier avec Rome ; il ne lui déplaisait pas de négocier avec les *rouges ;* rien que l'originalité de l'entreprise aurait suffi pour séduire son esprit amoureux de subtilités.

Dans un discours du 1ᵉʳ décembre 1905, Marcel Sembat, qui avait été particulièrement bien placé pour savoir comment les choses s'étaient passées au temps de Millerand, a raconté quelques anecdotes qui ont fort stupéfait la Chambre. Il lui a appris que le gouvernement, désirant être désagréable aux conseillers municipaux nationalistes de Paris et réduire leur influence sur la Bourse du Travail, avait demandé « aux syndicats de faire auprès de lui des démarches devant justifier » la réorganisation de l'administration de cet établissement. On avait été quelque peu scandalisé d'avoir

---

(1) C'est ce que remarque très judicieusement Mme Georges Renard dans un compte rendu d'une fête ouvrière donnée par Millerand. (L. de Seilhac, *Le monde socialiste*, p. 308.)

(2) Millerand ne conserva point l'ancien directeur de l'Office du Travail qui n'était sans doute pas assez souple pour la politique nouvelle. Il me semble bien établi qu'on fit alors au ministère un grand travail d'*enquête morale* sur les militants des syndicats, en vue, évidemment, de savoir quels moyens on pourrait employer pour les *conseiller*. Ch. Guieysse a révélé cela dans les *Pages libres* du 10 décembre 1904 ; les protestations du ministère et celles de Millerand ne paraissent pas du tout sérieuses. (*Voix du peuple*, 18, 25 décembre 1904, 1ᵉʳ janvier 1905, 25 juin, 27 août.)

vu, le jour de l'inauguration du monument de Dalou sur la place de la Nation, défiler des drapeaux rouges devant les tribunes officielles ; nous savons maintenant que cela avait été le résultat de négociations ; le préfet de police hésitait beaucoup, mais Waldeck-Rousseau avait prescrit d'autoriser les insignes révolutionnaires. Il importe peu que le gouvernement ait nié toute relation avec les syndicats ; un mensonge de plus ou de moins ne pouvait gêner un politicien de l'envergure de Waldeck-Rousseau.

La révélation de ces manœuvres nous montre que le ministère comptait sur les syndicats pour faire peur aux conservateurs ; il devient dès lors facile de comprendre l'attitude qu'il a eue durant plusieurs grèves : d'une part Waldeck-Rousseau proclamait, avec une force extraordinaire, la nécessité d'accorder la protection de la force publique à un seul ouvrier qui voudrait travailler malgré les grévistes ; et d'autre part il fermait, plus d'une fois, les yeux sur des violences ; c'est qu'il avait besoin d'ennuyer et d'effrayer les progressistes (1) et qu'il entendait se réserver le droit d'intervenir, par la force, le jour où ses intérêts politiques lui commanderaient de faire disparaître tout désordre. Dans l'état précaire où était son autorité dans le pays, il ne croyait pouvoir gouverner qu'en faisant peur et en s'imposant comme un souverain arbitre des différends industriels (2).

Transformer les syndicats en associations politico-criminelles servant d'auxiliaires au gouvernement démocratique, tel fut le plan de Waldeck-Rousseau depuis

---

(1) On peut se demander si Waldeck-Rousseau n'a pas dépassé la mesure et ainsi lancé le gouvernement dans une voie bien différente de celle qu'il désirait lui faire prendre ; il me semble que la loi sur les associations n'eût pas été votée sans la peur, mais il est certain que la rédaction en a été beaucoup plus anticléricale que n'eût voulu son promoteur.

(2) Dans un discours du 21 juin 1907, Charles Benoist s'est plaint de ce que l'affaire Dreyfus eût jeté du discrédit sur la *raison d'Etat* et conduit le gouvernement à faire appel aux éléments de désordre pour faire de l'ordre.

1884 ; les syndicats devaient jouer un rôle analogue à celui que nous avons vu jouer aux Loges : celles-ci servant à faire l'espionnage des fonctionnaires, ceux-là étant destinés à menacer les intérêts des patrons peu favorables à l'administration ; les francs-maçons étant récompensés par des décorations et des faveurs accordées à leurs amis ; les ouvriers étant autorisés à arracher à leurs patrons des suppléments de salaire. Cette politique était simple et ne coûtait pas cher.

Pour que ce système puisse fonctionner convenablement, il faut qu'il y ait une certaine modération dans la conduite des ouvriers ; non seulement la violence doit rester discrète, mais encore les demandes ne doivent pas dépasser certaines limites. Il faut appliquer ici les mêmes principes que pour les pots-de-vin touchés par les politiciens : ceux-ci sont approuvés par tout le monde quand ils savent limiter leurs exigences. Les gens qui sont dans les affaires savent qu'il y a tout un art du pot-de-vin ; certains courtiers ont acquis une habileté toute particulière pour l'appréciation des remises à offrir aux hauts fonctionnaires ou aux députés qui peuvent faire aboutir une convention (1). Si les financiers sont, presque toujours, obligés d'avoir recours aux bons offices de spécialistes, à plus forte raison des ouvriers, nullement habitués aux usages du monde, doivent-ils avoir besoin d'intermédiaires pour fixer la somme qu'ils peuvent exiger de leurs patrons sans excéder des limites raisonnables.

Nous sommes ainsi amenés à considérer l'arbitrage sous un jour tout nouveau et à le comprendre d'une manière vraiment scientifique, puisque, au lieu de nous laisser duper par les abstractions, nous l'expliquons au moyen des idées dominantes de la société bourgeoise, qui l'a inventé et qui veut l'imposer aux travailleurs. Il serait évidemment absurde d'entrer chez un charcu-

---

(1) Je suppose que personne n'ignore qu'aucune affaire importante ne se traite sans pot-de-vin.

tier et de le sommer de vous vendre un jambon à un prix inférieur au prix marqué, en réclamant un arbitrage ; mais il n'est pas absurde de promettre à un groupe de patrons les avantages que peut leur procurer la fixité des salaires durant quelques années et de demander à des *spécialistes* quelles gratifications mérite cette garantie : cette gratification peut être considérable, si on peut espérer un bon courant d'affaires durant cette période. Au lieu de verser un pot-de-vin à un homme influent, les patrons donnent une augmentation de salaire à leurs ouvriers ; à leur point de vue, il n'y a nulle différence. Quant au gouvernement, il devient le bienfaiteur du peuple et il espère avoir de bonnes élections ; c'est là son profit particulier ; les avantages électoraux qui résultent pour le politicien d'une conciliation bien réussie, constituent pour lui un excellent pot-de-vin.

On comprend maintenant pourquoi tous les politiciens ont une admiration si grande pour l'arbitrage ; c'est qu'ils ne comprennent aucune affaire sans pot-de-vin. Beaucoup de nos hommes politiques sont avocats et les clients tiennent largement compte de leur influence parlementaire quand ils leur confient des causes ; c'est ainsi qu'un ancien ministre de la Justice est toujours sûr d'avoir des procès rémunérateurs, alors même qu'il a peu de talent, parce qu'il a des moyens d'agir sur les magistrats dont il connaît très bien les défauts et qu'il peut perdre. Les grands avocats politiciens sont recherchés par les financiers qui ont de graves difficultés à vaincre devant les tribunaux, qui sont habitués à pratiquer de larges pots-de-vin et qui, en conséquence, payent très royalement (1). Le monde des patrons appa-

---

(1) J'emprunte à un roman célèbre de Léon Daudet quelques traits de l'avocat Méderbe : « Celui-ci était un personnage bizarre, grand, mince, au corps assez élégant, surmonté d'une tête de poisson mort, avec des yeux verts impénétrables, des cheveux collés et plats et, dans tout son individu, quelque chose de glacé, de rigide... Il avait choisi la profession d'avocat, comme propre à satisfaire ses besoins d'argent et ceux de sa femme... Il plaidait surtout les affaires financières, pour leurs gros profits et les

raît donc à nos gouvernants comme un monde d'aventuriers, de joueurs et d'écumeurs de Bourse ; ils estiment que cette classe riche et criminelle doit s'attendre à subir, de temps à autre, les exigences d'autres groupes sociaux ; il leur semble que l'idéal de la société capitaliste, telle qu'ils l'aperçoivent, devrait être un *arrangement des appétits sous les auspices des avocats politiciens*.

Les catholiques ne seraient pas fâchés, maintenant qu'ils sont dans l'opposition, de trouver des appuis dans les classes ouvrières ; il n'est flatteries qu'ils n'adressent aux travailleurs pour les convaincre qu'ils auraient tout avantage à abandonner les socialistes. Ils voudraient bien organiser, eux aussi, des syndicats politico-criminels, comme Waldeck-Rousseau avait espéré en organiser il y a une vingtaine d'années ; mais les résultats obtenus par eux jusqu'ici sont plutôt médiocres. Leur but serait de sauver l'Église, et ils pensent que les capitalistes bien pensants pourraient faire le sacrifice d'une partie de leurs profits pour donner à des syndicats chrétiens les satisfactions nécessaires au succès de cette politique religieuse. Dernièrement, un catholique instruit, qui s'occupe fort de questions sociales, me disait que les ouvriers seraient bien obligés, dans peu d'années, de reconnaître que leurs préjugés contre l'Église ne sont pas fondés. Je crois qu'il s'illusionne tout autant que se trompait Waldeck-Rousseau, en 1884, quand il regardait comme ridicule l'idée d'une fédération révolutionnaire des syndicats ; mais l'intérêt

---

secrets qu'elles lui livraient, et on les lui confiait en prévision de ses relations demi-politiques, demi-judiciaires, qui lui assuraient toujours gain de cause. Il réclamait des honoraires fabuleux. *Ce qu'on lui payait c'était l'acquittement sûr*. Cet homme disposait donc d'un énorme pouvoir... Il donnait l'impression d'un bandit armé pour la vie sociale, sûr de l'impunité. » (*Les morticoles*, pp. 287-288.) Il est évident que beaucoup de ces traits sont empruntés à celui que les socialistes ont si souvent appelé l'avocat d'Eiffel, avant d'en faire le demi-dieu de la Défense républicaine.

de l'Église aveugle tellement les catholiques qu'ils sont capables de toutes les niaiseries.

Les catholiques ont d'ailleurs des manières de se représenter l'économie qui les rapproche beaucoup de nos plus vils politiciens. Le monde clérical a grand peine, en effet, à s'imaginer que les choses puissent marcher autrement que par la grâce, le favoritisme et les pots-de-vin.

J'ai souvent entendu dire à des avocats que le prêtre ne parvient pas à comprendre que certains faits, que le Code ne punit point, sont cependant des scélératesses ; et par le notaire d'un évêque que si la clientèle des couvents est excellente, elle est aussi fort dangereuse, parce qu'elle sollicite fréquemment la rédaction d'actes frauduleux. Beaucoup de personnes, en voyant les congrégations religieuses élever, il y a une quinzaine d'années, tant de monuments fastueux, se demandèrent si un vent de folie ne passait point sur l'Église ; ils ignoraient que ces constructions permettaient à une foule de gens pieux et coquins de vivre aux dépens des trésors cléricaux. On a souvent signalé l'imprudence commise par les congrégations qui s'obstinaient à poursuivre des procès longs et coûteux contre le Trésor public ; cette tactique permettait aux radicaux d'entretenir contre les moines une vive agitation, en dénonçant l'avarice de gens qui se disent voués à la pauvreté ; mais ces procès faisaient très bien les affaires d'une armée de chicaneaux pieux. Je ne crois pas exagérer en disant que plus d'un tiers de la fortune ecclésiastique a été dilapidé au profit de vampires.

Dans le monde catholique règne donc une improbité générale, qui conduit les dévots à supposer que les relations économiques dépendent principalement des caprices des gens qui tiennent la caisse. Tout homme qui a profité d'une bonne aubaine — et pour eux tout profit capitaliste est une bonne aubaine (1) — doit en

---

(1) Je ne crois pas qu'il y ait gens moins capables de comprendre l'économie de la production que les prêtres.

faire profiter les personnes qui ont droit à son affection ou à son estime : tout d'abord les curés (1) et ensuite les clients des curés. S'il ne respecte pas cette règle, il est une canaille, un franc-maçon ou un juif ; il n'y a pas de violences qui ne soient permises contre un pareil suppôt de Satan. Quand donc on entend des prêtres tenir un langage révolutionnaire, il ne faut pas s'arrêter aux formes et croire que ces orateurs véhéments ont quelques sentiments socialistes ; il faut seulement être certain que des capitalistes n'ont pas été assez généreux.

Ici encore l'arbitrage va s'imposer ; il faudra faire appel aux hommes ayant une grande expérience de la vie, pour savoir quels sacrifices doivent être consentis par les riches en faveur des pauvres clients de l'Église.

---

(1) En Turquie, lorsqu'un haut dignitaire du palais a reçu un pot-de-vin, le Sultan exige que l'argent lui soit remis et il rend ensuite à son employé une partie de la somme ; la fraction rendue varie suivant que le souverain est, plus ou moins, de bonne humeur. La morale du Sultan est aussi celle de l'Église.

IV

L'étude que nous venons de faire ne nous a pas conduits à penser que les théoriciens de la paix sociale soient sur une voie qui puisse conduire à une morale digne d'être admise ; nous allons maintenant procéder à une contre-épreuve et nous demander si la violence prolétarienne ne serait pas susceptible de produire les effets que l'on demanderait en vain aux tactiques de douceur.

Il faut observer, tout d'abord, que les philosophes modernes semblent d'accord pour demander que la morale de l'avenir présente le caractère du sublime, ce qui la séparerait de la petite morale catholique, qui est assez plate. Le grand reproche que l'on adresse aux théologiens est d'avoir fait la part trop large à la notion de probabilisme ; rien ne paraît plus absurde (pour ne pas dire plus scandaleux) aux philosophes contemporains que de compter les opinions qui ont été émises pour ou contre une maxime, en vue de savoir si nous devons y conformer notre conduite.

Le professeur Durkheim disait dernièrement à la Société française de philosophie (11 février 1906) qu'on ne saurait supprimer le *sacré* dans le *moral* et que ce qui caractérise le sacré est d'être incommensurable avec les autres valeurs humaines ; il reconnaissait que ses recherches sociologiques l'amenaient à des conclusions très voisines de celles de Kant ; il affirmait que les morales utilitaires avaient méconnu le problème du devoir et de l'obligation. Je ne veux pas ici discuter ces thèses ; je les cite seulement pour montrer à quel point le caractère du sublime s'impose aux auteurs qui, par la nature de leurs travaux, sembleraient les moins disposés à l'accepter.

Aucun écrivain n'a exprimé, avec plus de force que Proudhon, les principes de cette morale que les temps modernes ont vainement cherché à réaliser : « Sentir et affirmer la dignité humaine, dit-il d'abord dans tout ce qui nous est propre, puis dans la personne du prochain, et cela sans retour d'égoïsme, comme sans considération aucune de divinité ou de communauté : voilà le *droit.* Être prêt en toute circonstance à prendre avec énergie, et au besoin contre soi-même, la défense de cette dignité : voilà la *Justice* » (1). Clemenceau, qui ne pratique sans doute guère cette morale pour son usage personnel, exprimait la même pensée quand il écrivait : « Sans la dignité de la personne humaine, sans l'indépendance, la liberté, le droit, la vie n'est qu'un état bestial qui ne vaut pas la peine d'être conservé. » (*Aurore*, 12 mai 1905.)

On a fait à Proudhon un très juste reproche, le même d'ailleurs que celui qu'on a fait à beaucoup de très grands moralistes ; on lui a dit que ses maximes étaient admirables, mais qu'elles étaient destinées à demeurer impuissantes. L'expérience nous a, en effet, prouvé malheureusement que les enseignements que les historiens des idées nomment des enseignements très élevés, restent d'ordinaire sans efficacité. Cela avait été évident pour les stoïciens ; cela n'a pas été moins remarquable pour le kantisme ; et il ne semble pas que l'influence pratique de Proudhon ait été bien sensible. Pour que l'homme fasse abstraction des tendances contre lesquelles s'élève la morale, il faut qu'il existe chez lui quelque ressort puissant, que la *conviction* domine toute la conscience et agisse avant que les calculs de la réflexion aient eu le temps de se présenter à l'esprit.

On peut même dire que tous les beaux raisonnements par lesquels les auteurs croient pouvoir déterminer l'homme à agir moralement, seraient plutôt capables

---

(1) Proudhon, *De la Justice dans la Révolution et dans l'Eglise*, tome I, p. 216.

de l'entraîner sur la pente du probabilisme ; dès que nous raisonnons sur un acte à accomplir, nous sommes amenés à nous demander s'il n'y aurait pas quelque moyen propre à nous permettre d'échapper aux obligations strictes du devoir. A. Comte supposait que la nature humaine changerait dans l'avenir et que les organes cérébraux qui engendrent l'altruisme (?), l'emporteraient sur ceux qui produisent l'égoïsme ; c'est que probablement il se rendait compte de ce fait que la décision morale est instantanée et sort des profondeurs de l'homme comme un instinct.

Proudhon en est réduit, comme Kant, à faire parfois appel à une scolastique pour expliquer le paradoxe de la loi morale : « Sentir son être dans les autres, au point de sacrifier à ce sentiment tout autre intérêt, d'exiger pour autrui le même respect que pour soi-même et de s'irriter contre l'indigne qui souffre qu'on lui manque, comme si le soin de sa dignité ne le regardait pas seul, une telle faculté semble, au premier abord, étrange... Tout homme tend à déterminer et à faire prévaloir son essence, qui est sa dignité même. Il en résulte que l'essence étant identique et une pour tous les hommes, chacun de nous se sent tout à la fois comme personne et comme espèce ; que l'injure commise est ressentie par les tiers et par l'offenseur lui-même comme par l'offensé, qu'en conséquence, la protestation est commune, ce qui est précisément la Justice » (1).

Les morales religieuses prétendent posséder ce ressort qui manquerait aux morales laïques (2); mais il faut faire ici une distinction si l'on veut éviter une erreur dans laquelle sont tombés beaucoup d'auteurs. La masse des chrétiens ne suit pas la vraie morale chrétienne, celle

---

(1) Proudhon, *loc. cit.*, pp. 216-217.
(2) Proudhon estime que ce défaut existe pour l'antiquité païenne : « Pendant quelques siècles, les sociétés formées par le polythéisme eurent des mœurs ; elles n'eurent jamais de morale. En l'absence d'une morale solidement établie en principes, les mœurs finirent par disparaître. » (*Loc. cit.*, p. 173.)

que le philosophe regarde comme vraiment spéciale à leur religion ; les gens du monde qui font profession de catholicisme, sont surtout préoccupés de probabilisme, de rites mécaniques et de procédés plus ou moins apparentés à la magie qui sont propres à assurer leur bonheur présent et futur en dépit de leurs fautes (1).

Le christianisme *théorique* n'a jamais été une religion propre aux gens du monde ; les docteurs de la vie spirituelle ont toujours raisonné sur des personnes qui peuvent se soustraire aux conditions de la vie commune. « Quand le concile de Gangres, en 325, dit Renan, aura déclaré que les maximes de l'Évangile sur le renoncement à la famille, sur la virginité, ne sont pas à l'adresse des simples fidèles, les parfaits se créeront des lieux à part, où la vie évangélique, trop haute pour le commun des hommes, puisse être pratiquée sans atténuation. » Il observe encore fort bien que le « monastère va suppléer au martyre pour que les conseils de Jésus soient appliqués quelque part » (2) ; mais il ne pousse pas assez loin ce rapprochement : la vie des grands solitaires sera une lutte matérielle contre les puissances infernales qui les poursuivront jusque dans le désert (3) et cette lutte continuera celle que les martyrs avaient soutenue contre leurs persécuteurs.

Ces faits nous mettent sur la voie qui nous conduit à l'intelligence des hautes convictions morales ; celles-ci ne dépendent point des raisonnements ou d'une éducation de la volonté individuelle ; elles dépendent d'un

---

(1) Henri Heine prétend que le catholicisme d'une épouse est chose très salutaire pour le mari parce que la femme ne reste pas sous le poids de ses fautes ; après la confession, elle se met « de nouveau à gazouiller et à rire ». De plus, elle n'est pas exposée à raconter sa faute. (*L'Allemagne*, tome II, p. 322.)

(2) Renan, *Marc-Aurèle*, p. 558.

(3) Les saints du catholicisme ne luttent pas contre des abstractions mais contre des apparitions se présentant avec tous les caractères de la réalité. Luther, lui aussi, eut à se battre contre le diable, auquel il jeta son encrier.

état de guerre auquel les hommes acceptent de participer et qui se traduit en mythes précis. Dans les pays catholiques les moines soutiennent le combat contre le prince du mal qui triomphe dans le monde et voudrait les soumettre à ses volontés ; dans les pays protestants, de petites sectes exaltées jouent le rôle des monastères (1). Ce sont ces champs de bataille qui permettent à la morale chrétienne de se maintenir, avec ce caractère de sublime qui fascine tant d'âmes encore aujourd'hui, et lui donne assez de lustre pour entraîner dans la société quelques pâles imitations.

Lorsque l'on considère un état moins accentué de la morale chrétienne, on est encore frappé de voir à quel point elle dépend des luttes. Le Play, qui était un excellent catholique, a souvent opposé (au grand scandale de ses coreligionnaires) la solidité des convictions religieuses qu'il rencontrait dans les pays à religions mélangées à l'esprit de mollesse qui règne dans les pays exclusivement soumis à l'influence de Rome. Chez les peuples protestants, il y a d'autant plus d'ardeur morale que l'Église établie est plus fortement battue en brèche par les sectes dissidentes. Nous voyons ainsi que la conviction se fonde sur la concurrence de communions, dont chacune se considère comme étant l'armée de la vérité ayant à combattre les armées du mal. Dans de telles conditions, il est possible de trouver du sublime ; mais quand les luttes religieuses sont très atténuées, le probabilisme, les rites mécaniques et les procédés d'allure magique tiennent la première place.

Nous pouvons relever des phénomènes tout semblables dans l'histoire des idées libérales modernes. Pendant longtemps nos pères considèrent d'un point de vue presque religieux la Déclaration des droits de l'homme qui nous semble aujourd'hui n'être qu'un recueil assez fade de formules abstraites, confuses et

---

(1) Renan, *loc. cit.*, p. 627.

sans grande portée pratique. Cela tient à ce que des luttes formidables étaient engagées à propos des institutions qui se rattachaient à ce document : le parti clérical prétendait démontrer l'erreur fondamentale du libéralisme ; organisait partout des sociétés de combat destinées à imposer sa direction au peuple et au gouvernement ; se vantait de pouvoir bientôt écraser les défenseurs de la Révolution. A l'époque où Proudhon composait son livre sur la Justice, le conflit était loin d'être terminé ; aussi tout ce livre est-il écrit sur un ton belliqueux qui étonne le lecteur d'aujourd'hui : l'auteur parle comme s'il était un vétéran des guerres de la Liberté ; il veut prendre sa revanche contre les vainqueurs d'un jour qui menacent de supprimer toutes les acquisitions de la Révolution ; il annonce la grande révolte qui commence à poindre.

Proudhon espère que le duel sera prochain, que les deux partis donneront avec toutes leurs forces et qu'il y aura une bataille napoléonienne, écrasant définitivement l'adversaire. Il parle souvent la langue de l'épopée. Il ne s'aperçoit pas que ses raisonnements abstraits paraîtront faibles plus tard quand les idées belliqueuses auront disparu. Il y a dans toute son âme un bouillonnement qui la détermine et qui donne à sa pensée un sens caché, fort éloigné du sens scolastique.

La fureur sauvage avec laquelle l'Église poursuivit le livre de Proudhon montre que dans le camp clérical on avait exactement la même conception que la sienne sur la nature et les conséquences du conflit.

Tant que le sublime s'imposait ainsi à l'esprit moderne, il paraissait possible de constituer une morale laïque et démocratique ; mais de notre temps, une telle entreprise paraît plutôt comique ; tout a changé depuis que les cléricaux ne semblent plus redoutables ; il n'y a plus de convictions libérales depuis que les libéraux ne se sentent plus animés des passions guerrières d'autrefois. Aujourd'hui tout est devenu si confus que les curés prétendent être les meilleurs de tous les démocrates ; ils ont adopté la *Marseillaise* pour leur hymne de parti ; et si on les en priait un peu fort, ils illumineraient pour l'anniversaire du 10 août 1792. De part et d'autre, il n'y a plus de sublime ; aussi la morale des uns et des autres est-elle d'une bassesse remarquable.

Kautsky a évidemment raison lorsqu'il affirme que de notre temps le relèvement des travailleurs a dépendu de leur esprit révolutionnaire : « C'est en vain, disait-il à la fin d'une étude sur les réformes sociales et la révolution, qu'on cherche par des sermons moraux à inspirer à l'ouvrier anglais une conception plus élevée de la vie, le sentiment de plus nobles efforts. L'éthique du prolétaire découle de ses aspirations révolutionnaires ; ce sont elles qui lui donnent le plus de force et d'élévation. C'est l'idée de la révolution qui a relevé le prolétariat de l'abaissement » (1). Il est évident que, pour Kautsky, la morale est toujours subordonnée à l'idée du sublime.

Le point de vue socialiste est tout différent de celui que l'on trouve dans l'ancienne littérature démocratique : nos pères croyaient que l'homme est d'autant meilleur qu'il est plus rapproché de la nature et que l'homme du peuple est une espèce de sauvage ; que par suite, on trouve d'autant plus de vertu qu'on descend davantage dans l'échelle sociale. Plus d'une fois, les démocrates ont fait observer, à l'appui de leur conception, que, durant les révolutions, les plus pauvres ont souvent donné les plus beaux exemples d'héroïsme ; ils expliquent cela en supposant que les héros obscurs étaient de véritables enfants de la nature. Je l'explique en disant que, ces hommes étant engagés dans une guerre qui devait se terminer par leur triomphe ou par

---

(1) *Mouvement socialiste*, 15 octobre 1902, p. 1891. — J'ai signalé ailleurs que la décadence de l'idée révolutionnaire chez d'anciens militants qui deviennent *sages*, semble s'accompagner d'une décadence morale, que j'ai comparée à celle qu'on trouve généralement chez le prêtre qui perd sa foi. *Insegnamenti sociali*, pp. 344-345.)

leur esclavage, le sentiment du sublime devait naître tout naturellement des conditions de la lutte. Durant une révolution, les gens des hautes classes se présentent d'ordinaire sous un jour particulièrement défavorable ; c'est qu'appartenant à une armée en déroute, ils ont des sentiments de vaincus, de suppliants ou de capitulards.

Dans les milieux ouvriers qui sont *raisonnables* au gré des professionnels de la sociologie, lorsque les conflits se réduisent à des contestations d'intérêts matériels, il ne peut y avoir rien de plus sublime que lorsque des syndicats agricoles discutent avec des marchands d'engrais au sujet des prix du guano ; on n'a jamais estimé que les discussions portant sur des prix soient de nature à exercer une influence moralisatrice sur les hommes ; l'expérience des marchés de bestiaux pourrait conduire à supposer que dans de telles occurrences les intéressés sont amenés à admirer plutôt la ruse que la bonne foi ; les *valeurs morales* des maquignons ne passent point pour être très relevées. Parmi les grandes choses accomplies par les syndicats agricoles, de Rocquigny rapporte qu'en 1896 « la municipalité de Marmande ayant voulu soumettre les bestiaux amenés sur le champ de foire à une *taxe jugée inique* par les éleveurs... les éleveurs se mirent en grève et cessèrent d'approvisionner le marché de Marmande, si bien que la municipalité se vit contrainte de céder » (1). Voilà un procédé très pacifique et qui a pu donner des résultats avantageux pour les paysans ; mais il est évident que la moralité n'a rien à faire dans un tel débat.

Lorsque les hommes politiques interviennent, il y a presque nécessairement même un abaissement notable de la moralité, parce que ceux-ci ne font rien pour rien et n'agissent qu'à la condition que l'association favorisée se classe dans leur clientèle. Nous voilà bien loin du

---

(1) De Rocquigny, *op. cit.*, pp. 379-380. Je serais curieux de savoir en quoi une taxe peut être inique ; mystère et *Musée social* ! Les braves gens parlent une langue spéciale.

chemin du sublime, nous sommes sur celui qui conduit aux pratiques des sociétés politico-criminelles.

Suivant beaucoup de savantes personnes, on ne saurait trop admirer le passage de la violence à la ruse qui se manifeste dans les grèves actuelles de l'Angleterre. Les trade-unions tiennent beaucoup à se faire reconnaître le droit d'employer la menace enveloppée de formules diplomatiques : elles désirent ne pas être inquiétées quand elles font circuler autour des usines des délégués chargés de faire entendre aux ouvriers qui veulent travailler, qu'ils auraient grand intérêt à suivre les *indications* des trade-unions; elles *consentent* à exprimer leurs *désirs* sous une forme qui sera parfaitement claire pour l'auditeur, mais qui pourra être présentée au tribunal comme étant un sermon solidariste. J'avoue ne pas comprendre ce qu'il y a de si admirable dans cette tactique digne d'Escobar. Les catholiques ont souvent employé des procédés d'intimidation analogues contre les libéraux ; aussi, je comprends fort bien pourquoi tant de *braves gens* admirent les trade-unions, mais je trouve la morale des *braves gens* fort peu admirable.

Il est vrai qu'en Angleterre la violence est dépourvue, depuis longtemps, de tout caractère révolutionnaire. Que des avantages corporatifs soient poursuivis à coups de poing ou par la ruse, il n'y a pas une très grande différence à établir entre les deux méthodes ; cependant, la tactique pacifique des trade-unions dénote une hypocrisie qu'il vaudrait mieux laisser aux *braves gens*. Dans les pays où existe la notion de la grève générale, les coups échangés durant les grèves entre ouvriers et représentants de la bourgeoisie ont une toute autre portée ; leurs conséquences sont lointaines et elles peuvent engendrer du sublime.

Je crois que c'est à ces considérations relatives au sublime qu'il faut avoir recours pour comprendre, au moins en partie, les répugnances que provoqua la doctrine de Bernstein dans la socialdémocratie allemande. L'Allemand a été nourri de sublime à un degré extraordinaire : d'abord par la littérature qui se rattache aux guerres de l'Indépendance (1), puis par le rajeunissement du goût pour les anciens chants nationaux qui suivirent ces guerres, enfin par une philosophie qui se proposait des fins placées très loin des préoccupations vulgaires. — Il faut bien reconnaître aussi que la victoire de 1871 n'a pas peu contribué à donner aux Allemands de toute classe un sentiment de confiance en leurs forces qu'on ne trouve pas au même degré chez nous à l'heure actuelle; que l'on compare, par exemple, le parti catholique allemand aux poules mouillées qui forment en France la clientèle de l'Église ! Nos cléricaux ne songent qu'à s'humilier devant leurs adversaires et sont heureux pourvu qu'il y ait beaucoup de soirées durant l'hiver ; ils n'ont aucun souvenir des services qui leur sont rendus (2).

Le parti socialiste allemand tira une force particulière de l'idée catastrophique que ses propagandistes répandaient partout et qui fut prise très au sérieux tant que les persécutions bismarckiennes maintenaient un esprit belliqueux dans les groupes. Cet esprit était si fort que les masses ne sont pas encore parvenues à comprendre parfaitement que leurs chefs ne sont rien moins que des révolutionnaires.

---

(1) Renan a même écrit : « La guerre de 1813 à 1815 est la seule de notre siècle qui ait eu quelque chose d'épique et d'élevé ; elle correspondait à un mouvement d'idées et eut une vraie signification intellectuelle. Un homme qui prit part à cette lutte grandiose me racontait que, réveillé par la canonnade dès la première nuit qu'il passa parmi les corps francs réunis en Silésie, il crut assister à un immense service divin. » (*Essais de morale et de critique*, p. 115.) Se rappeler l'ode de Manzoni intitulée : « Mars 1821 » et dédiée à « la mémoire illustre de Théodore Koerner, poète et soldat de l'indépendance germanique, mort sur le champ de bataille de Leipzig, nom cher à tous les peuples qui combattent pour défendre ou pour reconquérir une patrie. » Nos guerres de la Liberté ont été épiques, mais n'ont pas eu une littérature aussi bonne que la guerre de 1813.

(2) Drumont a mille fois dénoncé cet état d'esprit du beau monde religieux.

Lorsque Bernstein, qui était trop sensé pour ne pas savoir quel était le véritable esprit de ses amis du comité directeur, annonça qu'il fallait renoncer aux grandioses espérances que l'on avait fait naître dans les âmes, il y eut un moment de stupéfaction ; peu de gens comprirent que les déclarations de Bernstein étaient des actes de courage et de loyauté, ayant pour but de mettre le langage en rapport avec la réalité. S'il fallait désormais se contenter d'une politique sociale, il fallait donc aussi négocier avec les partis du Parlement et avec le ministère, faire exactement ce que font les bourgeois ; cela paraissait monstrueux aux hommes qui avaient été nourris de théories catastrophiques. Maintes fois on avait dénoncé les ruses des politiciens bourgeois, opposé leurs habiletés à la franchise et au désintéressement des socialistes, montré tout ce que renferme de convenu leur attitude d'opposition ; on n'aurait jamais cru que les disciples de Marx pussent suivre les traces des libéraux. Avec la nouvelle politique, plus de caractères héroïques, plus de sublime, plus de convictions ! Les Allemands crurent que c'était le monde renversé.

Il est évident que Bernstein avait mille fois raison lorsqu'il ne voulait pas maintenir une apparence révolutionnaire qui était en contradiction avec la pensée du Parti ; il ne trouvait pas dans son pays les éléments qui existent en France et en Italie ; il ne voyait donc pas d'autre moyen pour maintenir le socialisme sur le terrain des réalités que de supprimer tout ce qu'avait de trompeur un programme révolutionnaire auquel les chefs ne croyaient plus. Kautsky voulait, au contraire, maintenir le voile qui cachait aux yeux des ouvriers la véritable activité du parti socialiste ; il recueillit ainsi beaucoup de succès auprès des politiciens, mais il a contribué, plus que personne, à rendre la crise du socialisme aiguë en Allemagne. Ce n'est pas en délayant les phrases de Marx dans de verbeux commentaires que l'on peut maintenir intacte l'idée révolutionnaire, — mais c'est en adaptant toujours la pensée aux faits qui peuvent prendre un aspect révolutionnaire. La grève générale seule peut aujourd'hui produire ce résultat.

Il y aurait à se poser maintenant une très grave question : « Pourquoi les actes de violence peuvent-ils, dans certains pays, se grouper autour du tableau de la grève générale et produire ainsi une idéologie socialiste, riche en sublime ; et ne semblent-ils pas le pouvoir dans d'autres ? » Les traditions nationales jouent ici un très grand rôle ; l'examen de ce problème conduirait peut-être à jeter une vive lumière sur la genèse des idées ; nous ne l'aborderons pas ici.

CHAPITRE VII

La morale des producteurs

I. — Morale et religion. — Mépris des démocraties pour la morale. — Préoccupations morales de la *nouvelle école*.
II. — Inquiétudes de Renan sur l'avenir du monde. — Ses prévisions. — Besoin du sublime.
III. — La morale de Nietzsche. — Rôle de la famille dans la genèse de la morale, théorie de Proudhon. — Morale d'Aristote.
IV. — Hypothèses de Kautsky. — Analogies entre l'esprit de grève générale et celui des guerres de la Liberté. — Effroi que cet esprit cause aux parlementaires.
V. — Le travailleur dans l'atelier de haute production, l'artiste et le soldat des guerres de la Liberté : désir de dépasser toute mesure ; souci de l'exactitude ; abandon de l'idée de l'exacte récompense.

I

Il y a cinquante ans, Proudhon signalait la nécessité de donner au peuple une morale conforme aux besoins nouveaux. Le premier chapitre des discours préliminaires, placés en tête de la *Justice dans la Révolution et dans l'Église*, a pour titre : « Etat des mœurs au xixe siècle. Invasion du scepticisme moral : la société en péril. Où est le remède ? » On y lit ces phrases redoutables : « La France a perdu ses mœurs. Non pas que les hommes de notre génération soient en effet pires que leurs pères... Quand je dis que la France a perdu ses mœurs, j'entends, chose fort différente, qu'elle a cessé de croire à ses principes. Elle n'a plus ni intelligence ni conscience morale, elle a perdu jusqu'à la notion de mœurs. Nous sommes arrivés, de critique en critique, à cette triste conclusion, que le juste et l'injuste, dont nous pensions jadis avoir le discernement, sont termes de convention, vagues, indéterminables ;

que tous ces mots Droit, Devoir, Morale, Vertu, etc., dont la chaire et l'école font tant de bruit, ne servent à couvrir que de pures hypothèses, de vaines utopies, d'indémontrables préjugés ; qu'ainsi la pratique de la vie, dirigée par je ne sais quel respect humain, par des convenances, est au fond arbitraire » (1).

Cependant il ne pensait pas que la société contemporaine fût frappée de mort ; il pensait que depuis la Révolution l'humanité avait acquis une assez claire notion de la Justice pour qu'elle pût triompher de déchéances passagères ; par cette conception de l'avenir, il se séparait complètement de ce qui devait devenir la notion la plus fondamentale du socialisme actuel. « Cette foi juridique... cette science du droit et du devoir, que nous cherchons partout en vain, que l'Eglise ne posséda jamais et sans laquelle il nous est impossible de vivre, je dis que la Révolution en a produit tous les principes ; que ces principes, à notre insu, nous régissent et nous soutiennent, mais que, tout en les affirmant du fond du cœur, nous y répugnons par préjugé, et que c'est cette infidélité à nous-mêmes qui fait notre misère et notre servitude » (2). Il affirme qu'il est possible de faire la lumière dans les esprits, de présenter ce qu'il appelle « l'exégèse de la Révolution ; » il va, pour cela, interroger l'histoire, montrer comment l'humanité n'a cessé de faire effort vers la Justice, comment la religion

---

(1) Proudhon, *De la Justice dans la Révolution et dans l'Eglise*, tome I, p. 70.
(2) Proudhon, *loc. cit.*, p. 74. Par foi *juridique*, Proudhon entend ici une triple foi qui domine la famille, les contrats et les relations politiques. La première est « l'idée de la mutuelle dignité [des époux] qui, les élevant au-dessus des sens, les rende l'un à l'autre encore plus sacrés que chers, et leur fasse de leur communauté féconde une religion plus douce que l'amour même » ; — la seconde « élevant les âmes au-dessus des appétits égoïstes, les rend plus heureuses du respect du droit d'autrui que de leur propre fortune » ; — sans la troisième « les citoyens, livrés aux pures attractions de l'individualisme, ne sauraient être autre chose qu'un agrégat d'existences incohérentes que dispersera comme poussière le premier souffle ». (*Loc. cit.*, pp. 72-73.) Au sens strict, la foi juridique serait la seconde dans cette énumération.

a été cause de corruption et comment « la Révolution française, faisant prédominer le principe juridique [sur le principe religieux] ouvre une période nouvelle, un ordre de choses tout contraire, dont il s'agit maintenant de déterminer les parties » (1). — « Quoi qu'il advienne de notre race fatiguée, dit-il à la fin de ces discours, la postérité reconnaîtra que le troisième âge de l'humanité (2) a son point de départ dans la Révolution française ; que l'intelligence de la nouvelle loi a été donnée à quelques-uns de nous, dans sa plénitude ; que la pratique ne nous a pas non plus tout à fait manqué ; et que succomber dans cet enfantement sublime, après tout, n'était pas sans grandeur. A cette heure la Révolution se définit : elle vit donc. Le reste ne pense plus. L'*être qui vit et qui pense* sera-t-il supprimé par le cadavre ? » (3)

J'ai dit, dans le chapitre précédent, que toute la doctrine de Proudhon était subordonnée à l'enthousiasme révolutionnaire et que cet enthousiasme s'était éteint depuis que l'Église avait cessé d'être redoutable ; aussi, ne faut-il pas s'étonner si l'entreprise que Proudhon jugeait facile (la création d'une morale absolument débarrassée de toute croyance religieuse) paraît fort hasardée à beaucoup de nos contemporains. Je trouve la preuve de cette manière de penser dans un discours prononcé par Combes durant la discussion du budget des cultes, le 26 janvier 1903 : « Nous considérons, en ce moment, les idées morales telles que les Églises les donnent, comme des idées nécessaires. Pour ma part, je me fais difficilement à l'idée d'une société contemporaine composée de philosophes semblables à M. Allard (4), que leur éducation primaire aurait suffi-

---

(1) Proudhon, *loc. cit.*, p. 93.
(2) Les deux premiers âges sont ceux du paganisme et du christianisme.
(3) Proudhon, *loc. cit.*, p. 104.
(4) Ce député avait fait un discours très anticlérical dans lequel je relève cette idée étrange que « la religion juive fut bien la plus cléricale

samment garantis contre les périls et les épreuves de la vie. » Combes n'est pas homme à avoir des idées personnelles ; il reproduisait une opinion qui était courante dans son monde.

Cette déclaration provoqua un fort tapage à la Chambre ; tous les députés qui se piquent de philosophie intervinrent dans le débat ; comme Combes avait parlé de l'enseignement superficiel et borné de nos écoles primaires, F. Buisson crut devoir protester, en sa qualité de grand pédagogue de la troisième République : « L'éducation que nous donnons à l'enfant du peuple, dit-il, dans l'école primaire, n'est pas une demi-éducation; c'est la fleur même et le fruit de la civilisation recueillie à travers les siècles, chez les peuples divers, dans les religions et législations de tous les âges et dans toute l'humanité. » Une telle morale abstraite ne peut être que prodigieusement dépourvue d'efficacité ; je me souviens d'avoir lu autrefois, dans un manuel de Paul Bert, que le principe fondamental de la morale s'appuie sur les enseignements de Zoroastre et sur la Constitution de l'an III ; je pense qu'il n'y a pas là une raison sérieuse pour faire agir un homme.

On peut se demander si l'Université n'a pas arrangé les programmes actuels dans l'espoir d'imposer la pratique morale aux élèves par le mécanisme de la répétition des préceptes ; elle multiplie à ce point les cours, qu'on peut se demander s'il ne faudrait pas ici appliquer (avec une légère correction) le vers connu de Boileau :

Aimez-vous la *muscade ?* On en a mis partout.

---

de toutes les religions, posséda le cléricalisme le plus sectaire et le plus étroit ». Un peu plus haut il disait : « Moi, *qui ne suis pas antisémite*, je ne fais aux juifs qu'un seul reproche, celui d'avoir empoisonné la pensée aryenne, si haute et si large, avec le monothéisme hébreu ». Il demandait l'introduction de l'histoire des religions dans les écoles primaires en vue de ruiner l'autorité de l'Église. D'après lui, le parti socialiste voyait dans « l'affranchissement intellectuel de la masse, la préface nécessaire du progrès et de l'évolution sociale des sociétés ». Ne serait-ce pas plutôt le contraire qu'il aurait fallu dire ? Ce discours ne prouve-t-il pas qu'il y a un antisémitisme de libre-pensée tout aussi étroit et mal réformé que celui des cléricaux ?

Je crois que peu nombreux sont les gens qui ont la confiance naïve de F. Buisson et des universitaires dans leur morale. G. de Molinari estime, tout comme Combes, qu'il faut avoir recours à la religion, qui promet aux hommes une récompense dans l'autre monde et qui est ainsi « l'assureuse de la justice... C'est la religion qui, dans l'enfance des sociétés, a élevé l'édifice de la morale ; c'est elle qui le soutint et qui peut seule le soutenir. Telles sont les fonctions qu'a remplies et que continue à remplir la religion, et qui, n'en déplaise aux apôtres de la morale indépendante, constituent son utilité » (1). — « C'est à un véhicule plus puissant et plus actif que l'intérêt de la société qu'il faut avoir recours pour opérer les réformes dont l'économie politique démontre la nécessité, et ce véhicule ne peut se trouver que dans le sentiment religieux associé au sentiment de justice » (2).

G. de Molinari s'exprime en termes volontairement vagues ; il semble considérer la religion comme font beaucoup de catholiques modernes (genre Brunetière) : c'est un moyen de gouvernement social, qui devra être proportionné aux besoins des classes ; les gens des hautes classes ont toujours estimé qu'ils avaient moins besoin d'être disciplinés moralement que leurs subordonnés, et c'est pour avoir fait de cette belle découverte la base de leur théologie, que les jésuites ont tant de succès dans la bourgeoisie contemporaine. Notre auteur distingue quatre moteurs capables d'assurer l'accomplissement du devoir : « le pouvoir de la société investi dans l'organisme gouvernemental, le pouvoir de l'opinion publique, le pouvoir de la conscience individuelle et le pouvoir de la religion, » et il estime que ce mécanisme spirituel est visiblement en retard sur le mécanisme matériel (3). Les deux premiers moteurs peuvent avoir une action sur les capitalistes, mais n'ont pas

---

(1) G. de Molinari, *Science et religion*, p. 94.
(2) G. de Molinari, *op. cit.*, p. 198.
(3) G. de Molinari, *op. cit.*, pp. 60-61.

d'influence dans l'atelier ; pour le travailleur, les deux derniers moteurs sont seuls efficaces et ils deviennent tous les jours plus importants en raison de « l'accroissement de responsabilité de ceux qui sont chargés de diriger ou de surveiller le fonctionnement des machines »(1); or, suivant G. de Molinari, on ne saurait concevoir le pouvoir de la conscience individuelle sans celui de la religion (2).

Je crois donc que G. de Molinari ne serait pas éloigné d'approuver les patrons qui protègent les institutions religieuses ; il demanderait, sans doute, seulement que l'on mît plus de formes que n'en mettait jadis Chagot à Montceau-les-Mines (3).

Les socialistes ont longtemps eu de grands préjugés contre la morale, en raison de ces institutions catholiques que de grands industriels établissaient chez eux ; il leur semblait que la morale n'était, dans notre société capitaliste, qu'un moyen d'assurer la docilité des travailleurs maintenus dans l'effroi que crée la superstition. La littérature dont raffole la bourgeoisie depuis longtemps décrit des mœurs si déraisonnables ou même si scandaleuses qu'il est difficile de croire que les classes riches puissent être sincères quand elles parlent de moraliser le peuple.

Les marxistes avaient une raison particulière de se montrer défiants pour tout ce qui touchait à l'éthique; les propagateurs de réformes sociales, les utopistes et les démocrates avaient fait un tel abus de la Justice qu'on était en droit de regarder toute dissertation sur un tel sujet comme un exercice de rhétorique ou comme une sophistique destinée à égarer toutes les personnes qui s'occupaient du mouvement ouvrier. C'est ainsi que

---

(1) G. de Molinari, *op. cit.*, p. 54.
(2) G. de Molinari, *op. cit.*, p. 87 et 93.
(3) J'ai déjà dit qu'en 1883, Y. Guyot dénonçait avec violence la conduite de Chagot, qui plaçait les ouvriers sous la direction des prêtres et les forçait à aller à la messe. (*La morale*, p. 183.)

Rosa Luxemburg appelait, il y a quelques années, l'idée de Justice « ce vieux cheval de retour monté depuis des siècles par tous les rénovateurs du monde, privés de plus sûrs moyens de locomotion historique, cette Rossinante déhanchée sur laquelle ont chevauché tant de don Quichotte de l'histoire à la recherche de la grande réforme mondiale, pour ne rapporter de ces voyages autre chose que quelque œil poché » (1). De ces plaisanteries sur une Justice fantastique sortie de l'imagination des utopistes, on passait, parfois trop facilement, à de grossières facéties sur la morale la plus ordinaire ; on pourrait faire un assez vilain recueil des paradoxes soutenus par des marxistes officiels à ce sujet. Lafargue s'est particulièrement distingué à ce point de vue (2).

La raison capitale qui empêchait les socialistes d'étudier les problèmes éthiques comme ils le méritent, était la superstition démocratique qui les a si longtemps dominés et qui les entraînait à croire que leur action devait surtout avoir pour but la conquête de sièges dans les assemblées politiques.

Dès qu'on s'occupe d'élections, il faut subir certaines conditions générales qui s'imposent, d'une manière inéluctable, à tous les partis, dans tous les pays et dans tous les temps. Quand on est convaincu que l'avenir du monde dépend de prospectus électoraux, de compromis conclus entre gens influents, et de ventes de faveurs, on ne peut avoir grand souci des contraintes morales qui empêcheraient l'homme d'aller là où se manifeste son plus clair intérêt. L'expérience montre que dans tous les pays où la démocratie peut développer

---

(1) *Mouvement socialiste*, 15 juin 1899, p. 649.
(2) Par exemple on lit dans le *Socialiste* du 30 juin 1901 : « Comme, dans une société communiste, la *morale qui encombre la cervelle des civilisés* se sera évanouie ainsi qu'un *affreux cauchemar*, peut-être qu'une autre morale engagera les femmes à *papillonner*, selon le mot de Ch. Fourier, au lieu de se condamner à être la propriété d'un mâle... Les femmes dans les tribus sauvages et barbares communistes sont d'autant plus honorées qu'elles distribuent leurs faveurs sur un plus grand nombre d'amants. »

librement sa nature, s'étale la corruption la plus scandaleuse, sans que personne juge utile de dissimuler ses coquineries ; le Tammany-Hall de New-York a toujours été cité comme le type le plus parfait de la vie démocratique et dans la plupart de nos grandes villes on trouve des politiciens qui ne demanderaient qu'à suivre les traces de leurs confrères d'Amérique. Tant qu'un homme reste fidèle à son parti, il ne peut commettre que des peccadilles; mais s'il a l'imprudence de l'abandonner, on lui découvre immédiatement les tares les plus honteuses : il ne serait pas difficile de montrer, par des exemples fameux, que nos socialistes parlementaires pratiquent cette singulière morale avec un certain cynisme.

La démocratie électorale ressemble beaucoup au monde de la Bourse ; dans un cas comme dans l'autre, il faut opérer sur la naïveté des masses, acheter le concours de la grande presse, et *aider le hasard* par une infinité de ruses ; il n'y a pas grande différence entre un financier qui introduit sur le marché des affaires retentissantes qui sombreront dans quelques années, et le politicien qui promet à ses concitoyens une infinité de réformes qu'il ne sait comment faire aboutir (1) et qui se traduiront seulement par un amoncellement de papiers parlementaires. Les uns et les autres n'entendent rien à la production et ils s'arrangent cependant pour s'imposer à elle, la mal diriger et l'exploiter sans la moindre vergogne : ils sont éblouis par les merveilles de l'industrie moderne et ils estiment, les uns et les autres, que le monde regorge assez de richesses pour qu'on puisse le voler largement, sans trop faire crier les producteurs ; tondre le contribuable sans qu'il se révolte, voilà tout l'art

---

(1) Clemenceau, répondant, le 21 juin 1907, à Millerand, lui disait qu'en rédigeant un projet de retraites ouvrières sans s'occuper des ressources, il n'avait pas fait preuve d'être « un grand esprit politique, ni même simplement un *homme sérieux* ». La riposte de Millerand est tout à fait caractéristique de l'orgueil du politicien parvenu : « Ne parlez pas de choses que vous ignorez. » Et lui donc, de quoi parle-t-il ?

du grand homme d'État et du grand financier. Démocrates et gens d'affaires ont une science toute particulière pour faire approuver leurs filouteries par des assemblées délibérantes ; le régime parlementaire est tout aussi truqué que les réunions d'actionnaires. C'est probablement en raison des affinités psychologiques profondes résultant de ces manières d'opérer, que les uns et les autres s'entendent si parfaitement : la démocratie est le pays de Cocagne rêvé par les financiers sans scrupules.

Le spectacle écœurant donné au monde par les écumeurs de la finance et de la politique (1), explique le succès qu'obtinrent assez longtemps les écrivains anarchistes : ceux-ci fondaient leurs espérances de renouvellement du monde sur un progrès intellectuel des individus ; ils ne cessaient d'engager les ouvriers à s'instruire, à prendre une plus claire conscience de leur dignité d'hommes et à se montrer dévoués pour leurs camarades. Cette attitude leur était imposée par leur principe : comment, en effet, pourrait-on concevoir la formation d'une société d'hommes libres, si on ne supposait que les individus actuels eussent déjà acquis la capacité de se conduire eux-mêmes ? Les politiciens assurent que c'est là une pensée tout à fait naïve et que le monde jouira de tous les bonheurs qu'il pourra désirer, le jour où les bons apôtres pourront profiter de tous les avantages que procure le pouvoir ; rien ne sera impossible pour un État qui transformera en princes les rédacteurs de l'*Humanité*. Si à ce moment, on juge utile d'avoir des hommes libres, on fera quelques bons décrets pour en fabriquer ; mais il est douteux que les amis et commanditaires de Jaurès trouvent cela nécessaire ; il leur suffira d'avoir des domestiques et des contribuables.

---

(1) Je suis bien aise de m'appuyer ici sur l'autorité incontestable de Gérault-Richard qui, dans la *Petite République* du 19 mars 1903, dénonçait les « intrigants, arrivistes, faméliques et noceurs [qui] voient uniquement le gâteau ministériel à saisir » et qui cherchaient alors à faire tomber Combes. On voit dans le numéro suivant qu'il s'agissait des amis de Waldeck-Rousseau, opposés, comme lui, à l'étranglement des congrégation

La *nouvelle école* s'est rapidement distinguée du socialisme officiel en reconnaissant la nécessité de perfectionner les mœurs (1), aussi est-il de mode parmi les dignitaires du socialisme parlementaire de l'accuser d'avoir des tendances anarchistes; je ne fais aucune difficulté, pour ma part, de me reconnaître anarchisant à ce point de vue, puisque le socialisme parlementaire fait profession d'avoir pour la morale un mépris à peu près égal à celui qu'ont pour elle les plus vils représentants de la bourgeoisie boursicotière.

On reproche aussi parfois à la *nouvelle école* de revenir aux rêveries des utopistes; cette critique montre combien nos adversaires comprennent mal les œuvres des anciens socialistes et la situation actuelle. Jadis on cherchait à fabriquer une morale qui fût capable d'agir sur les sentiments des gens du monde pour les rendre sympathiques à ce qu'on nommait avec pitié les classes déshéritées et les amener à faire quelques sacrifices en faveur de frères malheureux. Les écrivains de ce temps se représentaient l'atelier sous un aspect tout autre que celui qu'il peut avoir dans une société de prolétaires voués à un travail progressif; ils supposaient qu'il pourrait ressembler à un salon dans lequel des dames se réunissent pour faire de la broderie; ils embourgeoisaient ainsi le mécanisme de la production. Enfin ils attribuaient aux prolétaires des sentiments fort analogues à ceux que les explorateurs du XVII° et du XVIII° siècle avaient attribués aux sauvages : bons, naïfs et désireux d'imiter les hommes d'une race supérieure. Sur de telles hypothèses, il était facile de concevoir une organisation de paix et de bonheur : il s'agissait de rendre meilleure la classe riche et d'éclairer la classe pauvre. Ces deux opérations semblaient très faciles à réaliser, et alors la fusion s'opérait dans ces ateliers de salon, qui ont fait tourner la tête de

---

(1) C'est ce que Benedetto Croce a signalé dans la *Critica*, juillet 1907, pp. 317-319. — Cet écrivain est fort connu en Italie pour sa remarquable sagacité de critique et de philosophe.

tant d'utopistes (1). Ce n'est point sur un modèle idyllique, chrétien et bourgeois que la *nouvelle école* conçoit les choses ; elle sait que le progrès de la production requiert des qualités tout autres que celles que l'on rencontre chez les gens du monde ; c'est en raison des valeurs morales nécessaires pour perfectionner la production qu'elle a un souci considérable de l'éthique.

Elle se rapproche donc des économistes bien plus que des utopistes ; elle estime, comme G. de Molinari, que le progrès moral du prolétariat est aussi nécessaire que le progrès matériel de l'outillage pour porter l'industrie moderne au niveau toujours plus élevé que la science technologique permet d'atteindre ; mais elle descend bien plus que cet auteur dans la profondeur du problème et ne se contente pas de vagues recommandations sur le devoir religieux (2) ; dans son désir insatiable de réalité, elle cherche à atteindre les racines mêmes de ce perfectionnement moral et elle voudrait savoir comment peut *se créer aujourd'hui la morale des producteurs futurs.*

---

(1) Dans la colonie New-Harmony, fondée par R. Owen, on travaillait peu et mal ; mais les amusements étaient abondants ; en 1826, le duc de Saxe-Weimar fut émerveillé par la musique et les bals. (Dolléans, *Robert Owen*, pp. 247-248.)

(2) G. de Molinari paraît croire qu'une religion naturelle comme celle de J.-J. Rousseau et de Robespierre pourrait suffire. Nous savons aujourd'hui que c'est un moyen sans efficacité morale.

II

Au début de toute recherche sur la morale moderne, il faut se poser cette question : sous quelles conditions un renouvellement est-il possible ? Les marxistes ont eu mille fois raison de se moquer des utopistes et de soutenir qu'on ne crée point une morale avec des prédications tendres, des fabrications ingénieuses d'idéologies, ou de beaux gestes. Proudhon, faute d'avoir examiné ce problème, s'est fait de grandes illusions sur la persistance des forces qui donnaient la vie à sa morale; l'expérience devait démontrer bientôt que son entreprise était destinée à demeurer vaine. Et si le monde contemporain ne renferme pas des racines pour une nouvelle morale, que deviendra-t-il ? Les gémissements d'une bourgeoisie pleurnicharde ne le sauveront pas, s'il a vraiment perdu ses mœurs pour toujours.

Peu de temps avant sa mort, Renan était fort préoccupé de l'avenir moral du monde : « Les valeurs morales baissent, cela est sûr; le sacrifice disparaît presque; on voit venir le jour où tout sera syndiqué (1), où l'égoïsme organisé remplacera l'amour et le dévouement... Il y aura d'étranges tiraillements. Les deux choses qui jusqu'ici ont seules résisté à la chute du respect, l'armée (2) et l'Église, seront bientôt entraînées par le torrent général » (3). Renan montrait une remarquable perspicacité en écrivant ces choses, juste au moment où tant d'esprits futiles annonçaient la renaissance de l'idéalisme et prévoyaient des tendances progressives dans l'Église réconciliée

---

(1) On voit que Renan n'avait point pour l'esprit corporatif la vénération que montrent beaucoup de nos actuels idéalistes.
(2) Il ne prévoyait pas que son gendre s'agiterait tellement contre l'armée durant l'affaire Dreyfus.
(3) Renan, *Feuilles détachées*, p. XIV.

enfin avec le monde moderne. Mais Renan avait été trop favorisé durant toute sa vie par la fortune, pour ne pas être optimiste ; il croyait donc que le mal se bornerait à l'obligation de traverser de mauvais jours, et il ajoutait : « N'importe, les ressources de l'humanité sont infinies. Les œuvres éternelles s'accompliront, sans que la *source des forces vives,* remontant toujours à la surface, soit jamais tarie. »

Quelques mois auparavant il avait terminé le cinquième volume de son *Histoire du peuple d'Israël* et ce volume, ayant été publié d'après le manuscrit, renferme certainement une expression plus fruste de sa pensée ; on sait qu'il corrigeait, en effet, très longuement ses épreuves. Nous trouvons ici de plus sombres pressentiments ; l'auteur se demande même si notre humanité atteindra sa véritable fin : « Si ce globe vient à manquer à ses devoirs, il s'en trouvera d'autres pour pousser à outrance le programme de toute vie : lumière, raison, vérité » (1). Les temps prochains l'effrayaient : « L'avenir immédiat est obscur. Il n'est pas certain qu'il soit assuré à la lumière. » Il avait peur du socialisme et il n'est pas douteux qu'il entendait par socialisme la niaiserie humanitaire qu'il voyait paraître dans le monde des bourgeois stupides ; c'est ainsi qu'il a supposé que le catholicisme serait peut être le complice du socialisme (2).

Dans la même page il nous parle des scissions qui peuvent exister dans une société, et ceci a une importance considérable : « La Judée et le monde gréco-romain étaient comme deux univers roulant l'un à côté de l'autre sous des influences opposées... L'histoire de l'humanité n'est nullement synchronique en ses diverses parties. Tremblons. En ce moment peut-être la religion de l'avenir se fait et se fait sans nous. Oh ! le sage Kimri

---

(1) Renan, *Histoire du peuple d'Israël*, tome V, p. 421.
(2) Renan, *loc. cit.*, p. 420.

qui voyait sous terre ! C'est là que tout se prépare, c'est là qu'il faudrait voir. » Ces paroles ne peuvent déplaire aux théoriciens de la lutte de classe ; j'y trouve le commentaire de ce que Renan dira un peu plus tard, au sujet de la « source des forces vives remontant à la surface » : la rénovation se ferait par une classe qui travaille souterrainement et qui se sépare du monde moderne comme le judaïsme se séparait du monde antique.

Quoi qu'en pensent les sociologues officiels, les classes inférieures ne sont nullement condamnées à vivre des ragots que leur abandonnent les classes supérieures ; nous sommes heureux de voir Renan protester contre cette doctrine imbécile. Le syndicalisme a la prétention de se créer une idéologie vraiment prolétarienne ; et, quoi qu'en disent les savants de la bourgeoisie, l'expérience historique, proclamée par Renan, nous apprend que cela est très possible et que de là peut sortir le salut du monde. C'est vraiment sous terre que se produit le mouvement syndicaliste ; les hommes qui s'y dévouent ne mènent pas grand tapage dans la société ; quelle différence entre eux et les anciens chefs de la démocratie travaillant à la conquête du pouvoir !

Ceux-ci étaient enivrés par l'espoir que les hasards de l'histoire devaient les amener, quelque jour, à devenir des *princes républicains* (1). En attendant que la roue de la fortune tournât ainsi à leur avantage, ils obtenaient les profits moraux et matériels que procure la célébrité à tous les virtuoses dans une société qui est habituée à payer cher ce qui l'amuse. Beaucoup d'entre eux avaient pour principal moteur leur incommensurable orgueil et ils s'imaginaient que, leur nom devant briller d'un singulier éclat dans les annales de l'humanité,

---

(1) Toute la démocratie est dans le mot prêté à Mme Flocon : « C'est nous qui sommes les princesses. » La démocratie est heureuse quand elle voit traiter avec des honneurs princiers un Félix Faure, homme médiocre en tout (pour ne pas être sévère).

ils pouvaient acheter cette gloire future par quelques sacrifices.

Aucune de ces raisons d'agir n'existe pour les syndicalistes actuels, le prolétariat n'a pas les instincts serviles de la démocratie ; il n'aspire point à marcher à quatre pattes devant un ancien camarade devenu haut magistrat et à se pâmer d'aise devant les toilettes des dames des ministres (1). Les hommes qui se dévouent à la cause révolutionnaire savent qu'ils devront rester toujours dans les conditions d'une vie infiniment modeste. Ils poursuivent leur travail d'organisation sans attirer l'attention, et le moindre écrivasson qui barbouille du papier pour l'*Humanité* est beaucoup plus célèbre que les militants de la Confédération du Travail ; pour la très grande masse du public français, Griffuelhes n'aura jamais la notoriété de Rouanet ; à défaut d'avantages matériels qu'ils ne sauraient espérer, ils n'ont même pas la satisfaction que peut procurer la célébrité. Mettant toute leur confiance dans les mouvements des masses, ils ne comptent point sur une gloire napoléonienne et laissent à la bourgeoisie la superstition des grands hommes.

Il est bon qu'il en soit ainsi, car le prolétariat peut se développer d'une manière d'autant plus solide qu'il s'organise dans l'ombre ; les politiciens socialistes n'aiment pas les occupations qui ne procurent pas de célébrité (et partant pas de profits) ; ils ne sont donc point disposés

---

(1) Le socialisme parlementaire est d'une force carabinée sur les bonnes manières, comme on peut s'en assurer en consultant de nombreux articles de Gérault-Richard. J'en cite au hasard quelques exemples. Le 1ᵉʳ juin 1903, il déclare que la reine Nathalie de Serbie mérite « un rappel aux convenances » pour avoir été écouter le P. Coubé prêcher à Aubervilliers et il demande qu'elle soit admonestée par le commissaire de police de son quartier. Le 30 juillet, Cassagnac s'amuse fort d'avoir été repris par Gérault-Richard, lui donnant des leçons de bon ton. Le 26 septembre, Gérault-Richard s'indigne de la grossièreté et de l'ignorance des usages dont fait preuve l'amiral Maréchal. — Le protocole socialiste a des mystères ; les femmes des citoyens socialistes sont tantôt *dames* et tantôt *citoyennes* ; dans la société future il y aura des disputes pour le tabouret comme à Versailles.

à s'occuper des œuvres syndicales qui veulent demeurer prolétariennes ; ils font la parade sur la scène parlementaire, et cela n'a pas généralement de graves conséquences. Les hommes qui participent vraiment au mouvement ouvrier actuel, donnent l'exemple de ce que l'on a toujours regardé comme étant les plus hautes vertus ; ils ne peuvent, en effet, recueillir aucune de ces choses que le monde bourgeois regarde comme étant surtout désirables. Si donc l'histoire récompense l'abnégation résignée des hommes qui luttent sans se plaindre et accomplissent sans profit une grande œuvre de l'histoire, comme l'affirme Renan (1), nous avons une raison nouvelle de croire à l'avènement du socialisme, puisqu'il représente le plus haut idéal moral que l'homme ait jamais conçu. Ce n'est pas une religion nouvelle qui se ferait sous terre, sans l'aide des penseurs bourgeois ; c'est *une vertu qui naît*, une vertu que les intellectuels de la bourgeoisie sont incapables de comprendre, une vertu qui peut sauver la civilisation, — comme Renan espérait que celle-ci serait sauvée, — mais par l'élimination totale de la classe dans laquelle Renan avait vécu.

Examinons maintenant de près les raisons qui faisaient redouter à Renan une décadence de la bourgeoisie (2) ; il était très frappé de la ruine des idées religieuses : « Un immense abaissement moral, *et peut-être intellectuel*, suivrait le jour où la religion disparaîtrait du monde. Nous pouvons nous passer de religion, parce que d'autres en ont pour nous. Ceux qui ne croient pas sont entraînés par la masse plus ou moins croyante ; mais le jour où la

---

(1) Renan, *op. cit.*, tome IV, p. 267.
(2) Renan a signalé un symptôme de décadence sur lequel il a trop peu insisté, et qui ne semble pas avoir beaucoup frappé ses lecteurs ; il était agacé par l'agitation, les prétentions à l'originalité et les surenchères naïves de jeunes métaphysiciens : « Mais, mes chers enfants, c'est inutile de se donner tant mal à la tête pour n'arriver qu'à changer d'erreur. » (*Feuilles détachées*, p. x.) Une telle agitation (qui a pris aujourd'hui une allure sociologique, socialiste ou humanitaire) est un signe certain d'anémie.

masse n'aurait plus d'élan, les braves eux-mêmes iraient mollement à l'assaut. » C'est l'absence de sublime qui fait peur à Renan ; comme tous les vieillards en leurs jours de tristesse, il pense à son enfance et il ajoute : « L'homme vaut en proportion du sentiment religieux qu'il emporte de sa première éducation et qui parfume toute sa vie. » Il a vécu de ce qu'une mère chrétienne lui a enseigné de sublime ; nous savons, en effet, que madame Renan avait été une femme d'un haut caractère. Mais la source du sublime se tarit : « Les personnes religieuses vivent d'une ombre. Nous vivons de l'ombre d'une ombre. *De quoi vivra-t-on après nous ?* » (1).

Suivant son habitude, Renan cherche à atténuer les tristes perspectives que sa perspicacité lui fait entrevoir ; il est comme tant d'autres écrivains français qui, voulant plaire à un public frivole, n'osent jamais aller au fond des problèmes que soulève la vie (2) ; il ne veut pas effrayer ses aimables admiratrices ; il ajoute donc qu'il n'est pas nécessaire d'avoir une religion chargée de dogmes, une religion analogue au christianisme ; le sentiment religieux pourrait suffire. Après lui, il n'a pas manqué de bavards pour nous entretenir de ce vague sentiment religieux qui pourrait suffire pour remplacer les religions positives qui s'effondrent. F. Buisson nous apprend qu'il « restera non pas une doctrine religieuse, mais une émotion religieuse qui, bien loin de contredire ou la science, ou l'art, ou la morale, ne fera que les replonger dans le sentiment d'une profonde harmonie avec la vie de l'Univers » (3). Voilà, si je n'ai la berlue, du triple galimatias.

---

(1) Renan, *Feuilles détachées*, p. XVII-XVIII.
(2) C'est Brunetière qui adresse ce reproche à la littérature française : « Si vous voulez savoir pourquoi Racine et Molière, par exemple, n'ont pas atteint cette profondeur de pensée que nous trouvons dans un Shakespeare, ou dans un Gœthe, ... cherchez la femme, et vous trouverez que la faute en est à l'influence des salons et des femmes. » (*Évolution des genres*, p. 128.)
(3) *Questions de morale* (conférences par plusieurs professeurs) dans la *Bibliothèque des sciences sociales*, p. 328.

« De quoi vivra-t-on après nous? » Voilà le grand problème que Renan a posé et que la bourgeoisie ne résoudra pas. Si l'on pouvait avoir quelque doute sur ce point, les niaiseries que débitent les moralistes officiels démontreraient que la décadence est désormais fatale; ce ne sont pas des considérations sur l'harmonie de l'Univers (même en personnifiant l'Univers), qui pourront donner aux hommes ce courage que Renan comparait à celui qui possède le soldat montant à l'assaut. Le sublime est mort dans la bourgeoisie et celle-ci est donc condamnée à ne plus avoir de morale (1). La liquidation de l'affaire Dreyfus, dont les dreyfusards ont su tirer un si bon parti, à la grande indignation du *colonel Picquart* (2), a montré que le sublime bourgeois est une valeur de Bourse. Dans cette affaire se manifestèrent toutes les tares intellectuelles et morales d'une classe atteinte de folie.

---

(1) J'appelle l'attention sur l'extraordinaire prudence que montre Ribot dans sa *Psychologie des sentiments*, à propos de l'évolution de la morale ; il semble, d'après les analogies avec d'autres sentiments, qu'il aurait dû conclure à une évolution vers un état purement intellectuel et à la disparition de son efficacité ; mais il n'a pas osé conclure pour la morale comme pour la religion.

(2) Je fais allusion à un article publié dans la *Gazette de Lausanne*, au commencement de l'année 1906 et dont la *Libre Parole* du 2 avril donne un assez long extrait. Quelques mois après que j'écrivais ces lignes, Picquart était lui-même l'objet de faveurs exceptionnelles ; il avait été vaincu par les fatalités de la vie parisienne, qui ont terrassé des hommes plus forts que lui.

III

Avant d'examiner quelles sont les qualités que l'économie moderne requiert des producteurs libres, nous devons analyser les parties dont se compose la morale. Les philosophes ont toujours quelque peine à voir clair dans ces problèmes éthiques, parce qu'ils constatent l'impossibilité de ramener à l'unité les idées qui ont cours simultanément dans une classe, et qu'ils s'imaginent cependant que leur devoir serait de tout ramener à l'unité. Pour arriver à se dissimuler l'hétérogénéité fondamentale de toute morale civilisée, ils recourent à une infinité de subterfuges, tantôt reléguant au rang d'exception, d'importation ou de survivance, tout ce qui les gêne, tantôt noyant la réalité dans un océan de termes vagues, et, le plus souvent, employant ces deux procédés pour mieux embrouiller la question. J'estime, au contraire, qu'un ensemble quelconque dans l'histoire des idées ne peut être bien connu que si on cherche à mettre en lumière toutes les contradictions. Je vais adopter ce parti et je prendrai pour point de départ l'opposition célèbre que Nietzsche a établie entre deux groupes de valeurs morales, opposition sur laquelle on a beaucoup écrit, mais que l'on n'a jamais convenablement étudiée.

A. — On sait avec quelle force Nietzsche a vanté les valeurs construites par les maîtres, par une haute classe de guerriers qui, dans leurs expéditions, jouissent pleinement de l'affranchissement de toute contrainte sociale, retournent à la simplicité de la conscience du fauve, redeviennent des monstres triomphants qui rappellent toujours « la superbe brute blonde rôdant, en quête de proie et de carnage », chez lesquels « un fond de bestialité cachée a besoin, de temps en temps, d'un exutoire ».

Pour bien comprendre cette thèse, il ne faut pas trop s'attacher à des formules qui ont été parfois exagérées à dessein, mais aux faits historiques ; l'auteur nous apprend qu'il a en vue « l'aristocratie romaine, arabe, germanique ou japonaise, les *héros homériques*, les vikings scandinaves ».

C'est surtout aux héros homériques qu'il faut penser pour comprendre ce que Nietzsche a voulu expliquer à ses contemporains. On doit se rappeler qu'il avait été professeur de grec à l'Université de Bâle et qu'il a commencé sa réputation avec un livre consacré à glorifier le génie hellénique (*L'origine de la tragédie*). Il observe que, même à l'époque de leur plus haute culture, les Grecs avaient conservé conscience de leur tempérament aristocratique : « Notre audace, disait Périclès, s'est frayé un passage par terre et par mer, s'élevant partout d'impérissables monuments en bien et en mal. » Aux héros de la légende et de l'histoire hellénique s'applique ce qu'il admire dans « cette audace des races nobles, audace folle, absurde, spontanée ;... leur indifférence et leur mépris pour toutes les sécurités du corps, pour la vie, le bien-être. » — N'est-ce point particulièrement à propos de l'Achille de l'*Iliade* que l'on peut parler de « la gaieté terrible et de la joie profonde que goûtent [les héros] à toute destruction, à toutes les voluptés de la victoire et de la cruauté » (1) ?

C'est bien au type de la Grèce classique que Nietzsche fait allusion quand il écrit : « Les jugements de valeurs de l'aristocratie guerrière sont fondés sur une puissante constitution corporelle, une santé florissante, sans oublier ce qui est nécessaire à l'entretien de cette vigueur débordante : la guerre, l'aventure, la chasse, la danse, les jeux et exercices physiques et en général tout ce qui implique une activité robuste, libre et joyeuse » (2).

Le type très antique, le type achéen célébré par

---

(1) Nietzsche, *Généalogie de la morale*, trad. franç., p. 57-59.
(2) Nietzsche, *op. cit.*, p. 48.

Homère, n'est pas un simple souvenir ; il a reparu plusieurs fois dans le monde. « Il y a eu pendant la Renaissance un réveil superbe de l'idéal classique, de l'évaluation noble de toutes choses » ; et après la Révolution, « se produisit tout à coup la chose la plus prodigieuse et la plus inattendue : l'idéal antique se dressa en personne et avec une splendeur insolite devant les yeux et la conscience de l'humanité... Apparut Napoléon, homme unique et tardif s'il en fut » (1).

Je crois que si Nietzsche n'avait pas été autant dominé par ses souvenirs de professeur de philologie, il aurait vu que *le maître* existe encore sous nos yeux, et que c'est lui qui fait, à l'heure actuelle, l'extraordinaire grandeur des Etats-Unis ; il aurait été frappé des singulières analogies qui existent entre le Yankee, apte à toutes les besognes, et l'ancien marin grec, tantôt pirate, tantôt colon ou marchand ; il aurait surtout établi un parallèle entre le héros antique et l'homme qui se lance à la conquête du Far-West (2). P. de Rousiers a peint d'une manière excellente le type du *maître* ; « Pour devenir et rester américain, il faut considérer la vie *comme une lutte et non comme un plaisir*, y rechercher l'effort victorieux, l'action énergique et efficace, plus que l'agrément, plus que le loisir embelli par la culture des arts, et les raffinements propres à d'autres sociétés. Partout nous avons constaté que ce qui fait, réussir l'Américain, ce qui constitue son type, c'est la valeur morale, l'énergie personnelle, l'énergie agissante, l'énergie créatrice » (3). Le mépris si profond que le Grec avait pour le Barbare, le Yankee l'a pour le travailleur étranger qui ne fait point d'effort pour devenir vraiment

---

(1) Nietzsche, *op. cit.*, pp. 78-80.
(2) P. de Rousiers observe que dans toute l'Amérique on trouve à peu près le même milieu social, les mêmes hommes à la tête des grandes affaires; mais « c'est dans les contrées de l'Ouest que se manifestent, avec le plus d'énergie, les qualités et les défauts de ce peuple extraordinaire ;... *c'est là que se trouve la clef de tout le système social.* » (*La vie américaine, Ranches, fermes et usines*, pp. 8-9, Cf. p. 261.)
(3) De Rousiers, *La vie américaine, L'éducation et la société*, p. 325.

américain. « Beaucoup de ces gens-là seraient meilleurs si nous en avions cure, disait au voyageur français un vieux colonel de la guerre de Sécession, mais nous sommes une race impérieuse; » un boutiquier de Pottsville traitait devant lui les mineurs de Pensylvanie de « population déraisonnable » (1). Dans les *Débats* du 2 septembre 1902, J. Bourdeau a signalé l'étrange similitude qui existe entre les idées de A. Carnegie et de Roosevelt, et celles de Nietzsche, le premier déplorant qu'on gaspille de l'argent à entretenir des incapables, le second engageant les Américains à devenir des conquérants, une race de proie (2).

Je ne suis pas de ceux qui regardent le type *achéen*, chanté par Homère, le héros indompté, confiant dans sa force et se plaçant au-dessus des règles, comme devant disparaître dans l'avenir. Si on a cru souvent à sa future disparition, c'est qu'on s'est imaginé que les valeurs homériques étaient inconciliables avec d'autres valeurs issues d'un principe tout autre; Nietzsche avait commis cette erreur, qui devait s'imposer à tous les gens qui croient à la nécessité de l'unité dans la pensée. Il est tout à fait évident que la liberté serait gravement compromise si les hommes en venaient à regarder les valeurs homériques (qui sont bien près des valeurs cornéliennes) comme étant propres aux peuples barbares. Et bien des problèmes moraux cesseraient de forcer l'humanité au progrès, si quelque personnage révolté ne forçait le peuple à rentrer en lui-même. Et l'art, qui est bien quelque chose aussi, perdrait le plus beau fleuron de sa couronne.

Les philosophes sont mal disposés à admettre le droit pour l'art de maintenir le culte de la « volonté de puissance »; il leur semble qu'ils devraient donner des

---

(1) De Rousiers, *La vie américaine, Ranches, fermes et usines*, pp. 303-305.
(2) Dans ce feuilleton, J. Bourdeau nous apprend que « Jaurès a fort étonné les Genevois, en leur révélant que le héros de Nietzsche, le *surhomme*, n'est autre que le prolétariat ». Je n'ai pu me procurer de renseignements sur cette conférence de Jaurès : espérons qu'il la publiera quelque jour.

leçons aux artistes et non en recevoir d'eux ; ils estiment que, seuls, les sentiments brevetés par les Universités ont le droit de se manifester dans la poésie. L'art, tout comme l'économie, n'a jamais voulu se plier aux exigences des idéologues ; il se permet de troubler leurs plans d'harmonie sociale ; l'humanité s'est trop bien trouvée de la liberté de l'art pour qu'elle songe à la subordonner aux fabricants de plates sociologies. Les marxistes sont habitués à voir les idéologues prendre les choses à l'envers et, à l'encontre de leurs ennemis, ils doivent regarder l'art comme une réalité qui fait naître des idées et non comme une application d'idées.

B. — Aux valeurs construites par les *maîtres*, Nietzsche oppose le système construit par les castes sacerdotales, l'idéal ascétique contre lequel il a accumulé tant d'invectives. L'histoire de ces valeurs est beaucoup plus obscure et plus compliquée que celle des précédentes ; l'auteur allemand cherche à rattacher l'origine de l'ascétisme à des raisons physiologiques que je n'examinerai pas ici. Il se trompe certainement lorsqu'il attribue aux Juifs un rôle prépondérant ; il ne semble pas du tout que l'antique judaïsme ait eu un caractère ascétique ; il a, sans doute, attaché, comme les autres religions sémitiques, de l'importance aux pèlerinages, aux jeûnes, aux prières prononcées dans un appareil misérable ; les poètes hébreux ont chanté un espoir de revanche qui existait au cœur de persécutés ; mais jusqu'au second siècle de notre ère les Juifs ont demandé cette revanche aux armes (1) ; — d'autre part, chez eux la vie de famille était trop forte pour que l'idéal monacal pût devenir important.

Si pénétrée de christianisme que soit notre civilisation moderne, il n'en est pas moins évident que, même au Moyen Age, elle a subi des influences étrangères à

---

(1) Il faut toujours bien prendre garde que le Juif du Moyen Age, devenu si résigné, ressemble beaucoup plus au chrétien qu'à ses ancêtres.

l'Église, en sorte que les anciennes valeurs ascétiques se sont transformées peu à peu. Les valeurs auxquelles le monde contemporain tient le plus et qu'il considère comme les vraies *valeurs de vertu*, ne se réalisent pas dans les couvents, mais dans la famille ; le respect de la personne humaine, la fidélité sexuelle et le dévouement pour les faibles constituent les éléments de moralité dont sont fiers tous les hommes d'un cœur élevé ; — c'est même très souvent à cela que l'on réduit la morale.

Lorsqu'on examine, avec un esprit critique, les écrits si nombreux qui ont trait aujourd'hui au mariage, on voit que les réformateurs sérieux se proposent de perfectionner les rapports familiaux de manière à assurer une meilleure réalisation de ces valeurs de vertu : ainsi, on demande que les scandales de la vie conjugale ne soient point étalés devant les tribunaux, que les unions ne soient plus maintenues quand la fidélité n'existe plus, que la tutelle des chefs ne soit pas détournée de son but moral pour devenir une exploitation, etc.

D'autre part, il est curieux d'observer à quel point l'Église méconnaît ces valeurs que la civilisation christiano-classique a produites : elle voit surtout dans le mariage un accord d'intérêts financiers et mondains ; elle est d'une extrême indulgence pour la galanterie ; elle ne veut pas admettre que l'union soit rompue quand le ménage est devenu un enfer, et ne tient nul compte de l'obligation de se dévouer. Les prêtres s'entendent à merveille pour procurer de riches dots aux nobles appauvris, au point qu'on a pu accuser l'Église de considérer le mariage comme un accouplement de gentilshommes vivant en *marlous* et de bourgeoises réduites au rôle de *marmites*. Quand on la rétribue largement, elle a des raisons de divorce imprévues et trouve moyen d'annuler des unions gênantes pour des motifs cocasses : « Est-ce qu'un homme sérieux, demande ironiquement Proudhon, un esprit grave, un chrétien, peut se soucier de l'amour de sa femme ?... Passe encore si le mari qui demande le divorce, si la femme qui se sépare, alléguait le refus du *debitum* : alors il y aurait lieu à rupture, le service pour lequel le mariage est octroyé n'étant pas rempli » (1).

Notre civilisation en étant venue à faire consister presque toute la morale dans des valeurs dérivées de celles qu'on observe dans la famille normalement constituée, de là sont sorties deux très graves conséquences : 1° on s'est demandé si, au lieu de regarder la famille comme étant l'application de théories morales, il ne serait pas plus exact de dire que celle-ci est la base de ces théories ; 2° il a semblé que l'Église étant devenue incompétente sur l'union sexuelle, devait l'être aussi en morale. C'est bien à ces conclusions que Proudhon aboutissait : « La nature a donné pour organe à la Justice la dualité sexuelle... Produire de la Justice, tel est le but supérieur de la division androgyne : la génération et ce qui s'en suit, ne figure plus ici que comme accessoire » (2). — « Le mariage, par son principe et sa destination, étant *l'organe même du droit humain*, la négation vivante du droit divin, est en contradiction formelle avec la théologie et l'Église » (3).

L'amour, par l'enthousiasme qu'il engendre, peut produire le sublime sans lequel il n'y aurait point de morale efficace. Proudhon a écrit à la fin de son livre sur la Justice des pages qui ne seront point dépassées sur le rôle qui appartient à la femme.

C. — Nous avons enfin à examiner des valeurs qui échappent à la classification de Nietzsche et qui ont trait aux *rapports civils*. A l'origine, la magie fut très

---

(1) Proudhon, *op. cit.*, tome IV, p. 99. — On sait que les théologiens n'aiment pas beaucoup que les curieux consultent leurs auteurs sur le devoir conjugal et sur la manière légitime de le remplir.

(2) Proudhon, *loc. cit.*, p. 212.

(3) Proudhon, *Œuvres*, tome XX, p. 169. Ceci est extrait de son mémoire en défense, présenté à la Cour de Paris, après sa condamnation à trois ans de prison pour le livre sur la Justice. — Il est digne d'observation que l'on accusait Proudhon d'attaquer le mariage ! Cette affaire est une des hontes qui ont déshonoré l'Église sous Napoléon III.

mêlée à l'évaluation de ces valeurs ; chez les Juifs, on a rencontré, jusqu'aux temps récents, un mélange de préceptes hygiéniques, de règles sexuelles, de conseils relatifs à la probité, à la bienveillance ou à la solidarité nationale, le tout enveloppé de superstitions magiques ; ce mélange, qui paraît étrange au philosophe, eut sur leur moralité la plus heureuse influence, tant qu'ils pratiquèrent leur manière de vivre traditionnelle ; et on remarque, encore aujourd'hui, chez eux, une exactitude particulière dans l'exécution des contrats.

Les idées qui ont cours chez les moralistes modernes viennent, pour une très notable partie, de la Grèce décadente ; Aristote, vivant dans une époque de transition, combina des valeurs anciennes avec les valeurs qui devaient dominer de plus en plus ; la guerre et la production avaient cessé de préoccuper beaucoup les gens des villes, qui cherchaient à s'assurer une douce existence ; il s'agissait surtout d'établir des rapports d'amitié entre des hommes bien élevés et la règle fondamentale sera donc de demeurer toujours dans un juste milieu ; la nouvelle morale devra s'acquérir surtout par les habitudes que prend le jeune Grec en fréquentant une société cultivée. On peut dire que nous sommes ici sur le terrain de la morale des consommateurs ; il ne faut pas s'étonner si des théologiens catholiques trouvent encore la morale d'Aristote excellente, car ils se placent, eux aussi, au même point de vue des consommateurs.

Dans la civilisation antique, la morale des producteurs ne pouvait guère être que celle du maître d'esclaves et elle n'a point paru mériter de longs développements à l'époque où la philosophie fit l'inventaire des usages grecs. Aristote dit qu'il ne faut pas une science bien étendue et bien haute pour employer des esclaves : « Elle consiste seulement à savoir commander ce que les esclaves doivent savoir faire. Ainsi, dès qu'on peut s'épargner cet embarras, on en laisse l'honneur à un intendant, pour se livrer à la vie politique ou à la philosophie » (1); et un peu plus loin, il écrit : « Il faut donc avouer que le maître doit être pour l'esclave l'origine de la vertu, qui lui est spéciale, bien qu'il n'ait pas, en tant que maître, à lui communiquer l'apprentissage de ses travaux » (2). Nous voilà bien sur le terrain des préoccupations d'un consommateur urbain, qui regarde comme un grave ennui l'obligation de prêter la moindre attention aux conditions de la production (3).

Quant à l'esclave, il n'aura besoin que d'une très faible vertu : « Il en aura ce qu'il en faut pour ne pas négliger ses travaux par intempérance ou paresse. » Il convient de le traiter avec douceur, quoique certaines personnes estiment que les esclaves sont privés de raison et ne sont propres qu'à recevoir des ordres (4).

Il est facile d'observer que, pendant très longtemps, les modernes n'ont pas cru qu'il y eût autre chose à dire des travailleurs que ce qu'en avait dit Aristote : on leur donnera des ordres ; on les reprendra avec douceur comme des enfants ; on les traitera comme des instruments passifs qui n'ont pas besoin de penser. Le socialisme révolutionnaire serait impossible si le monde ouvrier devait avoir une telle *morale de faibles ;* le socialisme d'État s'en accommoderait parfaitement, au contraire, puisqu'il est fondé sur la division de la société en une

---

(1) Aristote, *Politique*, livre I, chap. II, 23.
(2) Aristote, *op. cit.*, livre I, chap. V, 11.
(3) Xénophon, qui, en toutes choses, représente une conception de la vie grecque fort antérieure à son temps, s'occupe de la manière de dresser un bon contremaître pour les travaux de la ferme (*Économique*, 12-14). Marx remarque que Xénophon parle de la division du travail dans l'atelier et cela lui paraît caractériser un instinct bourgeois (*Capital*, tome I, p. 159, col. 1) ; je crois que cela caractérise un observateur qui comprend l'importance de la production, importance que Platon ne connaît nullement. Dans les *Mémorables* (livre II, 7), Socrate conseille à un citoyen, ayant une nombreuse parenté à sa charge, d'organiser un atelier avec ses parents ; M. Flach suppose que c'est là une nouveauté (Leçon du 19 avril 1907) ; il me semble plutôt que c'est un retour à des mœurs plus anciennes. Les historiens de la philosophie me paraissent avoir été très hostiles à Xénophon parce qu'il est trop *vieux Grec* ; Platon leur convient mieux parce qu'il est plus *aristocrate*, et par suite plus détaché de l'économie.
(4) Aristote, *op. cit.*, livre I, chap. V, 9 et 11.

classe de producteurs et une classe de penseurs appliquant à la production les données de la science. La seule différence qui existerait entre ce prétendu socialisme et le capitalisme consisterait dans l'emploi de procédés plus ingénieux pour se procurer une discipline dans l'atelier.

Les moralistes officiels du Bloc travaillent, à l'heure actuelle, à créer des moyens de gouvernement moral qui remplaceraient la vague religion que G. de Molinari croit nécessaire au capitalisme. Il est très évident, en effet, que la religion perd chaque jour son efficacité dans le peuple ; il faut trouver autre chose, si l'on veut donner aux intellectuels le moyen de continuer à vivre en marge de la production.

IV

Le problème que nous allons maintenant chercher à résoudre est le plus difficile de tous ceux que puisse aborder l'écrivain socialiste ; nous allons nous demander comment il est possible de concevoir le passage des hommes d'aujourd'hui à l'état de producteurs libres travaillant dans un atelier débarrassé de maîtres. Il faut bien préciser la question; nous ne la posons point pour le monde devenu socialiste, mais seulement pour notre temps et pour la préparation du passage d'un monde à l'autre ; si nous ne faisions pas cette limitation, nous tomberions dans l'utopie.

Kautsky est fort préoccupé de ce qui se produirait au lendemain d'une révolution sociale; il propose une solution qui me semble être aussi faible que celle de G. de Molinari. Si les syndicats ont été assez forts pour décider les ouvriers actuels à abandonner leurs ateliers et à subir de grands sacrifices durant les grèves soutenues contre les capitalistes, ils seront sans doute assez forts pour ramener les ouvriers à l'atelier et obtenir d'eux un excellent travail régulier, lorsqu'il aura été reconnu que ce travail est commandé par l'intérêt général (1). Kautsky ne paraît pas, d'ailleurs, avoir une très grande confiance dans l'excellence de sa solution.

Il n'y a évidemment aucune comparaison à établir entre une discipline qui impose aux travailleurs un arrêt général du travail, et celle qui peut les amener à faire marcher des machines avec une adresse supérieure. L'erreur provient de ce que Kautsky est bien plus un idéologue qu'un disciple de Marx ; il aime à raisonner sur des abstractions et croit avoir fait avancer une

---

(1) *Mouvement socialiste*, 15 février 1903, p. 310.

question lorsqu'il est parvenu à grouper des mots ayant une allure scientifique ; la réalité sous-jacente l'intéresse moins que le décor scolastique. Bien d'autres ont commis, d'ailleurs, la même erreur que lui et se sont laissé duper par la variété des sens du mot *discipline ;* on l'entend aussi bien pour parler d'une conduite régulière fondée sur des ardeurs de l'âme profonde que pour parler d'une contrainte extérieure.

L'histoire des anciennes corporations ne fournit pas de renseignements qui soient vraiment utilisables ; il ne semble pas qu'elles aient jamais eu pour effet de provoquer un mouvement progressif quelconque ; on pourrait plutôt penser qu'elles servaient à protéger la routine. Quand on examine de près le trade-unionisme anglais, il n'est pas douteux qu'il ne soit aussi fort imbu de routine industrielle.

L'exemple de la démocratie n'est pas capable, non plus, de jeter des lumières sur la question. Un travail conduit démocratiquement serait réglementé par des arrêtés, surveillé par une police et soumis à la sanction de tribunaux distribuant des amendes ou de la prison. La discipline serait une contrainte extérieure fort analogue à celle qui existe aujourd'hui dans les ateliers capitalistes ; mais elle serait probablement encore plus arbitraire en raison des calculs électoraux des comités. Quand on réfléchit aux singularités que présentent les jugements en matière pénale, on se convainc aisément que la répression serait exercée d'une manière fort peu satisfaisante. On semble être d'accord pour reconnaître que les petits délits ne peuvent pas être facilement jugés par les tribunaux, suivant les règles d'un rigoureux système juridique ; on a souvent proposé d'établir des conseils administratifs pour statuer sur le sort des enfants ; la mendicité est soumise, en Belgique, à un arbitraire administratif que l'on peut comparer à celui de la police des mœurs ; on sait que cette police, malgré d'innombrables réclamations, continue à être presque souveraine en France. Il est même remarquable que pour les délits notables l'intervention administrative devienne tous les jours plus forte, car on accorde, de plus en plus, aux chefs des services pénitentiaires le pouvoir de tempérer ou même de supprimer les peines ; les médecins et les sociologues poussent beaucoup dans cette voie, qui tend à donner à la police un rôle aussi grand que celui qu'elle a eu dans l'Ancien Régime. L'expérience montre que le régime de l'atelier capitaliste est fort supérieur à celui de la police, en sorte qu'on ne voit pas trop comment il serait possible de perfectionner la discipline capitaliste au moyen des procédés dont dispose la démocratie (1).

J'estime qu'il y a quelque chose de juste dans l'hypothèse de Kautsky : celui-ci a eu l'intuition que le moteur du mouvement révolutionnaire devrait être aussi le moteur de la morale des producteurs ; c'est là une vue pleinement conforme aux principes marxistes, mais il convient d'appliquer cette idée tout autrement que n'a fait l'auteur allemand. Il ne faut pas croire que l'action du syndicat sur le travail soit directe, comme il le suppose ; l'influence doit résulter de médiations.

On arrive à un résultat satisfaisant en partant des très curieuses analogies qui existent entre les qualités les plus remarquables des soldats qui firent les guerres de la Liberté, celles qu'engendre la propagande faite en faveur de la grève générale et celles que l'on doit réclamer d'un travailleur libre dans une société hautement progressive. Je crois que ces analogies constituent une preuve nouvelle (et peut-être décisive) en faveur du syndicalisme révolutionnaire.

Pendant les guerres de la Liberté, chaque soldat se

---

(1) On pourrait même se demander si l'idéal des démocrates honnêtes et éclairés ne serait pas, à l'heure actuelle, la discipline de l'atelier capitaliste. Le renforcement du pouvoir attribué aux maires et aux gouverneurs d'État en Amérique me semble être un signe de cette tendance. (Ostrogorski, *La démocratie et l'organisation des partis politiques*, tome II, p. 517.)

considérait comme étant un *personnage* ayant à faire quelque chose de très important dans la bataille, au lieu de se regarder comme étant seulement une pièce dans un mécanisme militaire confié à la direction souveraine d'un maître. Dans la littérature de ces temps, on est frappé de voir opposer constamment les *hommes libres* des armées républicaines aux *automates* des armées royales ; ce n'étaient point des figures de rhétorique que maniaient les écrivains français ; j'ai pu me convaincre, par une étude approfondie et personnelle d'une guerre de ce temps, que ces termes correspondaient parfaitement aux véritables sentiments du soldat.

Les batailles ne sauraient donc plus être assimilées à des jeux d'échecs dans lesquels l'homme est comparable à un pion; elles deviennent des accumulations d'exploits héroïques, accomplis par des individus qui puisent dans leur propre enthousiasme les motifs de leur conduite. La littérature révolutionnaire n'est pas totalement mensongère lorsqu'elle rapporte un si grand nombre de mots grandiloquents qui auraient été lancés par des combattants ; sans doute, aucune de ces phrases ne fut énoncée par les gens auxquels on les attribua ; la forme est due à des hommes de lettres habitués à manier la déclamation classique ; mais le fond est réel, en ce sens que nous avons, grâce aux mensonges de la rhétorique révolutionnaire, une représentation parfaitement exacte de l'aspect sous lequel les combattants voyaient la guerre, l'expression vraie des sentiments qu'elle provoquait et la *tonalité même des combats tout homériques* qui se livraient alors. Je ne pense point que jamais aucun des acteurs de ces drames ait protesté contre les paroles qui lui furent prêtées ; c'est que chacun y retrouvait son âme intime sous des détails fantastiques (1).

---

(1) Cette histoire est encombrée aussi d'une foule d'aventures qui ont été fabriquées à l'imitation d'aventures réelles et qui ont une parenté évidente avec celles qui devaient rendre populaires *Les trois mousquetaires*.

Jusqu'au moment où parut Napoléon, la guerre n'eut point le caractère scientifique que les théoriciens ultérieurs de la stratégie ont cru parfois lui attribuer ; trompés par l'analogie qu'ils trouvaient entre les triomphes des armées révolutionnaires et ceux des armées napoléoniennes, les historiens ont imaginé que les généraux antérieurs à Napoléon avaient fait de grands plans de campagne : de tels plans n'ont pas existé ou n'ont eu qu'une influence infiniment faible sur la marche des opérations. Les meilleurs officiers de ce temps se rendaient compte que leur talent consistait à fournir à leurs troupes les moyens matériels de manifester leur élan ; la victoire était assurée chaque fois que les soldats pouvaient donner libre carrière à tout leur entrain, sans être entravés par la mauvaise administration des subsistances et par la sottise des représentants du peuple s'improvisant stratèges. Sur le champ de bataille, les chefs donnaient l'exemple du courage le plus audacieux et n'étaient que des premiers combattants, comme de vrais rois homériques : c'est ce qui explique le grand prestige qu'acquirent immédiatement, sur de jeunes troupes, tant de sous-officiers de l'Ancien Régime que l'acclamation unanime des soldats porta aux premiers rangs, au début de la guerre.

Si l'on voulait trouver, dans ces premières armées, ce qui tenait lieu de l'idée postérieure d'une discipline, on pourrait dire que le soldat était convaincu que la moindre défaillance du moindre des troupiers pouvait compromettre le succès de l'ensemble et la vie de tous ses camarades — et que le soldat agissait en conséquence. Cela suppose qu'on ne tient nul compte des valeurs relatives des facteurs de la victoire, en sorte que toutes choses soient considérées sous un point de vue *qualitatif et individualiste.* On est, en effet, prodigieusement frappé des caractères individualistes que l'on rencontre dans ces armées et on ne trouve rien qui ressemble à l'obéissance dont parlent nos auteurs actuels. Il n'est donc pas du tout inexact de dire que les incroyables victoires françaises furent alors dues à des baïonnettes intelligentes (1).

Le même esprit se retrouve dans les groupes ouvriers qui sont passionnés par la grève générale ; ces groupes se représentent, en effet, la révolution comme un immense soulèvement qu'on peut encore qualifier d'individualiste : chacun marchant avec le plus d'ardeur possible, opérant pour son compte, ne se préoccupant guère de subordonner sa conduite à un grand plan d'ensemble savamment combiné. Ce caractère de la grève générale prolétarienne a été, maintes fois, signalé et il n'est pas sans effrayer des politiciens avides qui comprennent parfaitement qu'une révolution menée de cette manière supprimerait toute chance pour eux de s'emparer du gouvernement.

Jaurès, que personne ne songera à ne pas classer parmi les gens les plus avisés qui soient, a très bien reconnu le danger qui le menace ; il accuse les partisans de la grève générale de *morceler la vie* et d'aller ainsi contre la Révolution (2). Ce charabia doit se traduire ainsi : les syndicalistes révolutionnaires veulent exalter l'individualité de la vie du producteur ; ils vont donc contre les intérêts des politiciens, qui voudraient diriger la révolution de manière à transmettre le pouvoir à une nouvelle minorité ; ils sapent les bases de l'Etat. Nous sommes parfaitement d'accord sur tout cela ; et c'est

---

(1) Dans une brochure qui a fait quelque scandale, le général Donop a dénoncé les effets ridicules de la discipline contemporaine ; il voudrait, comme Bugeaud et Dragomiroff, que chacun dans la bataille connût exactement le plan de ses chefs ; il trouve absurde « qu'on écarte et proscrive des actes de la guerre, qui mettent en jeu et à l'épreuve les facultés les plus nobles de l'homme, dans les circonstances les plus difficiles et les plus tragiques, la pensée, l'âme humaine, dans la plénitude de toute la puissance que Dieu, le Dieu des armées, lui a concédée pour la défense et le triomphe des nobles causes » (*Commandement et obéissance*, pp. 14-19 et p. 37). Ce général a été l'un des chefs les plus éminents de notre cavalerie ; cette arme paraît avoir conservé un sentiment de la guerre bien supérieur à celui qui demeure dans les autres armes.

(2) Jaurès, *Études socialistes*, pp. 117-118.

justement ce caractère (effrayant pour les socialistes parlementaires, financiers et idéologues) qui donne une portée si extraordinaire à la notion de la grève générale.

On accuse les partisans de la grève générale d'avoir des tendances anarchistes ; on observe, en effet, que les anarchistes sont entrés en grand nombre dans les syndicats depuis quelques années et qu'ils ont beaucoup travaillé à développer des tendances favorables à la grève générale.

Ce mouvement s'explique de lui-même, en se reportant aux explications précédentes ; la grève générale, tout comme les guerres de la Liberté, est la manifestation la plus éclatante de la *force individualiste dans des masses soulevées*. Il me semble, au surplus, que les socialistes officiels feraient aussi bien de ne pas tant insister sur ce point ; car ils s'exposent ainsi à provoquer des réflexions qui ne seraient pas à leur avantage. On serait amené, en effet, à se demander si nos socialistes officiels, avec leur passion pour la discipline et leur confiance infinie dans le génie des chefs, ne sont pas les plus authentiques héritiers des armées royales, tandis que les anarchistes et les partisans de la grève générale représenteraient aujourd'hui l'esprit des guerriers révolutionnaires qui rossèrent, si copieusement et contre toutes les règles de l'art, les belles armées de la coalition. Je comprends que les socialistes homologués, contrôlés et dûment patentés par les administrateurs de l'*Humanité* aient peu de goût pour les héros de Fleurus, qui étaient fort mal habillés et qui auraient fait mauvaise figure dans les salons des grands financiers ; mais tout le monde ne subordonne pas sa pensée aux convenances des commanditaires de Jaurès.

V

Nous allons maintenant chercher à signaler des analogies qui montreront comment le syndicalisme révolutionnaire est la grande force éducative que possède la société contemporaine pour préparer le travail de l'avenir.

A. — Le producteur libre dans un atelier de haut progrès ne doit jamais mesurer les efforts qu'il fournit à un étalon extérieur; il trouve médiocres tous les modèles qu'on lui présente et veut dépasser tout ce qui a été fait avant lui. La production se trouve ainsi assurée de toujours s'améliorer en qualité et en quantité; l'idée du progrès indéfini est réalisée dans un tel atelier.

Les anciens socialistes avaient eu l'intuition de cette loi lorsqu'ils avaient demandé que chacun produisît suivant ses facultés ; mais ils ne savaient pas expliquer leur règle qui, dans leurs utopies, semblait plutôt faite pour un couvent ou pour une famille que pour une société moderne. Quelquefois cependant, ils imaginaient chez leurs hommes une ardeur semblable à celle que nous fait connaître l'histoire de certains grands artistes : ce dernier point de vue n'est nullement négligeable, encore que les anciens socialistes n'aient pas approfondi ce rapprochement.

Toutes les fois que l'on aborde une question relative au progrès industriel, on est amené à regarder l'art comme une *anticipation* de la haute production — encore que l'artiste, avec ses caprices, semble être souvent aux antipodes du travailleur moderne (1). Cette analogie est jus-

---

(1) Quand on parle de la valeur éducative de l'art, on oublie souvent que les mœurs des artistes modernes, fondées sur l'imitation d'une aristocratie joviale, ne sont nullement nécessaires et dérivent d'une tradition qui a été fatale à beaucoup de beaux talents. — Lafargue paraît croire que le bijoutier parisien pourrait bien avoir besoin de se vêtir élégamment, de

tifiée par le fait que l'artiste n'aime pas à reproduire des types reçus ; l'*infinité de son vouloir* le distingue de l'artisan qui réussit surtout dans la reproduction indéfinie des types qui lui sont étrangers. L'inventeur est un artiste qui s'épuise à poursuivre la réalisation de fins que les gens pratiques déclarent, le plus souvent, absurdes, et qui passe assez facilement pour fou, s'il a fait une découverte considérable ; — les gens pratiques sont analogues aux artisans. Dans toutes les industries, on pourrait citer des perfectionnements considérables qui ont eu pour origine de petits changements opérés par des ouvriers doués du goût de l'artiste pour l'innovation.

Cet état d'esprit est encore exactement celui que l'on rencontrait dans les premières armées qui soutinrent les guerres de la Liberté et celui que possèdent les propagandistes de la grève générale. Cet individualisme passionné manquerait totalement à des classes ouvrières qui auraient reçu leur éducation de politiciens ; elles ne seraient aptes qu'à changer de maîtres. Les *mauvais bergers* espèrent bien qu'il en sera ainsi et les hommes de Bourse ne leur donneraient pas d'argent s'ils n'étaient persuadés que le socialisme parlementaire est très compatible avec les pillages de la Finance.

B. — L'industrie moderne est caractérisée par un souci toujours plus grand de l'exactitude ; au fur et à mesure que l'outillage devient plus scientifique, on exige que le produit ne présente point de défauts cachés et que sa qualité réponde parfaitement, durant l'usage, aux apparences.

Si l'Allemagne n'a point conquis encore la place qui devrait lui revenir dans le monde économique en raison des richesses minéralogiques de son sol, de l'énergie

---

manger des huîtres et de courir les filles pour « reproduire la qualité artistique de sa main-d'œuvre ». (*Journal des économistes*, septembre 1884, p. 386). Il ne donne aucune raison à l'appui de ce paradoxe ; on pourrait d'ailleurs observer que l'esprit du gendre de Marx est toujours obsédé par des préoccupations aristocratiques.

de ses industriels et de la science de ses techniciens, cela tient à ce que, pendant longtemps, ses fabricants crurent qu'il était habile d'inonder le marché avec de la camelote; bien que la production allemande se soit fort améliorée depuis quelques années, elle ne jouit point encore d'une très haute considération.

Nous pouvons, ici encore, rapprocher l'industrie hautement perfectionnée et l'art. Il y a eu des époques durant lesquelles le public appréciait surtout les moyens par lesquels on créait des illusions ; mais les procédés n'ont jamais été reçus dans les grandes écoles et ils sont universellement condamnés par les auteurs qui ont une autorité dans l'esthétique (1).

Cette probité, qui nous semble aujourd'hui aussi nécessaire dans l'industrie que dans l'art, ne fut guère soupçonnée par les utopistes (2) ; Fourier, au début de l'ère nouvelle, croyait que la tromperie sur la qualité des marchandises était un trait caractéristique des relations entre civilisés ; il tournait le dos au progrès et se montrait incapable de comprendre le monde qui se formait autour de lui ; comme presque tous les professionnels de la prophétie, ce prétendu voyant confondait l'avenir avec le passé. Marx dira, tout au contraire, que « la tromperie sur la marchandise est injuste dans le système capitaliste de production », parce qu'elle ne correspond plus au système moderne des affaires (3).

Le soldat des guerres de la Liberté attachait une importance presque superstitieuse à l'accomplissement des moindres consignes. De là résulte qu'il n'éprouvait

---

(1) Voir dans *les Sept lampes de l'Architecture* de Ruskin le chapitre intitulé : *Lampe de vérité*.

(2) Il ne faut pas oublier qu'il y a deux manières de raisonner sur l'art ; Nietzsche reproche à Kant d'avoir « comme tous les philosophes médité sur l'art et le beau en *spectateur*, au lieu de viser le problème esthétique en se basant sur l'expérience de l'artiste, du *créateur*. » (*Généalogie de la morale*, trad. franç., p. 195.) A l'époque des utopistes, l'esthétique était un pur bavardage d'amateurs, qui ne manquaient pas de s'extasier sur l'habileté avec laquelle l'artiste avait su tromper son public.

(3) Marx, *Capital*, trad. franç., tome III, première partie, p. 375.

aucune pitié pour les généraux ou les fonctionnaires qu'il voyait guillotiner après quelque défaite, sous l'inculpation de manquement à leur devoir ; il ne comprenait point ces événements comme peut les juger l'historien d'aujourd'hui ; il n'avait aucun moyen pour savoir si vraiment les condamnés avaient commis une trahison ; l'insuccès ne pouvait être expliqué à ses yeux que par quelque faute très grave imputable à ses chefs. Le haut sentiment que le soldat avait de son propre devoir et l'excessive probité qu'il apportait dans l'exécution des moindres consignes, l'amenaient à approuver les mesures de rigueur prises contre les hommes qui lui semblaient avoir causé le malheur de l'armée et fait perdre le fruit de tant d'héroïsme.

Il n'est pas difficile de voir que le même esprit se retrouve durant les grèves ; les ouvriers vaincus sont persuadés que leur insuccès tient à la vilenie de quelques camarades qui n'ont pas fait tout ce qu'on avait le droit d'attendre d'eux ; de nombreuses accusations de trahison se produisent parce que la trahison peut seule expliquer, pour des masses vaincues, la défaite de troupes héroïques ; beaucoup de violences doivent ainsi se rattacher au sentiment que tous ont acquis de la probité qu'il faut apporter dans l'accomplissement des tâches. Je ne crois pas que les auteurs qui ont écrit sur les faits qui suivent les grèves, aient assez réfléchi sur l'analogie qui existe entre les grèves et les guerres de la Liberté, et, par suite, entre ces violences et les exécutions de généraux accusés de trahison (1).

C. — Il n'y aurait jamais de grandes prouesses à la guerre, si chaque soldat, tout en se conduisant comme

---

(1) P. Bureau a consacré un chapitre de son livre sur le *Contrat de travail* à expliquer les raisons qui justifient le boycottage des ouvriers qui ne suivent pas leurs camarades dans les grèves ; il estime que ces gens méritent leur sort parce qu'ils sont d'une valeur professionnelle et morale notoirement inférieure. Cela me semble fort insuffisant pour rendre compte des raisons qui, aux yeux des masses ouvrières, expliquent ces violences.

une individualité héroïque, prétendait recevoir une récompense proportionnée à son mérite. Quand on lance une colonne d'assaut, les hommes qui marchent en tête savent qu'ils sont envoyés à la mort et que la gloire sera pour ceux qui, montant sur leurs cadavres, entreront dans la place ennemie ; cependant ils ne réfléchissent point sur cette grande injustice et ils vont en avant.

Lorsque dans une armée le besoin de récompenses se fait très vivement sentir, on peut affirmer que sa valeur est en baisse. Des officiers qui avaient fait les campagnes de la Révolution et de l'Empire, mais qui ne servirent sous les ordres directs de Napoléon que durant les dernières années de leur carrière, furent très étonnés de voir mener grand tapage autour de faits d'armes qui, au temps de leur jeunesse, fussent passés inaperçus : « J'ai été comblé d'éloges, disait le général Duhesme, pour des choses qui n'eussent pas été remarquées à l'armée de Sambre-et-Meuse » (1). Le cabotinage était poussé par Murat jusqu'au grotesque, et les historiens n'ont pas assez remarqué quelle responsabilité incombe à Napoléon dans cette dégénérescence du véritable esprit guerrier. Il était étranger à ce grand enthousiasme qui avait fait accomplir tant de merveilles aux hommes de 1794 ; il croyait qu'il lui appartenait de mesurer toutes les capacités et d'attribuer à chacun une récompense exactement proportionnée à ce qu'il avait accompli ; c'était déjà le principe saint-simonien qui entrait en pratique (2) et tout officier était incité à se faire valoir. Le charlatanisme épuisa les forces morales de la nation alors que les forces matérielles étaient encore très considérables ; Napoléon forma très peu d'officiers généraux distingués et fit surtout la guerre avec ceux que la Révolution lui avait légués ;

---

(1) Lafaille, *Mémoires sur les campagnes de Catalogne de 1808 à 1814*, p. 336.

(2) Le charlatanisme des saints-simoniens fut aussi dégoûtant que celui de Murat ; d'ailleurs l'histoire de cette école est inintelligible quand on ne la rapproche pas des modèles napoléoniens.

cette impuissance constitue la plus absolue condamnation du système (1).

On a souvent signalé la pauvreté des renseignements que nous possédons sur les grands artistes gothiques. Parmi les tailleurs de pierre qui sculptaient les images des cathédrales, il y avait des hommes d'un talent supérieur, qui semblent être demeurés toujours confondus dans la masse des compagnons ; ils ne produisaient pas moins des chefs-d'œuvre. Viollet-le-Duc trouvait étrange que les archives de Notre-Dame ne nous aient pas conservé de détails sur la construction de ce gigantesque monument et qu'en général les documents du Moyen Age soient très sobres de notices sur les architectes ; il ajoute que « le génie peut se développer dans l'ombre et qu'il est de son essence même de rechercher le silence et l'obscurité » (2). On pourrait même aller plus loin et se demander si les contemporains se doutaient que ces artistes de génie élevaient des édifices d'une gloire impérissable ; il me paraît très vraisemblable que les cathédrales n'étaient admirées que par les seuls artistes.

Cet effort vers le mieux qui se manifeste, en dépit de l'absence de toute récompense personnelle, immédiate et proportionnelle, constitue la *vertu secrète* qui assure le progrès continu dans le monde. Que deviendrait l'industrie moderne s'il ne se trouvait d'inventeurs que pour des choses qui doivent leur procurer une rémunéra-

---

(1) Le général Donop insiste beaucoup sur l'insuffisance des lieutenants de Napoléon, qui obéissaient passivement à des ordres qu'ils ne cherchaient pas à comprendre et dont le maître surveillait minutieusement l'exécution (*op. cit.*, pp. 28-29 et pp. 32-34). Dans une telle armée, tous les mérites étaient théoriquement égalisés et comportaient des mesures ; mais pratiquement les erreurs de mesure étaient innombrables.

(2) Viollet-le-Duc, *Dictionnaire raisonné de l'architecture française*, tome IV, pp. 42-43. Ceci n'est pas en contradiction avec ce qu'on lit à l'article « architecte » ; on y apprend que les constructeurs inscrivaient souvent leur nom dans les cathédrales (tome I, pp. 109-111) ; on a conclu de là que ces œuvres n'étaient pas anonymes (Bréhier, *Les églises gothiques*, p. 17) ; mais que disaient ces quelques inscriptions aux gens de la ville ? Elles ne pouvaient avoir d'intérêt que pour les artistes qui venaient plus tard travailler dans le même édifice et qui connaissaient les écoles.

tion à peu près certaine ? Le métier d'inventeur est bien le plus misérable de tous, et cependant il n'est jamais abandonné. — Dans les ateliers, que de fois de petites modifications apportées dans le travail par des ouvriers ingénieux ont fini par provoquer, grâce à leur accumulation, de profonds perfectionnements, sans que les innovateurs aient jamais pu tirer un bénéfice durable et appréciable de leur ingéniosité ? — Et même le simple travail aux pièces n'est-il point parvenu à engendrer un progrès lent, mais ininterrompu dans la productivité, progrès qui, après avoir quelque temps amélioré la situation de quelques travailleurs et surtout celle de leurs patrons, finit par profiter surtout aux acheteurs?

Renan se demandait ce qui fait agir les héros des grandes guerres : « Le soldat de Napoléon savait bien qu'il serait toujours un pauvre homme ; mais il sentait que l'épopée à laquelle il travaillait serait éternelle, qu'il vivrait dans la gloire de la France. » Les Grecs avaient combattu pour la gloire ; les Russes et les Turcs se font tuer parce qu'ils attendent un paradis chimérique. « On ne fait pas le soldat avec la promesse des récompenses temporelles. Il lui faut l'immortalité. A défaut de paradis, il y a la gloire qui est une espèce d'immortalité » (1).

Le progrès économique dépasse infiniment nos personnes et profite beaucoup plus aux générations futures qu'à ceux qui le créent ; mais donne-t-il la gloire ? y a-t-il une épopée économique qui puisse enthousiasmer les travailleurs? Le ressort de l'immortalité, que Renan regardait comme si puissant, est évidemment sans efficacité ici, car on n'a jamais vu des artistes produire des chefs-d'œuvre sous l'influence de l'idée que ce travail leur procurerait une place dans le paradis, comme les Turcs se font tuer pour jouir du bonheur promis

---

(1) Renan, *Histoire du peuple d'Israël*, tome IV, p. 191. — Renan me semble avoir assimilé un peu légèrement la gloire et l'immortalité ; il a été victime des figures de langage.

par Mahomet. Les ouvriers n'ont même pas complètement tort lorsqu'ils regardent la religion comme un luxe bourgeois, parce qu'en effet la religion n'a pas de ressources pour faire perfectionner les machines et pour donner des moyens de travailler plus rapidement.

Il faut se poser la question autrement que ne fait Renan ; il faut savoir s'il y a, dans le monde des producteurs, des forces d'enthousiasme capables de se combiner avec la morale du bon travail, en sorte que, dans nos jours de crise, celle-ci puisse acquérir toute l'autorité qui lui est nécessaire pour conduire le monde dans la voie du progrès économique.

Nous devons prendre garde que le sentiment très vif que nous avons de la nécessité d'une telle morale et le désir ardent que nous avons de la voir se réaliser, ne nous induisent à accepter des fantômes comme des puissances capables de remuer le monde. L'abondante littérature idyllique des professeurs de rhétorique est évidemment une pure vanité. Sont vains également les efforts tentés par tant de savants pour trouver dans le passé des institutions à imiter, qui seraient capables de discipliner leurs contemporains : l'imitation n'a jamais donné grand'chose de bon et a souvent engendré beaucoup de déboires ; combien n'est-elle pas absurde, l'idée d'emprunter à des structures sociales abolies des moyens propres à contrôler une économie de la production qui se présente comme devant être, tous les jours davantage, en contradiction avec les économies précédentes ? N'y a-t-il donc rien à espérer ?

La morale n'est point destinée à périr parce que ses moteurs seront changés ; elle n'est point condamnée à devenir un simple recueil de préceptes, si elle peut s'allier encore à un enthousiasme capable de vaincre tous les obstacles qu'opposent la routine, les préjugés et le besoin de jouissances immédiates. Mais il est certain que l'on ne trouvera point cette force souveraine en suivant les voies dans lesquelles voudraient nous faire entrer les philosophes contemporains, les experts en science sociale et les inventeurs de *réformes profondes*. Il n'y a qu'une seule force qui puisse aujourd'hui produire cet enthousiasme sans le concours duquel il n'y a point de morale possible, c'est la force qui résulte de la propagande en faveur de la grève générale.

Les explications précédentes ont montré que l'idée de la grève générale, rajeunie constamment par les sentiments que provoque la violence prolétarienne, produit un état d'esprit tout épique et, en même temps, tend toutes les puissances de l'âme vers des conditions qui permettent de réaliser un atelier fonctionnant librement et prodigieusement progressif ; nous avons ainsi reconnu qu'il y a de très grandes parentés entre les sentiments de grève générale et ceux qui sont nécessaires pour provoquer un progrès continu dans la production. Nous avons donc le droit de soutenir que le monde moderne possède le moteur premier qui *peut* assurer la morale des producteurs.

Je m'arrête ici, parce qu'il me semble que j'ai accompli la tâche que je m'étais imposée ; j'ai établi, en effet, que la violence prolétarienne a une toute autre signification historique que celle que lui attribuent les savants superficiels et les politiciens; dans la ruine totale des institutions et des mœurs, il reste quelque chose de puissant, de neuf et d'intact, c'est ce qui constitue, à proprement parler, l'âme du prolétariat révolutionnaire ; et cela ne sera pas entraîné dans la déchéance générale des valeurs morales, si les travailleurs ont assez d'énergie pour barrer le chemin aux corrupteurs bourgeois, en répondant à leurs avances par la brutalité la plus intelligible.

Je crois avoir apporté une contribution considérable aux discussions sur le socialisme; ces discussions doivent désormais porter sur les conditions qui permettent le développement des puissances spécifiquement prolétariennes, c'est-à-dire sur la violence reliée à l'idée de grève générale. Toutes les vieilles dissertations abstraites deviennent inutiles sur le futur régime socialiste ; nous passons au domaine de l'histoire réelle, à l'interprétation des faits, aux évaluations éthiques du mouvement révolutionnaire.

Le lien que j'avais signalé, au début de ces recherches, entre le socialisme et la violence prolétarienne, nous apparaît maintenant dans toute sa force. C'est à la violence que le socialisme doit les hautes valeurs morales par lesquelles il apporte le salut au monde moderne.

TABLE DES MATIÈRES

	Pages.
INTRODUCTION. — Lettre à Daniel Halévy.............	VII
AVANT-PROPOS DE LA PREMIÈRE PUBLICATION (1906).....	1
CHAPITRE PREMIER : Lutte de classe et violence............	11
I. — Luttes des groupes pauvres contre les groupes riches. — Opposition de la démocratie à la division en classes. — Moyens d'acheter la paix sociale. — Esprit corporatif............................	11
II. — Illusions relatives à la disparition de la violence. — Mécanisme des conciliations et encouragements que celles-ci donnent aux grévistes. — Influence de la peur sur la législation sociale et ses conséquences	19
CHAPITRE II : La décadence bourgeoise et la violence........	33
I. — Parlementaires ayant besoin de faire peur. — Les méthodes de Parnell. — Casuistique : identité fondamentale des groupes de socialisme parlementaire..	33
II. — Dégénérescence de la bourgeoisie par la paix. — Conceptions de Marx sur la nécessité. — Rôle de la violence pour restaurer les anciens rapports sociaux...	41
III. — Relation entre la révolution et la prospérité économique. — Révolution française. — Conquête chrétienne. — Invasion des Barbares. — Dangers qui menacent le monde........................	50
CHAPITRE III : Les préjugés contre la violence.............	59
I. — Anciennes idées relatives à la Révolution. — Changement résultant de la guerre de 1870 et du régime parlementaire........................	59
II. — Observations de Drumont sur la férocité bourgeoise. — Le Tiers-État judiciaire et l'histoire des tribunaux. — Le capitalisme contre le culte de l'État...	67
III. — Attitude des dreyfusards. — Jugements de	

	Pages.
Jaurès sur la Révolution : son adoration du succès et sa haine pour le vaincu	76
IV. — L'antimilitarisme comme preuve d'un abandon des traditions bourgeoises	82

CHAPITRE IV : **La grève prolétarienne** 85

I. — Confusion du socialisme parlementaire et clarté de la grève générale. — Les mythes dans l'histoire. — Preuve expérimentale de la valeur de la grève générale 85

II. — Recherches faites pour perfectionner le marxisme. — Manière de l'éclairer en partant de la grève générale : lutte de classe ; — préparation à la révolution et absence d'utopies ; — caractère irréformable de la révolution 98

III. — Préjugés scientifiques opposés à la grève générale ; doutes sur la science. — Les parties claires et les parties obscures dans la pensée. — Incompétence économique des parlements 112

CHAPITRE V : **La grève générale politique** 125

I. — Emploi des syndicats par les politiciens. — Pression sur les parlements. — Grèves générales de Belgique et de Russie 125

II. — Différences des deux courants d'idées correspondant aux deux conceptions de la grève générale : lutte de classe ; État ; élite pensante 134

III. — Jalousie entretenue par les politiciens. — La guerre comme source d'héroïsme et comme pillage. — Dictature du prolétariat et ses antécédents historiques 141

IV. — La force et la violence. — Idées de Marx sur la force. — Nécessité d'une théorie nouvelle pour la violence prolétarienne 152

CHAPITRE VI : **La moralité de la violence** 161

I. — Observations de P. Bureau et de P. de Rousiers. — L'ère des martyrs. — Possibilité de maintenir la scission avec peu de violences grâce à un mythe catastrophique 161

II. — Anciennes habitudes de brutalité dans les écoles et les ateliers. — Les classes dangereuses. — Indulgence pour les crimes de ruse. — Les délateurs 172

III. — La loi de 1884 faite pour intimider les conservateurs. — Rôle de Millerand dans le ministère

Waldeck-Rousseau. — Raison des idées actuelles sur l'arbitrage.................................. 184

IV. — Recherche du sublime dans la morale. — Proudhon. — Pas de genèse morale dans le trade-unionisme. — Le sublime en Allemagne et la notion catastrophique 196

CHAPITRE VII : **La morale des producteurs**............... 209

I. — Morale et religion. — Mépris des démocraties pour la morale. — Préoccupations morales de la *nouvelle école*.................................. 209

II. — Inquiétudes de Renan sur l'avenir du monde. — Ses prévisions. — Besoin du sublime............ 220

III. — La morale de Nietzsche. — Rôle de la famille dans la genèse de la morale, théorie de Proudhon. — Morale d'Aristote............................ 227

IV. — Hypothèses de Kautsky. — Analogies entre l'esprit de grève générale et celui des guerres de la Liberté. — Effroi que cet esprit cause aux parlementaires.................................. 237

V. — Le travailleur dans l'atelier de haute production, l'artiste et le soldat des guerres de la Liberté : désir de dépasser toute mesure ; souci de l'exactitude ; abandon de l'idée de l'exacte récompense.. 244

ACHEVÉ D'IMPRIMER
POUR LA
LIBRAIRIE DE "PAGES LIBRES"
LE 7 MAI 1908
PAR
L. POCHY
52, RUE DU CHATEAU, PARIS

CPSIA information can be obtained at www.ICGtesting.com
Printed in the USA
LVOW072056080612

285310LV00011B/81/P